来果禅师年谱

王建伟
金　晖

——

编著

华东师范大学出版社
·上海·

图书在版编目（CIP）数据

来果禅师年谱 / 王建伟，金晖著. -- 上海 ：华东师范大学出版社，2024

ISBN 978-7-5675-5532-7

Ⅰ．①来… Ⅱ．①王… ②金… Ⅲ．①来果－年谱Ⅳ．①B949.92

中国国家版本馆CIP数据核字(2024)第075141号

Āgamārāma
策划／阿含学苑

来果禅师年谱

编　　著　王建伟　金　晖
责任编辑　许　静
审读编辑　曾　睿
责任校对　时东明　张佳妮
封面设计　卢晓红

出版发行　华东师范大学出版社
社　　址　上海市中山北路3663号　邮编　200062
网　　址　www.ecnupress.com.cn
电　　话　021-60821666　行政传真　021-62572105
客服电话　021-62865537
门　　市　（邮购）电话　021-62869887
地　　址　上海市中山北路3663号华东师范大学校内先锋路口
网　　址　http://hdsdcbs.tmall.com

印 刷 者　上海中华印刷有限公司
开　　本　850毫米×1168毫米　32开
印　　张　11.25
字　　数　287千字
版　　次　2025年6月第1版
印　　次　2025年6月第1次
书　　号　ISBN 978-7-5675-5532-7
定　　价　98.00元

出 版 人　王　焰

（如发现本版图书有印订质量问题，请寄回本社客服中心调换或电话021-62865537联系）

入問吾生
前面目即
指此老嘆
曰挑七十
年具承担
子將無放
處借此歌
脚又恐識
為假面目
何足道也
庚寅年又月
初福影然心

禪宗一法

救世慈航

壬辰八月

高旻堂上来公命門人達本

學書於上海

前　言

　　来果禅师，近代著名禅宗大德，学识深湛、戒律精严、兼具事功，与虚云和尚并为宗门云梁。其幼年异禀，逾冠而出家，初则参方普陀、驻足金山、潜修终南，最后承法高旻，为临济正宗法脉。住持扬州高旻寺三十余载，擎祖庭、整寺院、定规约、兴禅林，果令禅风大畅江左，为时高标。一九五三年示寂沪上"静七茅蓬"，终年七十三岁。遗著《来果禅师语录》、《来果禅师自行录（附〈异行录〉）》、《来果禅师禅七开示录》、《丈室、禅堂、客堂、库房四寮规约》等，是研究近、现代佛教史和禅宗思想的重要文献。

一

　　民国一代的佛教大师，人人自有一番苦行苦修、求道悟真的冷暖经历，芒鞋素履、足下生辉，步步彰显超凡的人格、操烈与过人的智慧、定力——斯皆通于古今中外一切圣贤，来果禅师诚不例外。在住持佛法的路线抉择上，来果禅师毕生以弘扬禅宗为己任，所谓"专宏斯道"者，不演经教、不劝念佛，领众参禅、唯论见性，改革寺制、三学并举，一句"念佛是谁"直参究竟——则是群星璀璨处令人瞩目的特殊亮点。

宗门教下的历史

　　"唯论见性"的禅风肇自慧能大师，经过几代弟子的发扬，成为中国佛教实修一路的主流，同时也深刻影响了中国佛教理论的走向。

慧能之前，中国佛教从初传到成熟，基本以译传和阐释经典为主，在实修方面则显得较为薄弱。这种薄弱首先体现在戒律上，佛教东渐，戒律均由出家人根据自己的喜好等自由择取，并无严格依某部律实行受戒的羯磨。这种现象直至唐代道宣修订法藏部《四分律》建立律宗，才有相对明显的改变。其次，在禅修上，依止从原始经教（阿含）发展出来的止观法门，结合毗昙学（阿毗达磨）的研习，一直是早期禅修的共通状态。但随着各种教相判释的陆续出台和《阿弥陀经》的译出，不仅阿含教、毗昙学及其止观法门等均被判作小教、打入冷宫，同时在《阿弥陀经》的影响下，一些注重实修的出家人，如慧远大师等，则将他们对于毗昙学的兴趣转向了念佛生西（净土宗由此产生）。此外，来自南印度的菩提达摩持《楞伽经》而提倡"二入四行"，主张"藉教悟宗"，开大乘禅修之门，下传六代；又，隋唐间，天台宗兴起，摄大小乘止观，法脉绵延。两宗虽然也出大师，但其规模和影响力都远不及经典的传译、抄写、阐释及大藏经的编订等。

中国佛教实修风气的大规模展开是在慧能立宗以后。其对实践的看重几近极端：对达摩禅（藉教悟宗）和大乘教（各派学说）一概弃置不顾，一切教义概念皆以为羁绊，离心破相、抽钉拔楔，唯论见性！风气甫开，东土上下由南至北打成一片，影响固不止于当世也。即今反观，禅宗已然成为整个中国佛教的核心，甚至成为中国传统文化不可替代的重要元素。

慧能宗法，一味直指，师资颇有"老婆"风范。接续数代，则五宗七派各显神通，棒喝茶饼，沉峻犀利，呵佛骂祖，愈演愈烈，乃至话头、公案、机锋、转语无所不用其极。总可谓东土禅宗鼎盛之相。

然物极必返，固无可免，禅风驰荡之时，名不副实的"狂禅"也已粉墨登场，本来轻教的宗门逐步走向蔑视皈依、荡除戒律的境地，所谓任运随缘的生活令众禅和混迹于世俗（唐代纵有《百丈清规》，也未能阻止狂禅的滋生和蔓延），追求实证、唯论见性的禅宗不期然而然地堕入歧途。是故法眼以后，宗门开始往教下回归，原本一味的参禅也转身为禅净合修，种种举措皆为了遏制狂禅，冀令式微的禅宗在教下得以复苏。而事实上狂禅并未因此稍歇，迨及南宋，道宣所倡律宗一脉几乎断尽。明清之际的蕅益大师虽青年立志要兴戒律，可是到了晚年，也感叹回天无力，只求念佛生西了！

延至近代，曾为中国佛教的实修广开行路的禅宗正法已鸿迹难寻。传承临济法脉的高旻禅寺，在来果禅师接法以前，尽管禅堂仍赫赫有名，出过虚云和尚这样的高僧，但就寺院整体而言，除却常规性的禅七，在僧制和寺制等方面都积下了厚重的历史陋习。四方丛林概莫能外（纵观虚云和尚在鸡足、法鼓、南华的改革风波便可知大略），换言之，此时的禅宗，宗风、道场都难以回复最初的纯粹。曾被提倡过的禅净合修，名目形式虽被沿袭下来，但并未实际走出过一条通途，只能说禅和们既参话头又兼念佛而已，当年回归教下的改良计划，何曾真正地"拯救"了禅宗！

所谓"教下"，顾名思义，即在经教的摄受下循序渐进地修行。一切经教的根本离不开戒定慧三学，离不开闻思修次第。而禅宗末流乃至狂禅一路，漠视戒律，诳言慧悟，于定学或不得入、或落空寂。此病不除，禅宗即转教下，也无实义——脚下踏空，岂容实修乎？

在中国，戒学的落寞，历史悠久。弘一大师说："南宋后禅宗益盛，律学更无人过问，所有唐宋诸家的律学撰述数千卷悉皆散失；迨至清初，唯存《南山随机羯磨》一卷，如是观之，大足令人兴叹不已！明末清初有蕅益、见月诸大师等欲重兴律宗，但最可憾者，是唐宋古书不得见。当时蕅益大师著述有《毗尼事义集要》，初讲时人数已不多，以后更少，结果成绩颓然。"（《律学要略》）

如是缺戒，必致三学失衡。虚云和尚也反复提醒："佛门旧制，比丘出家，五夏以前专精戒律，五夏以后方许听教参禅。何以如此呢？因为修行以戒为体，戒是出生死的护身符，没有戒，在生死苦海中就会沉沦汩没。佛曾以戒喻渡海浮囊，不能有丝毫破损，浮囊稍破，必定沉溺。所以宗、教、净三家，及一切法门，都以戒为先。但戒、定、慧三法不能偏废，要三法圆融，才得无碍。"（《虚云老和尚云居山方便开示》）可是，"一般僧众，都忽略了戒律，这是不合理的，因为佛法的根本要义，乃是戒、定、慧三字，如鼎三足，缺一不可，这是我们每个学佛的人应特别注意的"。而且，"最重要的，还是戒律的遵守，近来有出家人，不但自己不严守戒律，还说持戒是执着，那种高调，是多么危险！"（虚云《上海佛教界祝愿世界和平法会开示》）

在这种历史背景下，高旻寺的临济法脉危如朝露，亟需栋梁之才。幸而因缘际会，月朗禅师伯乐识良马，执请来果出山，承法高旻。

三学并举的禅法

古云：穷则独善其身，达则兼济天下。"达"或非人人能得，而"穷"固人人有之。所以，无论贤愚，必先在"穷"处着手，修身、修己、养生、养性。所谓"大乘"者，奚乖此理耶？总是先得"自利"——得道、解脱、心无所住，而后方能"利他"——六度万行、普济群生。古道如斯乎。

来果禅师接法升座、住持高旻，从此全心全意将自所修、所得和盘托出，在靡秽的丛林中披荆斩棘、开荒拓路，苦心经营、培育僧才，奋力为祖庭建立起三学并举的法堂，将严律、专定、宗慧——"坚修戒定慧门"——的烙印鲜明地打在了高旻寺的门牌上。

严律。从改革寺制入手，"谨守陈规莫慢忘，诸佛圣戒作衣裳"（《来果禅师语录·法语卷四》）。从前寺院内僧俗杂处，客堂、库房、丈室、衣汤各寮一切作务均由在家众承担，来果禅师为了"伽蓝肃静"，将寺院从杂俗的状态中清理出来，在出家与在家之间划出一道明确的界限，先把寺务从俗人身边收回，转付僧人。然后分几步断绝所有经忏佛事，敬告居士"宁动千江水，莫动道人心"，自誓"宁讨饭，或饿死，不做经忏主人"，人称"和尚是铁打的规矩"。过去地方官员来寺，常住必须殷勤招待，夏日还要持帖上下宴请入寺吃"荷花斋"，凡此种种，来果禅师接住之后并皆设法一一辞尽。

对内重整出家人僧务和道业之间的关系，一切以道业为核心，将僧务的内容及分工、合作的方式，从上殿、普佛、上供、送往生等，一直到禅堂开示、斋堂洗碗等，事无巨细，皆依宗门古规重理修订，制成《丈室、禅堂、客堂、库房四寮规约》，时时处处警策行人，以"严肃大众，清净僧仪"。"当知丛林规矩，为行人悟心大法，见性宏模，现为行法基础，未来为进道阶渐。"（《来果禅师自行录》）"守得一分规矩，除得一分恶习，修得一分福慧，除得一分生死。"（《高旻寺四寮规约·丈室规约》）从此不仅理顺了寺院内部的日常生活运转，也直接收摄、锻炼了禅和们的身心，有了这些规范，僧人的动止便有了基本的自律准则，同时端正了出家的基本意识，"始具参学之人面目"也。

至一九三九年，规约既定，非为高旻一寺之准的，更为十方道场之共典。

专定。来果禅师来到高旻，不仅要求山门清净，更要求道业纯粹，在百废待兴之际，仍坚持"如有缘法，先修禅堂"。其有甚者，规定高旻寺的禅堂只许坐香，禁止其他闭关、般舟行、念佛七、持午、讲经、学社、学戒堂及焰口等活动。高旻以"坐香"闻名于世，即坐禅以香计，不论跏趺，世称"金山腿子高旻香"（镇江金山寺要求坐香必结跏趺，从早到晚每一支香都不例外，故有"金山腿子"一说）。来果禅师则主张延长坐香的时间，"堂内僧人一天要行坐十四支长香"（《密参禅师事略》），致使高旻上下从朝至暮、从暮至朝了无开口之处，可谓"常住一支静香，中外尊敬，禅众悦服"。为了尽可能地勉人积功培福、专心办道，来果禅师还规定"凡是禅和子进了高旻寺山门，三年内不许出山门"（《密参禅师事略》），并改每年两期更换执事、散发单银为三年一期，以励行人多修净因。禅堂内除了日课，每年还会打许多"生死七"（《释本焕》），禅和们在禅堂内用功，要求做到"不顾危亡，不离绵密"，为的是"七期里用功，全仗一个精进"，"打七规矩是严厉的，……就是今天你们向过去诸祖告生死假，又向我告生死假。……生也打七，死也打七，好也打七，病也打七，终归打七。……任是行、住、坐、卧，不问动静，终归把一个'念佛是谁'抱得牢牢的，死也不放松"（《来果禅师禅七开示录》）。高旻寺的坐香规约，经来果禅师因时因地略为损益，一时国内各大丛林均以为式。（《来果禅师语录·达本序》）

宗慧。宗门坐香，定慧相即，所谓"即慧之时定在慧，即定之时慧在定"（敦煌本《坛经》），常以各种话头、公案为业处，引发疑情、参究心性。此法沿至来果门下，则于百千话头、公案中唯取"念佛是谁"一句为业处，不更不改，急起追问，以知轮回大苦为动力，以明心见性为要务，以了生脱死为究竟。"生死大事不明，如丧考妣，如临深渊，如履薄冰"（《来果禅师语录·法语卷四》），总之，就是紧紧围绕"四圣谛"的根本教义来展开禅法的实践。

《杂阿含经》云："慧根者，当知是四圣谛。"来果禅师在家时即一心要求"了生死法"，出任方丈后，当然更要座下禅和"痛念生死"，每言："悲乎！昏昏大地，蠢蠢含灵，建立一个'苦'字上。山僧深研这一'苦'字，不由泪下！""你们不彻底知道自己有个不得了的大病，……这个大病，就是'生死大病'。""你们要见到生死的苦，三恶道的苦，转眼就下去，好怕！好怕！唯愿你们彻底地认识！"

直切开示生死苦因，"由一念不觉造成无量生死。乃至到了现在，仍是心心造生死，念念造生死。……现前一刹那、一刹那念念不息，就是念念造十法界生死的因。因既造成，将来感果丝毫不差。种瓜一定得瓜，种豆一定得豆。你若种的佛因，当然感成佛的果。若是种修罗、地狱因，一定要去受修罗、地狱的果报。这就是念什么就种什么因。……一切烦恼无明，种种的因种下去，生死还有了期吗？""身有三业，口有四业，意有三业，共为十恶。身三就是杀盗淫，口四就是妄语、两舌、恶口、绮语，意三就是贪嗔痴，共十业。"（《来果禅师禅七开示录》）

极意劝人立志灭苦，"宗门下的事，没有别的事，就是一个参禅悟道、了生脱死的事。然参禅是参自己的禅，了生死是了自己的生死，并不是替别人办的。你有天大的本事，替别人也替不来"。"高挂钵囊，以悟为期"，"总而言之：彻底大悟为究竟"，"以大悟为了期。不悟，总是参"。（《来果禅师禅七开示录》）

当然，来果禅师一生最费婆心的地方或许还是向众人反复指明这条灭苦的道路，"以此'念佛是谁'是敲门瓦子、指路碑。……任何诸祖无不是在一则公案上一门深入，……这是宗门下最要紧的"。"这个生死大病，不同世间的病，非吃'念佛是谁'的药不可。"甚至为了鼓励一门深入，不惜分辨："你们仔细地想想看，还是看经可以了生死，还是念佛、持咒可以了生死？……看经，只许种一点善根，知道一点意义，要说了生死，做不到；念佛，念'阿弥陀佛'，了生死可以，要教他到涅槃山顶做不到；持咒，身心清净，可以得点神通，了生死不可以。"直截标榜："宗门下……是动中的定。何以？跑香是动，盘腿子、搬垫子是动，一天到晚是动。虽然是这么动，在这个动中，'念佛是谁'历历明明，丝毫不间断。这一个动中定，任是一切动不能动这一个定，因为它是一个动做成的，全定是动，全动亦是定。"教导大众："'行亦禅，坐亦禅，语默动静体安然。'这几句话，是说用功人一天到晚心行上的事。见得要你们动静一如。不分昼夜，用功是要这样的。为什么要这样？不可以歇歇吗？要晓得，你有这样真切的功夫，将来才有真切的悟处。如果你有一处没做到，将来的悟处就有一处不到。真悟是一悟一切悟。若有一点未悟，就不能说真悟。所以要你们现在的行真，将来的悟一定会真。但是，这个悟，并不是求悟，亦不是想悟，也不是信口说悟。要得真悟，必要真行。行到，它自己会悟。"（《来果禅师禅七开示录》）

倓虚大师赞言："来公宗、说兼通，痛念祖道秋晚，别出手法，普接三根；隐理致机用于普说之中：直说、横说，法说、喻说，粗说、细说，方便、了义说。始自入门途径，翦尽荆榛；规矩法则，堂堂轨范。心行由粗入细，总归一条心行，而至无心。功夫由站立不长，而至能稳、能长，成团、成片。逐日策发，一路挟持；令学者田地稳密，寻究到无用心处，而豁见自己安身立命所在。观其亲面提持，钳锤紧密：婆和处，如剥尽核皮，与人下口；严峻处，如驱耕夺食，逼人纳财。反复伸说，而不为费辞；行到说到，而全无孤负。凡兹打扫洁净，荡涤一切依稀、光影、穿凿、卜度之病，无非志在学者证得本分清晰；如此荷挟，刻骨究实，不妨易得。"（《来果禅师禅七开示录·倓虚序》）

民国至今，天下丛林以如此三学弘扬禅宗的道场恐不多见，来果禅师能在世人心中留下禅宗泰斗的英名，成为中国近现代佛教史、禅宗史上不得不留下一笔的人物，固有其因也。

二

为制年谱，手头最主要的参考资料是《来果禅师自行录》（下简作"《自行录》"）。可惜，谱主的自述到一九三九年即告段落，一九四〇年后的"发愿朝海"诸事仅着数语，余皆未及。《自行录》最后说："自一九四一年至一九五一年内中自行事实未遑录出，候后再酌。"一九五二年，《自行录》随附《来果禅师语录》出版，一九五三年谱主去世，"未遑录出"的十年之实最终没有了下文。

而谱主的僧俗弟子及同时代的知情人士也都不曾留下相关的回忆资料。为了不让这段历史完全沉没，笔者多方钩沉，卒得些许消息。

发愿朝海及付法

"发愿朝海"记在《自行录》"此一九三九年事也"下面："际此天灾人祸，目难忍睹，急欲设法，布施一切，聊舒己愿。思之再四，唯有学佛因中，入海求龙，赐宝回山，拯济穷苦，诚为上策。如是令众咸知，有人同发斯愿，能念众若共发大心者，曷兴乎来。不一时间，拥挤争先，跪求同去。原有计划，二十人一同入海，不料五十余人之多，食用维难，终恐困危，特检能去者，约二十人。不料去心各切，有云和尚不带我去，即扒船尾死者，有云跳海死者，有云悬梁死者。思之责任过大，特假作停止朝海，上山打七，寺事令请人公务，约三年销假。至上山后，随着人往申，急办起程手续。不料一再疏通，徒增懊丧，与说朝海，无一人信，即向各方请求护照，一律拒绝，伤心痛切，恨我福薄，恐无诚意，感动龙天，故不护法。得讯后，闷绝欲死者数时。如是依旧葫芦，朝海心歇，寺责仍负，此之大心，一发恐难再发。何以？身将老而力尤衰，志愈削而心愈冷，此之谓也。"

依上下文理，此事应始于一九四〇年；又，《自行录》最后说"自一九四一年至一九五一年内中自行事实未遑录出"，可知此事当发生于一九四〇年内。

现将"朝海"始末按时序排列如次：

一九四〇年，谱主为济穷苦而发愿朝海。起事后，寺务请人代理，约定三年后回寺销假。在办理启程手续时，"不料一再疏通，徒增懊丧"，申请遭拒、各方无缘，迫不得已，只能"依旧葫芦，朝海心歇，寺责仍负"。然而，由于受到朝海遭拒的打击，谱主"伤心痛切"、"闷绝欲死者数时"，自觉"身将老而力尤衰，志愈削而心愈冷"。

一九四一年，谱主即因"身体违和"而离任方丈，付法妙善。五月初一日，由扬州长生寺方丈可瑞和尚送座，妙善法师继任高旻寺住持，并为高旻寺临济宗第四十七世传人。(《妙善大师年谱》)

一九四二年十二月二十三日，来果禅师在禅七开示中讲述世尊因地时入海取如意珠的公案一则。(《来果禅师禅七开示录》)

由此可见，在"未遑录出"的十年行迹之前半段中，除了"朝海"，还有一事也很重要，即由"朝海"因缘衍生而来的卸任付法之举。

谱主"朝海心歇"后，自知"此之大心，一发恐难再发"，所以"志愈削而心愈冷"。翌年，终因"身体违和"而决定卸任住持，付法妙善，由妙善接任方丈。妙善英才，大约谱主早已慧眼识破，故云"由冀高旻，锦上添花，方达我人后先愿望"(《来果禅师语录·法语卷四》)。高旻寺五大工程(宝塔、大殿、禅堂、延寿堂、如意寮)自一九三〇年启动后，虽谓初具规模(一九三五年全寺通电通水，一九三七年围墙完砌，建成放生池、客厅等)，却常因经费短缺而进度迟缓(《高鹤年大德文汇·方外尺素》)。抗战开始，各方有难，工程遂告停顿。重启五大工程的建设，谱主此时即便有心，也已无力。何况，偌大一个高旻寺，仅维持日常就已十分困难。因此，谱主将重任托付于后来者，也是明智之举。不料事与愿违，妙善法师接任三年后因劳心焦思而致肺病复发，恳请退居未果，便"溜单"去了普陀山(1944)。

付法事大，竟如此结局，若以常情推想，谱主所受打击必然不小，这一段曲折在《自行录》中没有记载，除下文谈到的特殊历史时期的复杂政治形式(十年政治原因)外，或许还有其它特殊原因，即：法嗣接任三年后离职他去恐叫人难以启齿；更重要的是，此去虽已经年，但毕竟未见后果，尚难定论，还需观察因缘变化。所以，谱主选择避而不谈，亦合情理。

十年行迹与政局

《自行录》说有十年行迹（1941—1951）"未遑录出"，从现存的资料考察，很可能与上世纪五十年代初的政治压力有关。自一九三九年起，谱主受到国内外各方政治势力的牵扯，例如：六十岁时曾有各方要员前来祝寿，日伪时期高旻寺曾被和平军占领，解放初又一度被征作"苏北干部疗养院"，等等。

现将诸事按时序排列如次：

一九四〇年，谱主六十岁生日，诸方政要（姓名从略）亲至高旻寺贺寿，各赠匾额，有题云"妙上无上道，树色大空无"等者。诸匾后被送到谱主老家保存，文革抄家后下落不明。（《来祖事迹杂记》）

【案：一九三九年一月，以周恩来为书记的中共中央南方局在重庆正式成立，直接领导四川、云南、贵州、湖北、湖南、广东、广西、江苏、江西、福建以及香港、澳门地区的党组织，推动国民党统治区抗日民族统一战线的巩固和发展。又，一九三九年，国民党第六次全国代表大会在沪召开，筹备改组国民政府；一九四〇年三月，以汪精卫为国民政府代主席及行政院院长的"国民政府"正式成立，直接管辖江苏、淮海、安徽、浙江、江西、湖北、湖南、广东、中原、福建（部分日占区）等省份及南京、上海、汉口、厦门等特别市。又，一九四〇年四月仪扬抗日根据地形成，主要战役有一九三九年仪征月塘集之战，一九四〇年扬州江都郭村保卫战及宝应曹甸之战等。（中共中央文献研究室《周恩来年谱》、张江裁《汪精卫先生年谱》及 2011 年 5 月 17 日《扬州日报·开辟仪扬抗日根据地》等）】

一九四一年，谱主付法妙善。

【案：一九四一年下半年，新四军主力部队进入扬州江都、宝应及高邮等地开展游击战。一九四二年，扬州建立苏中一分区党政军机构。】

一九四三年，汪精卫政府的整团"和平军"进驻高旻寺。妙善法师因病恳请退居未果。(《妙善大师年谱》)

【案：一九四三年，扬州甘泉县抗日民主政府与东南办事处成为仪扬地区的抗日中坚，抗日根据地得到巩固。(2011 年 5 月 17 日《扬州日报·开辟仪扬抗日根据地》)】

一九四四年，驻寺士兵种种扰乱、勒索，梵刹不宁。妙善法师辞病离开高旻寺，去往普陀山。谱主复任住持。(《妙善大师年谱》)

一九四五年，日军无条件投降。"消息传到扬州，在扬的日伪统治顿成土崩瓦解之势，驻扬的日伪军政人物惶惶不可终日，往日在古运河上挂着太阳旗、架着机关炮、到处游弋的日军小汽艇，在大街小巷横冲直闯的日军三轮马达卡和骑兵马队也均被解除了武装，听候点验，等待接收"(程裕祥《抗战时期扬州城见闻琐记》)。

一九四八年，淮海战役之后，"扬州西门外的司徒庙、隆庆寺，北门外的平山堂、观音山、天宁寺、重宁寺，南门外的净慧寺、福缘寺，东门外的长生寺、卧佛寺、太阳宫、香阜寺和救生寺内，均驻满了国民党的军队；由里下河逃窜来扬的地主残余武装'大褂队'，散居在附近村落；一些中、小学和瘦西湖风景区被散兵游勇占据。这些驻军、溃兵、伤兵整日无所事事，寻衅滋事时有发生，商家被抢、行人被打、住户被劫的事情连连发生"(程裕祥《扬州解放前后见闻录》)。

一九四九年，扬州解放，高旻寺的山门殿、大雄宝殿等主要建筑被征作"苏北干部疗养院"(参见本谱"一九四九年"条下注(3))。其年，扬州各乡收成不好，高旻寺难以维系。

一九五〇年，由于高旻寺古有田产，谱主被列为地主遭到批斗，高旻寺从此断了租米来源。谱主因以成疾，遂解住持位，应请养病沪上。其时，高旻寺成立寺务委员会，由谱主弟子禅慧和

尚出职主任，开办工厂，自给自足。（参见本谱"一九五〇年"条下注（1）-（2））

【案：一九五〇年春节期间，扬州发生饥民"抢米风潮"。其后，政府实行土改，斗地主、分田地。（刘握宇《农村权力关系的重构：以苏北土改为例1950—1952》)】

一九五一年至一九五八年，高旻寺出家僧众完全依靠自办工厂活命。（参见本谱"一九五〇年"条下注（4）-（5））

由上述内容不难看出，谱主当时曾被动与各方政界要员有所往来，并受到政治势力的牵扯。而谱主撰写《自行录》的年代，又值非常时期，在当时的压力下，作为一名被打倒的"地主分子"，那段历史倘若写不好，必会遭到难以想象的残酷打击（一九五一年的"云门事件"即是一例）。谱主明智，观察因缘不契，暂且搁置，"候后再酌"。同样，一九五二年出版《来果禅师语录》时，原本收录的"《家谈百则》第四"最终也被决定移除，序（达本）曰："书凡八种，《家谈》尚缺。……拟著《家谈百则》第四。"《<家谈百则>重刊序》（释素闻）解释道："《家谈百则》著成于民国旧社会时期，一本世间伦理道德立言，于五十年代解放初期，恐已不合时宜。遂命暂缓辑印，容后重撰改写，故标'拟著'云云。"

在新社会的开创阶段，一切历史遗留下来的人事都将受到重新审判，然后在新的秩序里以新的方式存续。相信谱主对此已有考量，可惜谱主于一九五三年圆寂，这十年的往事也无缘"再酌"并公之于世了。

三

谱主接法高旻后，在其座下参禅的学子中出了不少名僧，例如：本焕和尚、妙善法师、妙湛法师、仁德和尚等。然而，由于各种复杂的内外因素，谱主的"法嗣"人选一直处于不稳定的状态中。

法嗣

《自行录》虽未言及"法嗣",但从谱主门人的传记资料中却能找到些许相关的信息。谱主住持高旻,除了改革寺制、整顿戒律、主持禅七和建设寺院外,对法嗣的选择和培养也十分用心。资料显示,谱主择人的要求约有两条:第一,必须从禅堂用功出来;第二,必须经外寮锻炼有成。在高旻的学子中,符合上述两条并有迹象表明确为谱主属意的人选,大致有如下几位:

释本焕(1907—2012),一九三〇年在新洲报恩寺出家、武昌宝通寺受戒后,即往扬州高旻寺,在谱主门下参禅,七年深研禅宗。一九三七年,谱主始命其于外寮主事,然释本焕无意寺务,只欲朝山,遂离高旻而北朝五台。一九四九年接虚云长老法脉,为临济宗第四十四代传人,任南华寺住持。(参见本谱"一九三〇年"条下注(4)等)

释妙善(1909—2000),一九三二年在丹阳县地藏寺礼寂宽和尚为师,同年于镇江焦山定慧寺出家,扬州天宁寺受三坛大戒。一九三三年春至扬州高旻寺参学,九月十六日于禅堂加香站板时"大有所悟"。一九三五年任库房副寺,一九三七年离高旻往常州天宁寺参学。一九三八年罹病,蒙谱主眷顾,接回高旻寺闭关静养三年。一九四一年病愈,接高旻寺临济宗第四十七世法,任住持。一九四四年挂印离任,往普陀山闭关。一九五二年任法雨寺代理住持。一九五三年春来沪拜见谱主,住崇德会半月余,与师最后一晤。(参见本谱"一九三三年"条下注(4)等)

释密参(1916—1992),二十一岁于北京普德寺依瑞林和尚出家,二十四岁于北京广济寺受具足戒。一九四一年南下到扬州高旻寺亲近谱主。一九四四年,谱主见其功夫得力,令其发心到外寮去"行菩萨行",密参恐外寮做事影响用功,便"溜单"往金山寺参加冬七。翌年，冬七结束后回高旻寺销假，谱主命其管理法堂。一九四六年随众向谱主告假，欲南下广东亲近虚云和尚，经再三恳请，谱主方允，并要其发愿"生为高旻人，死为高旻鬼"——这是谱主当年从月朗禅师座下接手高旻寺时所发的誓言。之后，密参至广东韶关云门寺亲近虚云和尚三年。一九五二年回高旻寺，受谱主之命赴上海莲花寺（高旻寺下院）任监院（此时，禅慧和尚任高旻寺方丈已经两年）。（参见本谱"一九四一年"条下注（3）等）

释禅慧（？—1979），在谱主门下出家（年月未详），法名"道定"，因于禅堂刻苦参禅而得谱主印许"开了一只眼"。一九五〇年，谱主离任移锡上海，禅慧接任高旻寺方丈（时称"主任"），主持禅七、为众开示，同时开办工厂（织麻袋、编暖席、织布等）以维持出家众的生计。一九五三年，谱主在上海静七茅蓬示寂，临终前要求禅慧"在这里对我发誓"："我曾经在月朗大和尚面前发誓：生为高旻人，死为高旻鬼。我现在把高旻寺交给你，你也要发誓。"禅慧当即下跪发誓，接高旻寺临济宗第四十七世法。一九五八年被打成右派，不久入狱。一九七九年夏示寂。一九八六年后，在谱主舍利塔侧起建禅慧和尚纪念塔。（参见本谱"一九五〇年"条下注（4）并案）

以上四位人选，两位在"考察期"离寺，一位在接法后离寺，只有最后接任的禅慧和尚在高旻寺最艰难的时期荷担重任，坚守高旻直至入狱、心系道场乃至命殒，不负誓言，谱主有知，必感欣慰欤？！

文革后，宗教政策落实，高旻寺幸得恢复，一九八四年，经普陀山妙善法师推荐，德林和尚出任高旻寺住持。

释德林（1915—2015），字参悟（后更名妙悟），法名德林。十九岁在扬州高旻寺依"道智"和尚剃度出家，同年投宝华山隆昌寺德宽律师座下受具足戒，期满回高旻寺。一九三七年离寺参访、闭关潜修、阅藏研教。一九四七年任文峰寺住持，一九五〇

年回高旻寺，一九五一年春解制后离寺转住上海静七茅蓬。一九
五三年谱主圆寂后复住上海静七茅蓬和苏州穹窿山寺。一九五八
年后进工厂参加劳动。一九八四年五月，经多方协商，由普陀山
妙善和尚推荐请回高旻寺担任住持、重修高旻寺。二〇〇五年退
居，弟子释文龙接任方丈。二〇一五年在高旻寺示寂，世寿一百
零一岁。（参见本谱"一九三三年"条下注（5）并案）

历史又翻开了新的一页，妙善法师举荐德林和尚出任高旻寺
方丈，或可视为高旻一脉"在新的秩序里以新的方式存续"，不论
如何，旧时代的风风雨雨已随着历史的车轮渐行渐远，新的高旻
寺正在崛起。

法卷

谱主圆寂后，高旻寺临济宗历代传承谱系法卷至今下落不明，
民间传说遂有不少版本。其中较为正式者，有《禅修成就的肉身
菩萨——弥光法师》一文（欧阳镇《江西佛教研究》，江西人民出
版社，2017），主张法卷为弥光法师所藏："1953 年，弥光法师因
在云居山种水田而致风湿病日趋严重，双脚肌肉严重萎缩，于是
按虚云老和尚的吩咐下山治病。……由于治病的因缘，弥光法师
初到扬州高旻寺结缘住禅堂参禅，深受来果老和尚器重（弥光法
师与来果老和尚有一段公案，一直不为大家所知，其内容是：1953
年 11 月 21 日，来果老和尚自高旻寺前往上海，弥光法师一路随
行。到达上海静七茅蓬的次日，来果老和尚当时慨叹付法难得人，
弥光法师劝道：'如您觉付法无人，可先由我代转。'来果老和尚
即付法卷，并示表信偈曰：'莲生东土，根本西方；出水香洁，花
开见佛。'弥光法师生前曾嘱弟子，如坐缸出来，成就色身不坏，
待金身装护圆满，即可将此事转告弟子明贤，法卷已无下传因
缘）。"云云。

此说尚多明显疑难点：

1、一九五〇年，谱主已从高旻移锡上海，而弥光法师正在云门。

2、一九五三年七月，虚云和尚尚在云居山重建真如禅寺，弥光法师下半年即到云居山参与修建。而农历十月十七日谱主圆寂。

3、一九五五年，弥光法师下云居山到高旻寺治疗关节炎（即"治病的因缘"），其时谱主已去世两年。

虽然，弥光法师藏有高旻寺法卷之事并非不可能。众所周知，谱主法嗣释妙善去往普陀后，高旻寺遂无传法之举。及一九五〇年谱主移锡沪上，乃将高旻寺住持一职交由弟子禅慧担任，谱主临终前又复付法（参见《缅忆来老》、《扬州高旻寺来果禅师塔铭并亭记》下落款），故法卷同时交予禅慧继承似较合理。而弥光法师来寺治病，正值禅慧和尚主持寺务。一九五八年禅慧和尚被定右派，不久入狱。值此非常时期，弥光法师始终未离高旻、护持高旻，法卷因而幸有所托者，更无不可也（参见"一九二八年"条下案语中"释弥光"注、"一九五〇年"条下注（4））。

又，《高旻轶事》："我们弥首座不是把高旻寺的法卷带走了嘛（恐怕是在他手上）。……[法卷原来]应该在我们禅老手上（禅老最后走之前），我们弥老和禅老他们是有一定因缘的。"

上世纪八十年代初高旻寺劫后重建，德林和尚担任住持及圆寂至今，相信法卷之失传与不传（或"已无下传因缘"欤？），都无悖于高旻寺及其永续禅宗之志再获重生并演递下去。

《来果禅师语录·达本序》赞云：

"高旻堂上来果老和尚，幼而徇齐，长具超方之眼。眉毛拖地，苦撑大愿之舟。参禅行脚十余年，辅导金山数年，主持高旻三十余年。居恒破衲粗糲，克己厚人，火种刀耕，含辛茹苦，筚路蓝缕，以启山林。复以事必躬亲，不容飘忽，由是所至皆理。其于坐香规约，因时因地，略为损益，至今国内各大丛林均以为法。一生为道忘身，老而弥笃。其色郁郁，其德巍巍，弸中彪外，轧轧然天机自动，精义流行。顾以素厌声华，不事造述，唯因鼓钟于宫，声闻于外，德厚流光，终不可掩。十方缁素请益日众，无已，乃于无言说中拈示一二。唐哉！皇哉！奂乎有文，既能由浅入深，引人趣向，复能抽丝剥笋，愈引愈深。宗门之大经大法，功行之抉择方便，当阳抛出，无欠无余。……老人一生行履，入死出生，千锤百炼，故能脚跟点地。到处为人四十余年来，国内外四众，或前往、或具函，依止者万数，德享环区。传佛心印，法欤？人欤？至心归命！"

在中国历史上，高僧从来都是所处时代、社会的特殊结点。本谱除生平年表外，谱主一生重要言行录及其门人、好友撰写的纪念、回忆文字或次第编入年谱、或收入附录，有史有实，可信可亲。

王建伟 金晖

2018 年 8 月 1 日于沪上阿含学苑

目 录

案：

　　《扬州高旻寺来果禅师塔铭并亭记》："师生于清光绪七年，岁次辛巳，七月初二日寅时。灭度于公元一九五三年，岁次癸巳，十月十七日寅时。"其出生月、日，《刘氏宗谱》作"生于光绪七年辛巳岁三月初四日酉时"，依上"李"名之意推之，三月出生似较确当。而"七月初二日"之说，或从谱主处亲闻亦未可知，今且从之，待考。

年 谱

一、应兆出生至在家修行

一八八一年·清光绪七年·辛巳　一岁

农历七月初二日寅时诞生于湖北黄岗。

将生时，有"金鲤进室"、"黄袍白须老比丘入内"等异兆。是以初名鲤，后改名"理"，乳名"小和尚"。[1] 在胎及婴儿时即喜食素。[2]

注：

（1）《自行录》："至临产夜，父见金鲤进房，母见黄袍白须老比丘入内，满屋通黄，不半时余诞生矣。父命名叫鲤，母取名叫小和尚。父知鲤字，乃孔圣人子名，早死，故遂改理。"

（2）《自行录》："母怀妊时，不能食荤，吃则腹痛。……出胎后，母乳不能食，雇素乳母。"又，《异行录·长斋娱乐》："余吃胎蔬，实由宿世善根……"

一八八二年·清光绪八年·壬午　二岁

在黄岗家中。

喜食盐炒干饭。（《自行录》）

一八八三年·清光绪九年·癸未　三岁

在黄岗家中。

初见圣像即知礼拜,遂喜捏泥土佛像,供奉于田岸土洞之中,日数朝拜。其余皆非性之所好。[1]（《自行录》）

自是,土庙供佛、烧香拜佛乃至打坐,无日虚度。[2]（《异行录》）

注:

（1）《异行录·喜塑佛相》:"余三四岁时,母引我至庙,我指圣像问曰:'这是什么菩萨?'母曰:'快走,这是吃小孩子菩萨。'我即哭曰:'请母抱我到菩萨前望望。'母拒不肯,我即卧地哭滚不起。母去,私自爬上顾视,用手扶圣像笑曰:'咦,身是黄色,好看得很。'下佛龛时倒身下拜。母扯住曰:'拜过就走罢。'众人异而叹曰:'此人将来,怕是做和尚。'母闻之,心甚忧虑。余回家夜梦圣像,如在目前。由是日唯喜捏佛相。一日佛头未做好,手执一泥团,送人请做佛头,人诧而笑曰:'去吧,瞎打岔。'我扫兴而归。佛相做成,特在田岸边挖一土窟,作一小庙,佛供当中,泥巴烛台,泥做香烛,完全不缺,每日往拜者数次,至上学时,始稍懈。"

（2）《异行录·居家修行》:"自是土庙供佛,烧香拜佛打坐,无日虚度。双亲怜我在外拜佛烧香,恐受凉热,特收拾一房,内供佛像,各件俱全。我每用净水一杯,内放香灰,供在佛前。每天至晚,喝一杯水曰:'求佛慈悲,开我智慧。'乃盘膝念《金刚经》、《心经》。某次,在诵经时,一老鼠在余肩上睡觉,其小尾拂及我颈项,我觉痒,用手一抹,鼠不肯去,我即不复理。不多时,掉下来一蜈蚣,约四寸长,藏小鱼（案:木鱼）口内,首尾挂外。我见老鼠不喜,见蜈蚣不忧,继续诚心念经,鱼声不绝。至是辄以为常。一日,有邻庙僧来见之,曰:'此子有点道理。老鼠俯睡肩上,似伏虎势;蜈蚣藏在鱼内,是降龙势。'我时不知什么叫做降龙伏虎。一日父酒醉，不准念经，我恨曰：'日行之事，岂能有缺。'心闷不乐。至夜父眼陡疼，急喊救命，母呼我曰：'汝快去看。'我即前去。父曰：'我儿诵经有过，令我眼疼。'我云：'诵经有过，以何为验？若诵经有过，儿眼当疼。如止人诵经无过，父眼当好。'如是父疼更倍前。父言：'莫是阻止你诵经有过吗？你向后诵经我不过问。'我云：'父眼欲好否？向后父若不厌念经，并且戒杀止荤，准保立愈。'父云：'吃花斋吧。'我云：'也好。'即以净水洗父双眼，父即立时不疼，眼光还复如故。"

案：

《异行录·居家修行》所载诸事，年限未详。而"自是土庙供佛……"应接《异行录·喜塑佛相》"特在田岸边挖一土窟，作一小庙，佛供当中……"后，故可推知其事当始于谱主三、四岁时，并跨越后续在家数年。本谱将此注于"一八八三年"（光绪九年，三岁）条下，作为后续数年条目之参考（下不逐年注出）。

一八八四年·清光绪十年·甲申　四岁
在黄岗家中。

一八八五年·清光绪十一年·乙酉　五岁
在黄岗家中。
父授其初学书本，不一年，悉能背诵如流。（《自行录》）

一八八六年·清光绪十二年·丙戌　六岁
在黄岗家中。

一八八七年·清光绪十三年·丁亥　七岁

在黄岗家邻庙攻书。

每日朝暮各诵《心经》七遍，习以为常。有外道来求，告以《心经》，谱主念至"无智亦无得，无人无我相"时，豁然省悟，遂萌出家之念。[1]（《自行录》）

注：

（1）《异行录·天乐鸣空》："一日与外道辩《心经》。外道云：'舍利子是佛身之灵骨。'我云：'是人之名字。'我此时，不知舍利子翻何名义，但经义朗然，为人之名。伊又云：'远离颠倒为一句，梦想究竟涅槃为一句。'我云：'远离颠倒梦想是一句，究竟涅槃是一句。'争之不已，相持不下，二人闷坐一小时。忽于淡云笼月、树影依稀中，发生锣鼓喧天、细声音乐。外道闻之，惊惧云：'泄漏天机，神圣动怒。'乃各回家休息。余虽扫兴而归，久怀不决，出家以后，参阅佛经，杂录有云：'解道玄微，天人奏乐，闻经得利，天女散花。'自此前疑顿释，外道云天机者，诚外道之外论也。"案：此段记录，年代未详。依《异行录》之排序，当在神人点化皈依之前、土庙供佛之后，与"一八八七年"（光绪十三年，七岁）条时间恰合，所记之事亦与《心经》相关，故本谱将此注于该条下，作为参考。

案：

《扬州高旻寺来果禅师塔铭并亭记》："七岁闻邻僧诵《心经》'无智亦无得'句有省。"此说应与《自行录》之"至七岁时，在邻庙攻书，有外道求我，告以《心经》，至'无智亦无得，无人无我相'豁然省悟"为同一事件。

一八八八年·清光绪十四年·戊子　八岁

在黄岗家中。

一八八九年·清光绪十五年·己丑　九岁

在黄岗家中。从师禀学。[1]

注：

（1）《自行录》："至九岁时，外道请我先生教《高王经》，中阿閦佛之'閦'字，先生授以'闪'字，复问我，我云：'不是闪字，是閦字。'此时先生瞋目视我，责我数竹简，怒云：'岂有学生睨视先生理耶？'"

一八九〇年·清光绪十六年·庚寅　十岁

在黄岗家中。从师禀学。

童真言行悲智初显，醒人憨畜、念佛度生。[1]

注：

（1）《自行录》："放学途中，见老者，即悲而叹曰：'你死后安身何处哦！'老人顾盼，一笑置之。见年轻妇女即恨曰：'弄这么多花粉涂在脸上，幻作妖娆，而身上臭烘烘的，粉再多也盖不住。'一遇女人对走，我即让路曰：'迷魂鬼来了。'一日复见打雀子，狩夫正标射时，即拍掌念阿弥陀佛。狩夫见之，气愤填胸：'你再不走，我就揍你一铳。'我更不肯走。一见雀子弹死，即念往生咒飨之。见牛马猪狗各畜类，用手抚而叹曰：'你何苦受此身形，几时能脱躯壳？'动辄泪下不止。"

又，《异行录·长斋娱乐》："……出生以来，见人打犬，我身发抖；听人杀鸡，我牙交战；看人打架，我急躲避；见人拜佛，我陪拜之。闻腥即呕，见荤即吐。每日另洗一只与众不同之碗筷，私藏僻处，至时取用。一日家人不知，误用我碗装肉，我生气痛哭三日，不食不饮，定要另购新碗，方才吃饭。后一老者劝曰：'长斋素口，不宜如此，可吃肉边饭，不吃饭边肉。'余闻之，觉颇有理，向后不再固执，心量大开。一日，一手举一青菜，一手举一鸡子，问人曰：'哪个好吃？'他曰：'鸡肉好吃。'我曰：'鸡肉有债主，终要还它；青菜好吃，无债主，不须还它。'众皆无对。以后常以斋事婉转化人，引为娱乐。"

案：

《异行录·长斋娱乐》所载之事，未详年限。然据"出生以来……我陪拜之……心量大开……"之意，推知应在小儿省事之后。本谱将此注于"一八九〇年"（光绪十六年，十岁）条下，与谱主十岁时"悲智初显，醒人愍畜、念佛度生"互映，乃于一处而见大概，非谓仅此一年之光景耳。

一八九一年·清光绪十七年·辛卯　十一岁
在黄岗家中。

一八九二年·清光绪十八年·壬辰　十二岁
在黄岗家中。

感念世态多幻，终非久住之地，立志出家。跋涉至汉阳，拟于归元寺出家未果，被逼还家，致失望气绝者数次。[1]

[某日，父以罚殛迫其食肉，谱主抵命不从。][2]

注：

（1）《自行录》："至十二岁时，每念世态多幻，毕竟茣茴蜉蝣，终非久住之地，立志出家。遂跋涉至汉阳，满拟到归元寺出家，因不知寺之住址，错到归元顶。一进见之，酒肉熏心，呕吐掩鼻，望而知退。予忖度之，定非真归元寺也。恨我因缘乖谬，造化所苦。正危念中，适堂兄忽来，拖走逼归，致未遂出家之志。如是气绝者数次。"

（2）《自行录》："一日，父令长跪桌前，边靠一木棍，父拈肉一块，逼我吃，吃则罢休，不吃三棍打死除害。我即禀父：'请父打死，誓不吃荤。'我母即拦住。"

案：

父逼命食肉之事，未详年限，然依《自行录》文理，可断在出家未遂至十五岁期间。又，其潜逃出家、被拖还家后气绝数次，父为绝后患，急令开荤、再为定亲（详下），似合情理。本谱将此编入"一八九二年"（光绪十八年，十二岁）条中（以方括号标记），备案待考。

一八九三年·清光绪十九年·癸巳　十三岁

在黄岗家中。

劝未婚妻吃素念佛，盟誓永为"兄弟"——彼此以道为谋，终身无怠，世俗男女行事决不染着。相约成婚时，洞房三日分坐达旦，三日之后，各行其道。[1]

注：

（1）《异行录》："余十三岁时，劝妻吃蔬念佛。晓以人生苦恼，转瞬即换头颅。妻性纯良，深知大义，即被劝服，立誓永为兄弟，世所行事，决不染着，彼此以道为谋，终身无怠，动辄以礼接之，我称她为小弟，她称我曰二哥，见面合掌，言毕揖逊。如是行之，必恭必敬，各怀礼敬，其他世俗尘缘习惯，毫未染着。可见礼能断淫，其功伟大。妻学佛经，所修行法，皆我所教。尝以婚关难过，互商谈曰：我二人学佛学祖，唯恐上人不能允许，故预先讨论办法。至成婚时，我坐蒲团，妻坐方几，至三日后，各行其道，万不随风尘转动，并在佛前立誓，永无改易。由是至期，未蒙尘扰，因各有决烈志愿也。"

案：

　　参见"一八九二年"（光绪十八年，十二岁）条及下案语。

一八九四年·清光绪二十年·甲午　十四岁

　　在黄岗家中。

案：

　　参见"一八九二年"（光绪十八年，十二岁）条及下案语。

一八九五年·清光绪二十一年·乙未　十五岁

　　在黄岗家中。

　　皈依大智老和尚，求"了生死"法。初得念佛法门，则于行住坐卧间勤持佛号不辍，昼夜忘疲。某日，诣寺省师，夜于梦中大声念佛而不自知，被大智老和尚推醒问曰："念佛是哪个，汝可知否？"闻言顿然若呆，无以应答，乃于参、念之间意甚踌躇。[1]

注：

（1）《自行录》："是年皈依大智老和尚，我问：'何法能了生死？'彼仅教以念佛法门，且曰：'汝能念到睡着做梦，还有佛声，再告大法。'如是埋头苦诵，昼夜忘疲，能一时做到梦中念佛，师再有大法可告，喜不自胜，急不容缓之。一句'阿弥陀佛'，不出声念，易得忘失；出声念佛，恐亲不乐。行念有间，即用竹板，书'南无阿弥陀佛'六字，挂在伞内。若忘念佛，竹板撞响，即警觉，佛声不断。若坐即将竹板放在怀内，忘则取出，视之即念。至睡时，每被梦转，无法念佛，即用净水，供佛前，至晚持水用食指画'南无阿弥陀佛'数十遍，吞下使梦中念佛。诸法设尽，未得梦中历历明明念佛，心甚焦急。一日诣寺省师，至夜静坐，睡梦中大声念佛，惊醒师父，特来问曰：'你大声作么？'喊不应，推方苏。师问曰：'汝睡着念佛可知吗？'我答不知。师曰：'此真诚念佛也。'一闻师言，肃立欣慰曰：'请师再告了生死大法可乎？'师即问：'念佛是哪个，汝可知否？'我被这一问，如喝一口冷水，往下一吞，脸烧飞红，半时不能答，冷坐若呆。我复问曰：'此法如何用去？'师云：'候你将念佛的这个人找出来，再向汝道。'师回寮休息，我内心烦躁，意颇踌躇，若学参，毫无把握，若学念，又觉困难。此十五岁时事也。"

又，《异行录·神人点化》："余自幼发心出家未遂，绝而复苏者数次。一日，戚友临门，我正念诵，彼问何人？亲颜面赤，不敢作答。二老尝言：'我家门第感受何因？出此庸人，败坏宗族，玷辱祖地，愧对乡邻。'一日，余大声念佛，父闻之，止曰：'你又出丑。'百计阻扰，动辄横遮。余惨痛伤心，晕去。恍惚间，忽见云雾中，似有人曰：'汝到某处，皈依某人。'惊醒后，知是梦事。次日即至某处，晋见某人，果授皈依。方知神人指导，毫不错谬也。"

案：

谱主皈依大智老和尚之年代，《自行录》先言"至十二岁时"，后言"此十五岁时事也",难以确考,不知"是年皈依"为是承上、为是启下。细究之,似于"是年皈依"处另分一段,启下诸事较合文理。故本谱将谱主皈依大智老和尚之年代断为一八九五年(十五岁)。

又,《异行录·神人点化》所言皈依,不知何时?皈依何人?对比《自行录》,应在十二岁出家未遂至十五岁期间无疑。另就"神人点化"而言,此次皈依定非凡举,当有"大事——得法修法——因缘"似更合理,若是,则"神人"所指非大智老和尚而何?故本谱将《异行录·神人点化》注于"一八九五年"(光绪二十一年,十五岁)条下,以资参考。

另,参见"一八九二年"(光绪十八年,十二岁)条及下案语。

一八九六年·清光绪二十二年·丙申 十六岁

在黄岗家中。

世尘之心冰冷,参禅之念益坚。(《自行录》)

[十六至十八岁间,曾迫于父母之命,勉经两度文武考试,一度武考入学。](《自行录》)

案:

《自行录》所谓"由是世尘之心冰冷,参禅之念益坚"写在谱主十五岁之后,本谱将此编于"一八九六年"(光绪二十二年,十六岁)条中,以承上启下。

又,十五岁后至十八岁间,谱主曾有两度文武考试及一度武考入学,具体年代不详。本谱将此编于"一八九六年"(光绪二十二年,十六岁)条中(以方括号标记),备案待考。

一八九七年·清光绪二十三年·丁酉 十七岁

在黄岗家中。[1]

注：

(1) 参见"一八九六年"（光绪二十二年，十六岁）条及下案语。

一八九八年·清光绪二十四年·戊戌　十八岁

在黄岗家中。

父病笃，医药无效。谱主勇效古人，割肝疗父。[1]

注：

(1)《自行录》："时值父病弥笃，医药罔效，常思古人，为亲尽孝，我何人也。即夜取菜刀私入佛堂，虔诚拜禀诸佛，自愿割肝救父。盟誓毕，复觅定磨刀石一块，恐防不济。结跏趺面佛而坐，至深夜，自解上衣，正胸膛下，用刀力剖，数十转未开，刀钝复磨，再剖方开。刀无血迹，身未沾红，内有干血一团滚出，见之极圆，即用右手伸入取肝一块，割下三分之二。内如沸水之动荡，割后刀口无法收闭，热气外冲，即将裤带拦口捆紧，起身礼佛，取豆腐合煮熟透，亲送父床喂食。食之还要，我即婉言安慰，待父睡着，不多时病愈。此十八岁时事也。"

又，《异行录·神人疗伤》："余十八岁时，父染隔食病月余，饮食未沾，身体羸瘦，气绝如缕，百医难治，束手无策，衣衾棺椁已为备办，待死而已。每阅前贤多方行孝，挽救亲病，我何人乎，其不愧欤？由是立誓，愿舍身命，赎父病痊，如不能生，誓死替父。即夜避去家人，孤身危坐，取快刀、饭碗、磨刀石。各件具备，以刀割裂胸口，不料割开后，刀口三寸宽四寸长，大气直冲，又恐气息不从喉出，乃急解裤带一根，当刀口束住，热气止出，气从喉上，方始放心，否则危急万分。迨至数日后，复求神佑，刀伤早愈，免使人知，令父不悦。即夜梦中见一老者在前，解我衣襟，用手抹擦数转，无言而去。次早掀胸私看，刀口合缝，还复如故。诚心感召，神必有灵，可谓无妄矣。"

案：

　　"割肝疗父"之事虽不可思议，恐不能以常人识见度之。况乎谱主素德，其言凿凿，必然可信。又，据陈道谨居士回忆，陈佩侠医生曾在浴室亲见谱主腹部上近肝处实有疤痕。又，"我年轻的时候好问，关于老和尚割肝给他父亲治病的事情，我问过师父：'这个是不是真的？'来老当即把衣服撩起来给我看刀疤"（《缅忆来老》）。

　　另，参见"一八九六年"（光绪二十二年，十六岁）条及下案语。

一八九九年·清光绪二十五年·己亥　十九岁

　　在黄岗家中。

　　奉父母之命完婚。新婚三日，夫妻如约每夜分坐，虚与同房。期满，各归佛堂修性念佛。

　　自是阖家蒙化，父母、兄弟、妯娌一齐吃斋念佛。

　　每夜领众修行，除父不能盘膝外，其余皆长夜坐禅不倒单者多年。[1]

注：

　　（1）《自行录》："父母逼我大婚，慈命难违，无法回避，只得事前与女商约，结婚时，名为结褵，不染世缘，各行佛道。该女早已为我化归三宝，茹斋诵佛，岂知该女道心，更加贞切，早有不落红尘之志，反劝我终身为道是求。至期虚与同房三日，我坐蒲团，女坐椅杌，陪母闲谈。母住房劝慰，定要我等安睡方出。如是者三日，母知世俗无缘，怏怏而去，我等各归佛堂，修性念佛，此十九岁时事也。至是父母、兄弟、妯娌，悉劝回头，吃斋念佛。我每夜佛堂领众修行，除父不能盘膝外，其余皆长夜不倒单者多年。"

一九〇〇年·清光绪二十六年·庚子 二十岁

在黄岗家中。每夜于佛堂领众修行。

一九〇一年·清光绪二十七年·辛丑 二十一岁

在黄岗家中。每夜于佛堂领众修行。

一九〇二年·清光绪二十八年·壬寅 二十二岁

叔祖父逼同外出随任年余。[1] 期间，虽在宦场，佛珠未曾须臾离手，每日佛声不断。(《自行录》)

注：

（1）其于何处任官，尚无可考。

一九〇三年·清光绪二十九年·癸卯 二十三岁

见公牍中极刑过多，功微过重，目难忍睹，遂辞职归里。(《自行录》)

某日读《法华经·普门品》，至"若人受诸苦恼，闻是观世音菩萨名字，一心称名，菩萨即观其音声，即时解脱"，静思猛省，念释迦牟尼佛数句，即观听佛之音声，其时身心清净、万念潜消，方知此事最尊最贵、最上第一，要办此事，非出家不可。如是蓄意赶办行装。自度内已举家信佛、外有皈依者数百，世间孝义略尽少分，唯忧父亲

尚未戒口，乃终身憾事也。（《自行录》）

案：

　　《自行录》读《法华》感悟一段在"辞职归里"之后，上句"虽在官场……每日佛声不断"当为补叙，无涉时间。由"到任年余"可知辞职归里及感悟等事应在二十三岁时。

二、出家受戒至雪峰闭关

一九〇四年·清光绪三十年·甲辰　二十四岁
　　在黄岗家中。于佛堂领众修行。私备出家行装。

一九〇五年·清光绪三十一年·乙巳　二十五岁
　　六月初一日，向双亲告假，朝谒南海，预至普陀山出家。将登海岸，见僧人口含纸烟者、身穿绸褂者、手把洋伞者、脚穿白袜者，奇形异色，不一而足。当时心生冷落，急将用款在前后寺打斋供众，做功德毕，即往梵音洞舍身。适遇五位身穿衲袄、科头赤脚之苦行禅师，睹面相谈，不禁长叹："还有真修行人在焉！"遂愿出家。[1] 因自潜购剪刀一把，私往三圣堂南山麓将发剪下，团埋泥中，摔弃鞋袜，换破袍服，科头赤脚，了尽平生心愿。[2]（《自行录》）
　　六月二十五日，拟行头陀苦行。过海入山，断饮食、打饿七，十数日而下山，如是家情俗念彻底忘清。[3]
　　七月中，自愿往宝华山受戒。一路艰辛，缺衣无食。
　　七月下，挨至宝华，已是精疲力竭。入寺月余，终夜不倒单。以初入寺时戒费、号条、衣单全无，诗文高蹈而头上有疤，故倍受寺僧白眼，疑为歹人。寺中笨重过秽之事，悉承命做。以致呕血七日、睡磨盘多天，一息仅存！

九月上，某日，无奈溜单，不幸被人抓回毒打，命几不全！[4]

次日晨，不顾衣食，潜离宝华，奔金山求住，预为受戒。才得入寺，知客不问原由，直令众僧连推带拖一拥而出！可怜日暮途穷，渺无去向。

流落镇江街心，沿门乞讨，三日未得一米！万般无奈之际，偶遇道士指点，欲投棋盘山顶。至庙，被当家道士赶出，不得已而借宿狗窠。翌日下山，复至七里甸金山塔院，跪求当家未果。拟做佣工挑土，苟延性命，好图他日再寻师受戒。然身无分文，无力购置工具。

至此，讨饭无人给、做和尚无人收、做道士无人要、做工又无本钱，山穷水尽也矣！[5]

在小土地庙与叫花子同宿一夜。次早立誓："此处动脚，直抵大江，无人救我出家，自愿投江而死，转世再来！"从小土地庙至扬子江八十里地中，走一脚、滴一泪，每遇僧人，即跪求救。

离镇江四十里处，见一小庙，进跪求食，当家允以下田挑豆秸一担即可。然挑回时，当家外出，又饿一天一夜。

次早被逐。转投弥陀寺，幸遇当家甚善，得饱一餐、留住一夜。晨起，当家赐衣，并嘱往句容县宝塔寺挂单。

领嘱急往宝塔寺，被老当家留做行堂。[6]

受行堂执后，道念弥坚。立誓从此不再搬弄文字，二时随众上殿过堂，动静不离"念佛是谁"功夫。自思"前之所行，磨炼身心，扫除恶习，彻底放下"。[7]

注：

（1）《异行录·三次舍身》："余朝南海，将上海岸，见僧人有手把洋伞者，身穿蓝褡者，脚踏粉鞋者，手带银表者，如此名山佛圣道场，僧人竟全无规则，因思：我若出家，定成同类，不如转身再世，向有规矩处出家。如是心灰意冷，凄凄惨惨，一人往各处烧香毕，即将所余川资，在前后寺打斋供众，只剩一双空手，拟往梵音洞舍身。将到洞内，见上悬一牌云：'禁止舍身。'我即跪不起，约四小时，候人走尽，急忙翻跳出墙外，忽有人在后，将我右脚拖住。我往外奔，他向内拖，直拖不歇，无法跳下，转身回顾，见是一沙弥，我气极欲毁，及再掉头则不复见，当时并不知是菩萨拦阻，由是懊丧回寓。次日复去，该洞上之人已知我去专为舍身，即派二价同我齐到洞内，我想舍身，他亦跟上。至晚再来，彼亦同来。于是求死不得，不觉心如火焚，以为等至夜深，候人尽睡，定能满愿。将至深更，悄悄下去，乃见洞门紧闭，只得坐等天亮。是时，人来甚众，更无办法，奄奄回头，偶遇苦行僧人五位，内有一位是秀才出家，科头赤脚，衲袄蒲团，方便铲，棕笠子，颇有道貌。我上前细看，正合我意。窃思：此山还有这种人，何不早见？因与他同坐谈心。他云：'我先看不起你，原来是个道心菩萨。'我如是依法出家，将舍身事作为罢论。"

（2）《异行录·喜行头陀》："每闻人言：不剃头，不带笠，不穿履，破衲袄，方便铲，拗蒲团，出外行脚，名行头陀行。要知头陀是梵语，此云抖擞，言抖擞尘劳作佛事，非徒具形式而已。忆余居家时，见有朝山者，经过我处，必先供以饭，再与资助，一见拗蒲团、方便铲、赤脚科头来者，较之亲生父母更为亲热。他辞行去，尝遥送之，不肯遽离。故科头赤脚之禅师，我最喜之。一日剃发之时，自将头发剪下，将鞋袜脱去一摔，口念偈云：'久困危尘竟少知，觉来今日几多迟，一脚踏翻离垢地，寸丝难挂未生时。'颂毕，即光头赤脚，正如乡村之讨饭和尚一样。有一僧友赐我香袋，余为题一诗云：'朝拜南滨立志高，山中风景乐逍遥，进步三参观自在，香烟五分脱尘嚣。'嵌'朝山进香'四字。该僧见曰：'咦，你在家是个居士吗？你的教典很熟的。'欢笑而散。余自是穿一破烂袍子，各处挂单，人见笑曰：'才换装的俗人，大似老头陀的样子。'"

（3）《自行录》："……五苦行比丘偶一见面，即吐舌曰：'汝哪里落发，何不与知？'该五人不离方寸。至六月二十五日，私自过海，拟行头陀苦行，彼五人闻之，不忍独去，遂一同过江。我不愿彼等同路，求他给一方便铲、棕蒲团、木瓢、筷子，瞒他遂向深山奔躲。离开后，竟绝食三日，在山打饿七九天，上下四天，共十三天，未吃饮食。由此一饿，家情俗念，彻底忘清。"

又，《异行录·神人送饭》："自披缁后，离开道朋，孤身游化，已二天余未食。拟持瓢化饭，即赴乡村。到一人家，正在午饭，我立门前曰：'阿弥陀佛！我朝山路过，请化碗饭食。'屋内大人，急叫小孩赶快关门，曰：'讨饭和尚到了。'我自思云：'我今化饭，将来能得解脱地位，必须耐烦，只可三日不食，功夫不可打失。'又到一家，可怜将到门前，又被把门碰统一关，我心冰冷。再赶一家，到门边时，将要开口，又被一顿毒骂。自想：行菩萨道，托钵化饭，正依佛制，不与我食则已，反言讨饭和尚，实不忍听。化饭不得，腹已饥透，两脚站立发抖，心内慌慌，不知作何主宰？忽猛然醒悟曰：'我宁为道死，不为食存！'即上山打饿七。此时已有三天未吃，直上山顶，望见另一高山，复奔彼山，至彼一望，还有高山，乃复前进。或棘刺身，或藤绕膝，或石岩滚堕，或无路可上。卒因鼓足勇气到达高山，时已四天未食。乃将随身用具置于他处，双膝盘坐，又三昼夜。坐起经行，行毕复坐三次。一天一夜，共有十天，杂念澄清，禅心静极。忽熟睡中见一青衣老妇，手提饭篮，碗筷在内，用布盖好，到我边云：'汝可吃饱，下山二里许有池水，可饮之。赶急下山，不可多住。'言毕不见。我即用碗盛饭食之。将饱，碗筷未放即醒，起身后，精神更倍于前，气清神朗，似稍渴，即下山。至二里许，果有一小池，饮水毕，时正夜半耳。次日上架房小圊,窃思:十天未沾饮食,竟有大小便利,则梦中老妇赐食,岂真实事耶?为之深疑不解。复坐三天,即负物下山。计算前后共十三天也。"

(4)《自行录》:"出家后,自愿往宝华山受戒,单瓢化食,拟赶华山。不料夜歇水边,僧帽瓢筷便铲等物,被行船牵绳经过,齐刮下水,杳然无踪。次日觅一竹棍,化一瓦盆,一路求食,有五天未食者,有三天未见粒米者,日夜奔驰,将到宝华山边,无力上山,又无衣单,即取青藤一条,将破衲袄捆好,当作衣单,平路背行,堵则扒走,多天未食,气力毫无。挨至客堂拜下,无力起身,该知客未识来意,向臀股摔起一脚,如是倒睡在地,无力爬起。知客大师连吵带吼,着照客扶起,问戒费有否?答:'无。'又问号条有否?答:'无。'衣单有否?答:'无。'又问来做什么?答:'我来受戒的。'知客哩纳过,随送一小房内。举眼一看,门缝挂有草纸一张,请照客借一笔砚,即书云:'普陀离俗意欲奢,实为生死到宝华,多蒙师众收留我,参明本性脱尘沙。'贴内墙上,因苦到此地,感激之意。隔二小时,有巡照师来房,先将字条看过,复将我头细看一周,到客堂随来二知客,先看我头,再看字条,问云:'你是新戒是老戒?'我不知新戒老戒为何物,故未即答。又将我移住碾磨坊,知客见我头上有几个疤子,定是山下大马溜子,欲来打劫,新戒哪能说得这几句话,你们大家留心谨防,定不是好人。可怜我此时,还未知这四句诗偈送命。又在碾坊墙上,续题四句曰:'宝藏重开透性天,华严海会度深泉,仙佛普利无边际,山放光芒奠大千。'用'宝华仙山'四字为题。不半天有知客见到,即嘱碾磨头与大众云:'此人定非好人,请你们看看此四句,究是新戒能写出来吗?'众人加倍用白眼看我,遇笨重过秽事,直令我做。我在家未倒单,出家亦未倒单,与众新戒同一床,我坐不睡者月余,点小灯防我者,亦月余。浩老问曰:'点灯作么?'碾磨头云:'有个新戒是歹人,特点小灯防他,否则恐盗寺物。'我又屙血七日夜,睡磨盘内多天,只余一息,同戒者教我溜单，我不知溜单是犯送命的规矩。次日早将同戒干饭吃饱，将衲袄依旧用藤一捆，负到肩上。碾磨头问曰：'你做煞？'我云：'溜单。'他云：'好。'可怜一跑直到黑乌龟石，碾磨头追来，带一荆条，浑身死打一顿，提耳拖回，如拖猪似，直到巡照楼上跪下。巡照云：'琉璃灯扯起。'毛竹板子打断，气绝者数分钟，庄主讨保始饶。二人扶回原处，坐下细想，方知溜单一事不许人知。虽规矩之严，执事之紧，诚利天下范后人。思之：我若不是幸遇各大善知识，刻骨究实提拔，我何能为高旻一代住持，粉骨碎身，难报万一，诚律宗戒法之严，消业之深，为成佛之基本，作菩萨之种子也。"

（5）《自行录》："即至次日，衲袄不要，早饭不吃，私自逃出后门。走四五里，猛从深柴山窠直进，又恐捉住，下山至稻田中行。看稻者拟开铳惊骇，我落荒不能走，黑夜向彼说明下山苦衷，后放我走。迳来金山求住，预为受戒。我话未毕，知客派众僧连推带拖，一拥而出，云我是马溜子。两三天未吃，求一餐饭亦不准。他云：'空手不能赶斋。'该小价拖我离开山门。可怜日暮途穷，渺无去向。衲袄丢在华山，身只穿一道士与我单蓝褂，直至镇江街心，沿门讨饭。人见我身无衣穿，手无碗筷，无一与之。如是三天，竟未得一米。偶遇一道士，我即扯住跪下，哀求曰：'我做和尚遭难，现在情愿做道士。'该道士云：'我庙在棋盘山顶，你去云，是当家叫来的，不久即回。'我闻急上该山，等候四点钟，该庙当家亦出外回，将我一看，即着人赶快拖出去，定是坏人。即时来五六道士，将我连拖带抬，向柴堆边一摔，惊动群狗，骚然狂吠，我即占住狗窠一夜。五六道士巡查。至次日眼睛皆黑，到下晚方明。下山复到七里甸金山塔院，跪当家前求救，亦不准。是时正开山洞铁路，我拟佣工挑土，苟延性命，再好寻师受戒。即向该处逐一询问，肩担粪箕须要自备，方准入场。思之：一文未有，哪有钱置物。至是，讨饭无人给，做和尚无人收，做道士无人要，做工又无本钱，直到山穷水尽！"

（6）《自行录》："就在去七里甸十里许，小土地庙内与化子同歇一夜。至次早，立誓云：'此处动脚，直抵大江，无人救我出家，自愿投江而死，转世再来。'如是走一脚，滴一泪，思之命在这条路上，达到江头即死。问人大江距此多远，得人指迷曰：'还有八十里，即扬子大江。'呜呼！死之时间，当在顷刻。八十里地中，见僧人即跪下求救。至离镇江四十里，有一小庙，进庙跪下求食，他云：'食饭现成，你到田上拔黄豆秸一担，挑回再吃。'即时去扯挑回。当家外出，女眷不能作主。他们吃白饭，我在一边冷看。可怜豆子挑回，当家他处，不料竟饿一天一夜。次早，当家令我他去。起身又跑到弥陀寺。地方甚小，当家甚善，我求即允。他问我：'你还有力否？'我答：'能挑五百斤力。''你能看山否？'答：'能看山。'至晚烧五人稀饭，被我一人吃空。工人回时，坐叹冷气。有恨当家不该留我者，有怒小价不该多添饭者，闹得当家不安。次晨，当家找破烂衣服一包，嘱我到句容县宝塔寺讨单住下。再想此位当家，正是我救命恩人。即时飞跑到宝塔寺，老当家留当行堂。回顾前之立誓，若无弥陀寺救星，直抵大江，必置身水葬。思之：由发心朝海，披缁至此，虽不若善财之百城烟水，亦有磨身舍命，为道是尊，稍似仿佛。聊只依稀，实际研尘刮垢，去习消愆，有不可思议之受用。此二十四岁时事也。"

（7）《自行录》："受行堂执后，身体强壮，道念更坚。从此重立大誓，尽此形寿，任死再不动笔作文作诗。回思华山事，皆由文字构害，一致如此，今而后做一粥饭僧人，于愿足矣。二时随众上殿过堂，动静不离念佛是谁功夫。自思：前之所行，磨炼身心，扫除恶习，一向爱身如宝，卫生若勤，彻底放下，浑不顾及。依法出家，求师受戒，否则将成庸辈。"

案：

本条所记始于光绪三十一年六月初一日，谱主此时尚未过二十五周岁生日，《自行录》所谓"此二十四岁时事也"。以往碑文、亭记等皆依此言转述。今制年谱，须按年序排列，故将此段经历编于"一九〇五年"（光绪三十一年，二十五岁）条下。

一九〇六年·清光绪三十二年·丙午　二十六岁

在宝塔寺。任行堂执。

春，观寺中闲居一老修行，禅宗多年，似有道貌。某日往拜之，请赐号条，备往金山受戒。师为取名"净如"，字"妙树"。数日后，谏师戒烟，整装出行。[1]

二月二十日外，至茅山朝阳洞打一饿七。[2]

二月三十日，赶赴金山。

三月二日到金山客堂。仍无戒费，受杖五十。承众师相助，戒费、衣具、被单齐备，送堂随众，未忘"念佛是谁"功夫。一入戒堂，迎面见"念佛是谁"四字，喜不自胜，即向四字磕四响头。

戒期圆满，众人四散，独无去处，勉住学戒堂。不三月，以昼止一餐、夜不倒单，屡遭首座举罚，谓之"破坏清规"。既不忍犯规，故发心出外，拟往中印度终身觐佛道场、死而后已。

初行，有一老戒誓与同往、生死不离，不久小遇违缘，即生退心，背誓而去。[3]

于是孤身行脚，北去南来、普天教化，逾时半载。[4]

偈曰：

> 一钵千家饭，孤身万里游。
> 欲问前途路，究竟是谁走。

从此立行，每日太阳将出，先提"念佛是谁"起身；手捯蒲团，举功夫上肩；至晚太阳将落，即放蒲团为止。但先提功夫，后放蒲团，若一次空放者，即提起重举功夫再放，日为常课。誓不挂单、不赶斋、不歇店、不化缘、不倒单、不问路、不洗澡，不存一切。如愿而行，未稍违犯。其所止处，桥边路边、屋边沟边、山边水边、坟边粪边。（《自行录》）

冬，行至五台，拜文殊塔。朝毕五台，由桂花城出国，拟往中天竺。一路未得素食，以树下烂枣充饥。（《自行录》）

西行途中，偶遇东印度僧人来华进香者，告以归国受阻，不得已复返中国。闻言绝望，无奈回头。时值隆冬大雪，路途维艰，雪雨浸身，体重难行，常与花子、野狗同宿。

如是，赴印不成，转拟还乡化父归佛。[5]

注：

（1）《自行录》："……辄有人问我曰：'汝有师否？'对曰：'未有。'他云：'我可成就汝，好吧？'对曰：'很好。'可怜举目一看，无人能为我师者，认定闲居一位老修行，燃指拜佛，禅宗多年，四名山八小山朝过，似有道貌。一日往寮请示，进门一阵青烟冲出，我疑佛香。三拜毕，请师赐一号条，往金山受戒，师即取名。我辞出寮时禀师云：'师父多年苦行，被一黄烟熏下地狱，徒心不忍。'师云：'向后决定不吃。'过数日，复去探查，师见我进门，急将烟具藏好，我各处寻觅，找出黄烟杆一根，随折两断，从窗缝丢出，黄烟一包，携出放散园田。又禀云：'师若再吃，今生不来师前问安。'说毕，号条收取，又找衲袄、方便铲、僧笠子、瓢囊，一齐办好。"

又，一九四二年十二月初四日（七七第六日）开示："我在金山住的时候，……我那师弟老要与我讲话，我也不理他。他说：'你是湖北人不是？'我说：'念佛是谁？'他说：'你叫妙树，法号净如吗？'我说：'念佛到底是谁？'他说：'你大概是我师兄！'我说：'念佛究竟是谁？'他弄得没有办法。……到了正月期头，他回小庙，师父问到他说：'你师兄在金山住，你知道不知道？'他说：'我是知道，我与他讲话，他总不答我，我也不知道究竟是不是的。'师父讲：'快去把他带回来！'他就来金山，一把拉住我说：'我说你是我的师兄，你总不答我，原来真是我的师兄！'我说：'念佛是谁？'他说：'不管是谁不是谁，你跟我回去！'我说：'念佛是谁？'他说：'师父特为教我来带你回庙的，你不能不回去！'我说：'念佛是谁？'他弄得没有办法，便拉住我说：'你这个人太无道理！回去看看师父也没多远，就在句容，为什么不回去？'我说：'念佛是谁？'他把我放下说：'罢了！罢了！'他回去了。"

（2）《异行录·洞内观天》："住宝塔寺时，每闻人言，南茅山有朝阳洞，洞内有碟子大一块天，有人亲往见过。我闻之，疑无此事，久怀不解者三阅月矣。及金山开期传戒，余于二月二十外，由宝塔寺起程，计划先到茅山，次赶至金山受戒。迨行至茅山脚下，见朝阳洞三字在焉，即避游人，私自下洞。洞深约五丈余，下为平地，内大无边，暗不见手。前行约一里许，双手摸得一石凳，乃将蒲团放下，坐定，不分昼夜，不知早晚，忽抬头望见一明月，正照当前，洞内石色，晃然清朗。此时已忘前所听到有碟子大一块天事，只知茫然顾视左右。正深审中，忽闻水声如雷响，于是急急负物起身，出洞问人，今天几时？彼答曰：'三十。'屈指在洞七天，宛如数小时。方信古人所云：洞中方七日，世上已千年。不我欺也。"

（3）《自行录》："先到茅山朝阳洞，打一饿七毕，出外问人，今天几时？彼答云：'今天二月三十日。'猛然懊丧云：'不好了，金山戒期又赶不上。'如是昼夜飞跑，至初二日赶到金山客堂，将方便铲蒲团放好，衲袄科头赤脚，进客堂问讯坐下。知客出，行礼如仪，问云：'老修行哪里行脚来？'我云：'师傅慈悲，弟子来山求忏悔的。'此受戒的话，在宝塔寺学会的。知客把脸一变云：'我看你像老参的样子，原来是个新戒。'知客先是必恭必敬，当行头陀苦行的老参挂单，后知新戒，随与挂号，问戒费，我云没有。知客云：'既受戒，何以不带戒费？'即用杨枝条杖我五十几下。众师承有助戒费者，有助衣具者，有助被单者。戒费衣单齐备，送堂随众，还未忘'念佛是谁'功夫。一到戒堂，见'念佛是谁'四字，即放衣单，向四字磕四响头。咦！这里也有'念佛是谁'，喜不自胜。金山是禅堂做新戒堂故也。凡散来遮难文各件，目两遍即能熟背，坐如呆子似。至戒期圆满，各人四散，独我一人，无他去向，就勉强在学戒堂住。他人学唱念功课，我无事，即将'念佛是谁'，作一整篇文章，贴房内自赏玩之。忽维那见到，急催进堂。不三阅月，首座每天举罚云：'这位新戒，道心很好，白天吃一餐，夜里不倒单，破坏清规，下次不准。'我思之：挨香板可以，破坏清规不可以。由是发心出外，吃钵饭，准备直抵中印度，终身觐佛道场，死而后已。适有老戒名云先者，定要与我一同行脚，拒之再四，誓与我同生死，无法离开。一路至江北数十里，饥时拟用钵化饭，请他前行。一村狗子攒吠他，无法抵御。我复前行，狗赶后咬他，彼即大生退心云：'我恐不及，请你一人先去。'"

(4)《异行录·普天教化》："受戒后，住禅堂，已受善知识种种开导，必须刻骨究实，方能达到开悟目的。无如吃钵饭之愿未行，心头不能放下，是故私出行之。身披一衲袄，头戴一凉蓬，方便铲，圆蒲团，一瓢一筷，不带其他杂物。一路劝人念佛吃蔬，参禅打坐。蒲团外挂一口香袋，书云：'并在日头上，大下一字高，文中孝第一，七人一担挑。'将行化事隐四句中。正行路时，忽被后面一人拖住曰：'你是哪个？'即答：'阿弥陀佛。'彼曰：'你难道就是阿弥陀佛吗？'我云：'是谁？'彼笑曰：'这个老道是个呆子。'我即默然往前直走。复遇一人，将我布袋扯住云：'你既普天教化，应在天上，因何又在人间？'我即答云：'天在哪里？'彼不能答。我即问他：'是哪个同我讲话？'彼被我一问，更被呆住。如是一路用禅净机教接人，颇有进益，是则普天普地尽可行化也。"

又，《异行录·降外教徒》："行至村中，忽遇一男子，手执文明棍，一见我面，'碰统'两棍，把我打得头晕胸闷，不便行走。我乃慢慢挨擦，出村里许，坐下休息。自思我行佛道，既遇恶缘，护法无人，将来前途不堪设想。不多时，拥来百余男女老少，余恐是来捉我，正思走避，彼等已一拥上前，将我围住。我不知所措，因问来人，才知方才打我的人乃是耶稣教徒。他回家后，两脚直伸，双眼翻红，口吐血沫，乱喊：'打死了，救命呀！'伊母只此一子，家颇富有，询知曾侮辱我，乃请同村人抬其人至我前，请我救他，若能活命，供给所需，在所不辞。我闻此说，心才放下，乃告诉他：'你儿要好不难，我讲的事汝能行否？'其母满口承当能行。我说：'汝儿好后，不许毁谤三宝，必须诚信佛道，全家茹素，念佛修行，广结众缘，见有往来朝山僧人在此经过，汝母子必须恭敬，供以饭食，给以川资。自行劝人，如是一字不改，我能救你；若行之不久，中途退失者，汝子之命终难久保。'母子及村人齐跪谢我，我即持一杯净水，念三遍大悲咒毕，与其人吃下，并用水洗头，其人即起坐，向我哭诉云：'弟子愚痴，冒渎大师，后即见一天神，状殊威武，乱鞭打我。今蒙救命，愿依大师为徒，永改前非。'随送余铜元十二串为川资。余谢不收，嘱暂收存，为给别人川资之用。余思此是韦驮感应，替我保护。行菩萨道，必有护法神拥护，此其明证也。"

又，《异行录·乞瓜遭厄》："如是行脚已至伏天，大热难受，渴不能耐，饥苦已属次要，即在树下，坐凉一刻。见地头看守西瓜之小孩，一人抱一小瓜，随吃随要。我即向小孩曰：'给一小瓜与我解渴吧！'小孩听错为要瓜下药，乃各骇走回家，向其父诉说：'树下有拭胡子。'传言拭胡子者，带有迷药，无人处用药骗孩儿。此时乡下正闹此风，故错把我当拭胡子。未几数百人齐拥前来，手执铁器，汹涌围看。幸未动手。年轻者脱我衣裤，又摔蒲团、拆衲袄，寻找药水。当时我若藏有任何治病药水，到此时亦将被认为毒药矣。又有人举一挖锄，离我头不过二寸高，倘一下来，头将分成两块。后来有一老者言：'大众请勿动手，此是朝山老道，不可乱动。'如是一喊，众人铁器一齐放下。有人对我冷望，有人将我物件收拢，又有请教我者。我含笑唯唯，不谓因向小孩要西瓜解渴一念之动，几乎身成肉酱，好不危险！"

又，《异行录·化外道》："某日行脚至晚，欲坐树下休息，遇一外道首领，见我形异，以好奇心同我交谈甚久，拟请我住伊处。我拒不肯去。后续来多人，诚恳祈求，乃随之去。一进公所，先拜圣宗毕，众等同拜接驾，焚香点烛，请求开示。我先用外道极则语开导，令彼初得信益，乃云：'一窍玄关彻顶天，阳儿吹笛炼金丹，黄河倒转昆仑顶，朝元五气汞加铅。姹女情多丹灶冷，黄庭尊处喜添筵。莫把坎离轻放手，三花尤在圣胎边。'此八句功夫话写出后，彼等书写多纸，四处张贴，一千六百余人见者无不称奇赞异，皆云：'此是老佛爷降世。'随求普说皈依。我乃乘机引归正道，登座云：'汝欲皈依我，须知我是三宝弟子，代佛化度。汝能信佛、信法、信僧，方能皈依。'彼等以热情诚信心，皆愿切实皈依三宝。皈依毕，余再为开导，乃云：'汝等向所行道皆在精气神三处修炼，我今问汝：未有父母之精，未有天地之气，神在哪里安身立命？'众皆无对，将前外道功用一概推翻，从此参念佛是谁矣。"

又，《异行录·解天灾》："吃钵饭至村落，饥时坐下，男女老少齐送食来，吃饱不收，然后来者盛情难却，乃将各人所施食品各拈一粒吃之，众人皆大欢喜。有时打禁语七，专门用功，不多化度。某次打七至第五日，有外道见我不言，问亦不答，以为我是仙人下凡。适是处有三县范围，禾苗尽被蝗虫吃伤，遍乡遍地设坛求神免灾，已求十余日，乃转语众人。众人见我，同声喜曰：'这位仙人是我们求下来的。'看者愈来愈多，众人抢着蒲团，邀我到一宽大屋子里，请我往火炕上一坐。时正六月暑天，十五斤重的衲袄在身，又坐在火炕上，又将向东窗子打开，于是头上被太阳晒着，身上衲袄围着，火炕烧起火来煮饭，臀股烫得不能安坐。加之外面谣言硬说我是仙人，引得许多人每人手执菢香一把，把五个大香炉插满，以致满屋是烟，热气逼人。每人烧香礼拜毕都用头伸来，看我眼珠动否。这个看去，那个又来，几百几千，一一看过。皆大声言：'真是神仙！'余急将一向所有功夫尽力拿来抵抗，直使身无汗滴，眼不翻珠，身不动摇。若汗一滴或眼一翻或身一动，必使三县人民信心一退干净，不但不当我是神仙，反将被诬为妖邪惑众，前途大为不利。如是由早上七点钟坐起，已至下午两点钟，乃思如何设法令人散去，于是用手作写字势。众人知我要笔，即时取来纸笔墨砚备用，我即大书云：'善恶报应，感召虫灾。蝗灾将过，贫者喜，富者欢，人寿年丰乐自然。'写毕，掷笔下炕，起身就走。"

又，《异行录·遇异僧》："行脚至一平原，功夫得力，顿忘人世。是时忽来一位骑骏马之高僧，轰轰烈烈，至我面前下马。该僧左手提肉，右手挂佛珠，向我前面坐下，高声大笑曰：'你到此地，我也是此地人。大僧哪里发脚来的？'答云：'南方来的。'又问：'哪家丛林住过？'答：'金山住过。'闻说有个高旻，你可住过吗？'答：'将来有缘可以住住。'他云：'高旻住住很好。'那时会面，虽是闲谈，现在方知大有来意。他说毕，我问他：'大师住在何处？'他云：'我在山上洞中住。'我问：'高马肉珠，依何教住？'彼云：'你看我这一块肉是谁身上来的？'彼拟取肉给我看，我乃沉下脸来危坐。他见我不悦，即起身云：'咱告假去了。'我闻上马铃丁当响了数声，及抬头一望，不闻其声，不见其人，心疑莫非是文殊现身我前吗？当面不识，痛心！"

（5）《自行录》："……忽有东印度来中国进香之喇嘛，向我问讯，彼此谈话。他云：'来中国三年，欲回本土，因途中障碍太多，不敢妄行，特回中国。'我闻之通身冰冷，即时共辞而别。返回中国，适值隆冬大雪，三尺多深，前不知路，后无烟村，在深雪中过一夜，身寒冰透。身穿衲袄，重十五斤，每下雪雨三五天，坚坐三五日。蒲团下坐成窠塘，水浸半身，其衣加重十余斤，身幸未伤。一路与告化子同睡者，与狗子同夜者，回数很多。自思：既不能往印度，只好回里，化父归佛。……"

一九〇七年·清光绪三十三年·丁未　二十七岁

春，还乡，于家庙口邂逅父亲。

随父归家，集合众亲邻，普劝归佛。众散，请父出外上坐，大劝之，父恸哭之声震耳，竟而皈依三宝。

告别双亲，直返金山销假。[1]

住金山禅堂，发愿以悟为期，不悟不出禅堂，立行不倒单，不告病假、香假、缝补假、经行假、殿假，宁死禅堂，不死外寮，单参"念佛是谁"一法，毫无其他妄念。（《自行录》）

自是，禅堂习规矩、耐烦苦练心、惭愧警细行、安帖住功夫。[2]

注：

（1）《自行录》："……主意既定，只身飞跑，直到本乡。拟上家庙住宿，次日再行化导。不料将进庙门，适父同进庙内，随即礼父三拜。父云：'母眼哭瞎，父找汝朝山四五处。'父即将我蒲团拗归本家。小弟见曰：'父将这邋遢和尚弄到家来作么？'父即云：'是汝二哥到家。'众乡邻亲属，悲喜交集。随时令众亲属人等，排班齐整，开导云：'浮世非坚，赶急回头，归心三宝。'劝毕，令各散去。即请父出外上坐，大劝一番。父之哭声震耳，我亦同哭。父云：'你要我皈依三宝，我要皈依你，皈依后，不能远游。'我随口答应。父皈依毕，即告修行路途，随时向双亲告辞而别，直抵金山销禅堂假。此光绪三十三年春间事也。"

又，《异行录·走雪化父》："由五台山经过，赴中印度参访佛出世之地，不料中途遇尺深大雪，前路不知宽窄，后路不知有无，加之望无村店，听绝人声，正惶惑间，一失脚滚下一二丈，坠落石坑边。扒不能上，喊无人应。大雪仍在纷纷下降，若不拼出，不久即将埋身雪窟。乃将雪作成硬砖，一层筑一层，十余脚奔上岸边。然举目无亲，天地一色，此时腹内饥慌，竭力寻路。循路行至一贫人家，在他家门口站住，云：'阿弥陀佛！我三天未吃，请给点我吃。'该家一妇人云：'老道，我也两天未吃，现在只有喂猪的高梁壳，这是不能吃的，很对不起你，请往别家去要吧。'我云：'就是喂猪的高梁壳子，给我几个充饥罢。'她随给我三个。我喜不自胜，一齐吃下。吃毕，似有精神。过一日后，抽解不出，亦无暇顾及。午夜兼程，拟将亲父化回，皈依三宝，以满我愿。将到家庙门首，与父相值，同进庙门。寒暄后，一同回家。即至，诚劝父云：'韶光虚度，数十年如一瞬，我父前途，路有多少？还有几天光阴可过呢？'父不觉泪下不止，遂倾心皈依三宝。"

（2）《自行录》："……初住禅堂，规矩不会，从早四板，至点心时，挨三百余香板，只是半天。至开大静后，共挨四百多下香板，毫无烦念，劳动执事，搅扰大众，深加惭愧。由是留心学习，大规矩小法则，堂内堂外，默背透熟。规矩熟后，安心办道。任何人见不到我眼珠，听不到我音声，未见我掉一回头。一日洗澡归，至大殿门，忽掉面向内一望，即被丈室小价哩喇一顿。他开口云：'放逸。'我着一望，是一小价，惭愧以极。至开大静后，打耳巴子七八下，痛责自己。又一日，人问我：'大殿供的什么佛相？'不能答。再追云：'可有胡子吗？'亦不能答。因我向未举头上望。一日，斋堂受供，功夫得力，碗举起不动者，约五分钟。偶被僧值一耳巴子，连碗带筷子一齐下地，衣袍悉沾汤水，碗破数块，功夫把住，不许打失。由是迄今，我住地方，斋堂不准执事打耳巴子，即此来因。纵有要讲，等初八二十三、十四三十日，正当讲之。从朝至暮，日无虚度，夜无暇晷。"

一九〇八年·清光绪三十四年·戊申 二十八岁

在金山寺。参"念佛是谁"。

九月二十六日晚，六支香开静鱼子一下，猛然豁落，如千斤担子顿下，打失娘生鼻孔，大哭不止，悲叹无既——瞒到今天，沉没轮回，枉受苦楚，哀哉痛哉，无限悲思，叹何能及？而往昔滞碍，今悉畅通矣。（《自行录》）

自此益加仔细，既悟而不失用功，谨慎持心，不敢妄自承当。公务行单，踊跃忘身，敏捷精详，为众人冠。[1]

注：

（1）《自行录》："……次日，到班首处请开示时，前所碍滞之言，迄无半句。该班首云：'汝是悟了语句。'即问'念佛是谁'，应答如流。又问生从何来，死从何去等，随问随答，了无阻滞。不多日，和尚班首临堂赞颂。我即搭衣持具，向各寮求忏悔，止其莫赞。一日，慈本老人举手巾作洗脸势，问我：'是什么？'我云：'多了一条手巾，请将手巾放下。'彼不答而退。自此益加仔细，不敢妄自承当，苦心用功，必多见人，以免自大。由是日行倍加密切，一听维那报坡，势同抢宝。凡有公务行单各事，置身不顾，操作敏捷，办事精详，为众人冠。"

一九〇九年·清宣统一年·己酉　二十九岁

在金山寺。

一九一〇年·清宣统二年·庚戌　三十岁

在金山寺。

春，常住请堂主执，未允。(《自行录》)

自用心法，密习德操。深知丛林规矩大义，乃悉心专学内外细则，日无倦怠。[1]

初夏，常住复请班首，自思受戒迄今不过四年，何能担此重任？自愿大寮当饭头。(《自行录》)

某日，首座和尚强令当班首，无奈应可。

四月三十日，自觉学年太浅，怕当执事，私投扬州高旻寺。[2]

初见高旻破败，乃自策道心，安住禅堂，奋发精进，得月朗祖师[3]器重，严嘱其"万要苦住高旻"。不久常住请班首执，推脱不得，义不容辞，勉允之。

受班首执已，寺中诸事尽一人承担，不劳大众。行事不畏梗棘、奉身过人。嫉妒吼骂，一概不理，"宁死沟壑"，誓"不在禅堂与人交口争斗"。兼以不存零物、拒寄衣钞，如是内外清净，身心潇洒，古风庄严。[4]

注：

(1)《自行录》："凡外寮行单，悉公务尽，上至和尚，下至打扫，所有规矩倒背如流。我在规矩上用心，其义有二：当知丛林规矩，为行人悟心大法，见性宏模，现为行法基础，未来为进道阶渐，一也。人能留心规矩，巨细清明，毫无讹谬，自则为立身大本，他则为拔楔抽钉，一旦受执为人，拈来便用，二也。我一日住西单尾，有人来我处问话，邻单嫉妒，即用醒板打我数十下，维那得知，进堂问我：'谁个打你？'我即白曰：'是邻单一位师傅，学打香板，在我肩上学之。'悦众抱气不平，即云：'是某人打他。'我即曰：'不是。'维那未深追，否则，这位邻单师傅命送一半。此我学德之密处。故我自用心法，稍得益后，专门学习内外规则，日无倦态。……"

（2）《自行录》："……时值隐老戒期，往年戒期，饭头三个，大寮馊饭缸一口，馊菜馊粥各一口。至我当饭头，只我一人，馊物各缸，不存大寮，一戒期满，未剩粒米，粥饭菜蔬，亦未抛散，想法办好，与大众吃。据库执云：'今年戒期，要省九担米。'戒期单银，及供众等款，扫数结新戒缘，多余之款，办一凉橱，现存未朽。一日饭将炒好，妙首座和尚把住锅铲柄，答应当班首可放手，不允不放手。我乃急死，再迟一刻，饭不能吃，只好答应，委曲求全。满期后至期头，本拟进堂，实因学年太浅，怕当执事，私向水头师借四角小洋，逃来高旻。此宣统二年四月三十日事也。"

（3）月朗禅师（1855—1915），字月朗，法名全定，江苏泰兴人，从高旻临济第四十三世祖郎辉事融禅师得法，代第四十四世普照全融禅师住持高旻寺，有语录传世。

《月朗定祖像赞》："金山堂主，高旻方丈，续慧命香，颂大龙藏，创禅那室，筑普同洼，吞佛祖心，施无情棒，举世咸称，宗门大匠。"

（4）《自行录》："外面闻到：一金山，二高旻。谅高旻不逊金山。一到山门，即生退心。何以？大门是烂洋铁包的，又加缺破。进门两边，石块瓦渣，青草挡路。用世人眼见，实无安住进取。再思古人之道，及用功之人，此处足称最上上之道场也。何以？儒人求道，食无求饱，居无求安；禅人用功，自己尚不许有，其他何可究竟。我何人也？其不愧乎！由是奋发精进，安住禅堂。夏天居众不多者，因各处经期、戒期、会期、佛期、看师、省亲等等，故只有三四人过夏者，亦有十余人过夏者，或三二十人过夏不等。一日，请月朗定祖开示，问答相投，即厉声曰：'万要苦住高旻，不可乱动，汝若溜到外国，我定要把你找回。任你上天，我用烟把你熏下。好好回去，善自护持。'谁知这一次开示请过，上了高旻圈套，不多时，请我当班首，百计推脱不许，义不容辞，勉允之。受执事后，禅堂凡出坡各事，皆我一人担负，不劳大众。以及客库各寮事，棘手者，我一肩夯。至是放手大做，尽量培福，当仁不让。……"

又，《自行录》："我在禅堂，受执班首，上殿过堂，出坡行香坐香，与堂师同一起到，未离堂师一步。堂中大规矩小法则比人熟，色力比人健，精神比人强，讲话比人清，调众比人顺。由此各事过人，难免有碍人事。任是前后执事嫉妒，我不理，表我的堂更不理，提我名字，收拾我，亦不理。一日，有一位执事，当众吼我，我与他磕响头，至晚请他到西寮明间设位，请他上坐，特装三支香，向他磕三个头，请他向后再表我的堂，求他不要提我名字。一日，我后一位执事又讲我，我急到寮房，弄一团棉花，把耳朵塞好。前人吼我者，即装香磕响头；后人讲我者，弄棉花塞耳朵。我有誓在先，宁死沟壑，不在禅堂与人交口争斗，若稍违逆，以誓证盟。每有人言：'妙堂主脾气如洋火，到未听见与人打个支扎。'任人不知，我有成竹在胸。凡报坡夯柴火，别人二人抬一捆，我一人夯两捆。出坡夯稻，别人二人抬一箩，我一人挑两箩。禅堂大众衣服被条，尽归我洗，成就人用功。油盆桶、洗竹垫，不准人到，概我一人。我寮床上被条，龙含珠放当中，毫无其他零细。桌上一块香板，现在规约一本，其余茶壶杯子、油灯油壶、佛相经书、纸笔墨砚、香炉烛台，大小各物，一概不存。任是堂内外人，寄存钱钞衣物，拒绝之。内清外净，了无挂碍。自则身心潇洒，人见似有古风。此身外庄严，断不能少。"

又，《语录·法语卷四·任班首职》："任班首职，为云水堂武道士封龛。拈封条云：'道果圆成乐性天，玄门直入礼金仙，士人自有冲霄志，劫外风光遍大千。恭维本寺云水堂，圆寂道士武公云友。悲乎！黄冠懒戴，羽服忘披，一旦逍遥，绝人我相。且道这点逍遥，有何可比吗？直饶老君有口说不到，玉皇有脚行不到，若也不被枯木桩绊倒者，亲到如是，亲到什么处呢？（良久云）从此不关门外月，衔花野鸟任迷踪。'云：'封！'拈拄杖云：'踏翻生死海，踢倒蓬莱山，放步乾坤外，悠游宇宙间。'云：'起！'执火炬云：'平生事业总成空，尽此身归火宅中，解脱场中真面目，万别千差一贯通。'云：'烧！'

"任班首职，为妙秀禅人入塔：'妙高峰之顶，无人可到；无缝塔之门，有我难开。任尔使尽心机，不惜身命，终莫能及。若能将平生专修禅业良因，仰仗中天教主，慈光摄受，往生兜率天中，不来抛头露面。但能如是，即今转大地为浮图，转浮图为自己，来不动足，去不移身。秀上座已得安身立命也，即此洪恩当何报答呢？（良久以拄杖指骨云）将此身心奉尘刹，是则名为报佛恩。'云：'入！'

"任班首职，为教宗师举火。拈封条云：'教外别传之旨，成佛作祖之基，宗风彻底掀扬，吹入涅槃堂上。恭维本寺圆寂烧香，教宗禅人，念二出俗家，念九出僧家，从此两家坐断，一门不入。自无始劫来，造下这八十斤的一副冤枉担子，即今通身抛却，直向无生国中，般若会上，仰叩牟尼教主，观音地藏，大放慈光，哀怜摄受。且道无生国中，作恁么能去呢？（良久云）不思恶，不思善，单参佛是谁人念，参到一心心不住，方知生佛成一片。'云：'封！'拈拄杖云：'教宗教宗，正念当胸。万缘放下，无生路通。心花开放，大悟真宗。'云：'起！'执火炬云：'心光与火光，烈焰遍十方，烁破娘生面，参礼大法王。'云：'烧！'

"任班首职，为姜门刘氏善人封缸。拈封条云：'莲花开放遍大千，何分震旦与西乾？寂土故乡人人有，步步头头大觉天。恭维形秉坤质，现色身而行化；志合天渊，遵佛命以归从。了知身心如幻，浮世难坚，行持礼诵精勤，倏而顿归寂灭。咦！本自不来此土，何言更生他方？既是有生，终还有灭，己灵觉性，常寂湛然。包含万有，而不知万有有生；洞彻十虚，而不知十虚有灭。且道生灭既无，连善人今在何处安身立命呢？（良久云）寒空明月浸江波，到处光华映碧萝，不灭不生全体露，十方法界尽娑婆。'云：'封！'拈拄杖云：'山有崩裂，海有枯竭，母子之情，终有离别。慢步优游归去也，姜门刘户两相抛，而今不做轮回梦，只走人间这一朝。'云：'起！'执火炬云：'荆棘林间行足易，烈焰光中转眼难，难易两边俱不立，领取通红火一团。'云：'烧！'

"任班首职，为二位上座入塔：'过去无量劫以前，不多一点；未来无量劫以后，不少一点；正当现在无量劫中，这不多不少的一点，未知从何而有？且道前有已朽，后有不受，前后不有，将何去就？大小上座，从这里仔细审察看，若也会得，三世诸佛，同归方寸，历代祖师，把手共行。其或未然，即今作么生安置呢？（良久卓拄杖云）且止无缝塔，努力苦修心，彻悟真如理，总皆贴骨亲。'云：'入！'

"任班首职，秉拂，拈拄杖云：'十方同聚选佛场，出格英雄志气强，一举手登空王令，含灵凡圣总归降。十四日以前，眉在眼上；十四日以后，口在鼻下；正当十四日，如何剖析？若这里检点不出，即向三千里外问东君。且道东君，即今在何处所，诸上座师可会吗？（良久卓拄杖云）纵饶会得，诚恐金中有色，必须大冶炉中，重加锻炼，更使贵超劫外，光映大千。其或不然，直待明辰，恭请和尚升座，特为拈出。若论妙树，参疏学浅，业重障深，敢在诸上座前饶舌？无奈慈命难违，只得酬时应节而已。虽然如是，即今奉命秉拂一句，又作么生？（良久云）猛利忘疲齐着力，直须打破太虚空，大地平沉非己事，豁然大悟体全同。'下座。

"任班首职，结夏小参，拈拄杖云：'蚊虫声声说妙法，虮蚤步步觅归程，其中未识知音者，常将一手丧残生。悲乎痛哉！须知身形有异，性体无殊，皆因一念之差，故有升沉之别。即今九旬日内，禁足安居，未知可有护生处吗？（良久云）若有能护生者，当知生是何物？护是何人？从这里检点得出，穿衣吃饭，一行一坐，不为分外；其或不然，养息嫌时短，止静畏香长；更有上殿过堂，出入往返，交头接耳，尽皆丧生害命。若保护生灵，自他俱利，全在一个疑情上，逼拶将去，不顾危亡，不分寒暑，一旦豁然，方不负一期结夏。虽然如是，即今奉命小参一句，又作么生？（卓拄杖云）割肉喂鹰昔日事，舍身饲虎至今传。'下座。

"任班首职，解夏小参，拈拄杖云：'梧叶飘飘已报秋，石人不觉泪双流，试问祝融归何处，一段寒光带月愁。昨天在廊檐下，拾得个烂布袋，即今打开，漏出无量恒河沙世界，山河大地草木丛林，天堂地狱，法界圣凡，忽被诸师，一口吞却，倏尔看来，觅举脚处，了不可得。且道诸师，即今站在什么处呢？（良久云）若也会得，步步蹈着实地，头头顶戴真空；其或不然，切向念佛是谁句子上，疑来疑去。疑到上不见有天，下不见有地，正疑不知有疑在，如此坚持绵密，一旦豁然，方知个事不从他得。虽然如是，即今奉命小参一句，又作么生？（卓拄杖云）请诸师礼祖去，大防脚前有刺。'下座。"

案：

《自行录》所记在高旻寺任班首执之事，统言"此一九一二年四月间事也"。然依文理推之，谱主出任班首执似应始于宣统二年（一九一〇年）四月三十日私往高旻之后，即于该年夏日起。故本谱将此录于"一九一〇年"（宣统二年，三十岁）条下。

又，谱主出任班首执非止一年（直至一九一四年），其间诸事，皆为常行，故始录于本条下，为以后诸年之参考。

一九一一年·清宣统三年·辛亥　三十一岁

在高旻寺。任班首执。

一九一二年·民国一年·壬子　三十二岁

在高旻寺。任班首执。

四月间，有数十冒名僧闯寺，谱主临危不乱、独当一面，以威德力果断将其逐出。[1]

注：

（1）《自行录》："……一日，外面有冒名僧数十，威威赫赫来寺。各执被迫潜藏，和尚急召我出，至客堂，将他来文阅悉，即婉言劝走，彼拒不肯去，口中漫骂，如何若何，我即大声喊数小工出，抱捆绳子来云：'一齐捆好，抬到三岔河里，送身水葬。'彼等骇得飞跑，携来各件，不及带去，直奔出外，同伏坐下，嗟叹曰：'这个好大冒失鬼，不是跑得快，险险被他捉住。'自是奄奄回去。我这一面把躲藏的各执，一一招呼出来，仍做各事；那一面，着人出外，探询事态何如？据回报云：'他等一到高旻，看到有道德气象，实不敢妄动。加之有个妙堂主，比阎王老子还狠，我们不是跑得快，险险吃苦。劝你们不必劳神。'我言：'到某处了生死，我们欲想天下丛林怎样，反遭大过。何以？一进寺门，似像有神挡路，或似有鬼催走。思之龙天道场，定有神护。'等语。此一九一二年四月间事也。"

一九一三年·民国二年·癸丑　三十三岁

在高旻寺。任班首执。

十一月，母卒。（《刘氏宗谱》）

一九一四年·民国三年·甲寅　三十四岁

正月，受金山请，任堂主执。

　　久处尘嚣，思归山林。三月二十四日，远赴终南山，隐居湘子洞，与拴龙桩高鹤年居士相邻。[1]

　　隐居洞中，道怀素洁，间有异事。[2]

注：

　　（1）《自行录》："每有金山暗着人来，劝到江天寺。一九一四年，正月期头，金山请堂主执。办事时长，诸烦生厌，拟弃丛林，遁居深山。至三月二十四日，约同傅恒师，迳赴终南，隐居湘子洞。……"

　　又，《名山游访记·由北岳经五台太华回终南山略记》（卷四）："湘子洞茅蓬，妙树大师住。湖北人，精究禅宗，力量出众，禁语加工，颇有心得。山中龙象颇众，唯余全无功用。不数日，自觉雾散云消，诸病不药而愈，行住坐卧，身心自在。白狼山下经过，山中寂然无闻。时在九月终，大雪封山，银色一片，玉花冰树，蒲团暖坐，静见雪岭山川。往年曾住深谷洞中，无路与世接，顿忘岁月，坐断春秋，以寂静之心念念返照，今则不如矣。昔日采食水果、野菜、柿子、毛栗、桃枣之类，今则米面无缺矣。每月初一、十五，一齐赴大茅蓬午斋。尝闻妙树大师与青老等谈论'心生法生、心灭法灭，性海澄清、廓然无际，心光开朗、性月流辉'等等无生妙理，令人心开意解。"

　　高鹤年（1872—1962），名松恒，字野人，号隐士，别号终南侍者等，祖籍安徽贵池，后迁江苏兴化刘庄。十余岁时，偶游云台山，遇高僧赠以佛经，"披读之，如贫获宝，似渴得泉，知三界无安，犹如火宅，人命危脆，不能偷安，始有忏悔访道朝礼名山之志"。十九岁踏上漫漫行脚之路，历时三十五年，著《名山游访记》。一九四四年到苏州山中养疴静修，在穹窿山建大觉茅蓬。一九六〇年返乡住刘庄净土安养院。一九六二年于安养院作吉祥卧示寂，世寿九十一岁，茶毗后获坚固舍利若干，骨灰送至苏州穹窿山入塔，塔后大觉茅蓬遂改为"高老居士纪念堂"。

（2）《异行录·降蟒》："住终南山韩湘子洞时，洞内另有一门，约三尺高，用维摩龛遮挡。据云，此洞有数十里之深，唐朝时，避难男女二千余人隐匿洞中，尚不见人多之象，洞之大可想而知。我一日静坐于龛内，觉背后有冷风飒飒，置之不顾。偶微睁眼，见三尺余高之黑色肉团蠕动，亦不以为意。心静身安，了无畏惧。及再开眼一望，始知是蟒。蟒身渐渐出外，盘在石场上，约七八圈，中盘两层，约六七尺高，头向东南望。我自念云：'孤身一人，怕也无益。'随即下龛，欲出不得，因蟒身塞门，两边无多余空隙。乃奋起一跳，跃过蟒身，坐于石台之上。蟒眼不时开闭，眼闭时，眼皮如瓢大。我大胆对蟒说：'你我同住一处，必须护我，万不可破我道念，我当为你说皈依。'彼即将眼一翻，一对大鸟珠如脸盆大，旋复闭目，似愿受皈依者。我即下来，以手按蟒头，为说皈依。说毕，大雨倾盆，我即归洞静坐，蟒亦随余进洞。及后不知蟒之着落如何？不多时，天晴云散，对面山腰黄土崩堕，现出低洼约四亩地面。后闻此处曾起龙，大概蟒出送龙耳。后闻人言，此蟒六十年出现一次云。"

又，《异行录·伏妖》："湘子洞有妖。有时佛灯明而复暗，有时水井竭而复流，有时外面闻人讲话，有时半夜闻人喊门。一日，余出外拾柴归，见一穿红裌青年女子坐洞门口，拒不肯走。我云：'汝究竟是人是妖？'她说是人，请给饭吃之即去。我不允，复往洞内坐我炕上。问她哪里人？说是后山人。问汝有丈夫否？云无。问其年？云二十余岁。更问其为何在我这里要饭？则云与我有缘。余曰：'汝既与我有缘，必信我语。'彼云：'信。'余请其跪于佛前，受三皈依。受毕即去。不多时，我往大茅蓬有事，遇台沟人互相闲谈，我问云：'汝处可有青年女子要饭吗？'齐答：'敝处并无青年女子，向有五六十岁老妪假朝山为名，立门要钱要饭则有之。'我更疑此女子不是好人。过数日，龛中坐至半夜，欲睡一觉。将至土炕眠上，两脚伸去，有两大脚板触住我脚。我用脚抵触，觉脚板大而冷。往返三四次，我即用干柴一块举起摔去云：'任你什么妖怪，总教你不能拢身，好大的胆子！'如是一击，以后即太平无事。"

又，《异行录·遇异人》："终南山最高之处名曰葱岭，此脉由大葱岭而来，至此约万里，故称万里终南。此葱岭正对湘子洞，我常自思维高山之顶必有高人，拟欲一往参观。正九月间，备干粮一口袋，蒲团、方便铲各一，即日起程，全在荆刺树林中经过，硬往上爬。将至半山，有小石头，因自山下至此不见一石，忽见小石，欣然快慰，坐下休歇。坐片刻，复往上奔爬，奇险万端。山之三成已上二成。遥见一蓬头灰袍老僧默坐石上，乃急奔近前，对之轻轻坐下，合掌请教曰：'你老菩萨常住哪里？'彼云：'后山。''多大年纪？'答云：'记不清楚。'又问：'到山几时？'彼答云：'唐朝。'我一听唐朝二字，下文不敢再问。闷坐思维，难道唐朝还有人在世吗？又疑莫是非人吗？心战抖的，起身就走，及一转身，回头再望，不见老僧形影。心慌意乱，不欲再上。继思功亏一篑，亦殊可惜，乃强作主宰，埋头上奔。次日到顶，见四面平正，约四亩地宽，上有铁亭一座，铁瓦坠地者小半。中有一道士坐脱，不知已阅几时。面貌如生，头发成黄棕色，身穿蓝褂已朽烂，其他不见一物。盘桓两日，第三日下山。至晚归洞，干粮将完，是又见过一异景也。"

案：

《异行录》所载异事，年月不详，然以"湘子洞"及最后"正九月间"云云，当可判在"一九一四年"（民国三年，三十四岁）条下。

一九一五年·民国四年·乙卯　三十五岁

隐居终南山湘子洞。

夏，金山高旻，各催回寺。电函纷驰，殊无回意。各

茅蓬得讯，普劝南返，⁽¹⁾高鹤年居士亦遵高旻函嘱，随往劝师未果。⁽²⁾

九月初，高旻又致急函，请速返寺。商之于高，高复力劝师随缘即还高旻，并助成川资。思前想后，虽抱死志，奈何诸缘不应！竟惆怅出山。⁽³⁾

九月十二日，抵高旻。

十五日，遵月朗老和尚嘱，接明轩⁽⁴⁾方丈法，成高旻第四十六世祖。

十六日晚，于月老病榻前承命发愿：生死不离高旻。

十七日早课毕，月老圆寂。⁽⁵⁾

接法未久，各事完全担负，尤虑功夫未透，预再参方。（《自行录》）

注：

（1）《自行录》："一九一五年夏，金山慈融二老，特派普堂主持亲笔函，急催回镇。高旻月老，用扬州诸山名义来函，电汇路费四十元，亦催我回寺。金山高旻，函电纷驰，殊无回意。我在洞，愿死于山崖，埋于沟壑，不愿南返。至是，各茅蓬得讯，劝归甚力。……"

（2）《自行录•高鹤年序》："……余于民三赈毕，第四次回终南，居拴龙茅蓬，与禅师相去咫尺，数月一见，不谈杂话，唯以己躬大事，互相警策耳。扬州高旻寺方丈明轩上人，余之同学也，函嘱劝师回寺，随往劝驾，未蒙允可。察其动静闲忙，自在无碍，竿头稳坐，心境一如，能所顿忘，得大受用。"

（3）《高鹤年居士名山参访事实略记》（即《名山游访记•来果禅师序》）："正我禁语之际，高旻函电交驰，逼我藏身无处。躬谒居士，讨论办法。蒙力劝下山，并以自存米款给我。沿途落泪，痛哭归扬。即今饮水思源，当颂居士盛德。"

又，《自行录》："……一日持袋取米，将出湘子洞不远，由山顶忽滚一石，轰轰烈烈直下，正置身后，离脚五寸许。当时骇得精神衰丧。取米归，将至洞外，复滚一大石，置于我前，离身尺许，一阵冷风，魂骇离体。至洞奄奄危坐，五内不安。拴龙桩有高鹤年居士，又加力劝，助资速归。思之，往返落石身之前后，恐山神不容我住，抑或催我回扬。至是誓死于洞之志，既被两石打落，将无居山之念。可怜我不愿回扬，石头作祟，竟催我回，别无他事。由是一肩衣钵，午夜兼程，不十余日，未拢金山，直抵高旻。"

　　案：《自行录•高鹤年序》："民四初冬，师之俗家忽来快函，谓老母思儿成疾，卧床不起，速其返家。师商于余，余劝随机应缘，先省母病，然后返扬。师身无分文，余以食粮助成川资。"《名山游访记•由北岳经五台太华回终南山略记》（卷四）："一日大雪，妙树大师来我茅蓬，谈及母病及高旻来函频多。明轩方丈与余金陵听讲度夏同寮，故亦有函，嘱劝伊回扬。因此立功先尽孝道，后归高旻，将来必有机缘撑持法幢。伊云：'我无执事之想，哪有住持之心！'余云：'机缘凑合，水到成渠，亦不由你作主。此言谨记。'云云。次朝，送伊下山。沿途，师谈枯木崖边是助道缘，静里功夫纵横无碍，如金乌能照万里之程，似玉兔摄千江之水。说说谈谈，不觉十余里也，仍有念念不舍之意。……送别仍返拴龙茅蓬。"

　　此记应与前述下山因缘同为一事。差别者：一，前说九月，此写初冬，且有大雪；二，前无母病而有滚石，此有母病而无滚石。其"九月"、"初冬"者，考终南山气候，每年阳历十月初便开始下雪，而阳历十月正是阴历九月（旧时通用阴历，《自行录》亦尔），北方可谓初冬也。"母病"者，据《刘氏宗谱》所记，一九一三年（民二）十一月母卒。故一九一五年（民四）所谓"师之俗家忽来快函，谓老母思儿成疾，卧床不起，速其返家"必有蹊跷，莫非寺院情急之下假告母病乎？"滚石"者，据谱主自述，最后促其下山的是"滚石"因缘——"恐山神不容我住，抑或催我回扬",遂"躬谒居士(高氏),讨论办法"。又,在"躬谒"一事中谱主详叙了"滚石"因缘,而隐去了俗家告急的情节;相反,据高氏所记,谱主在高氏那里则将母病、高旻函电之事和盘托出,却隐去了"滚石"一节。不过,两者结合起来看,《自行录》所言"高函电交驰,逼我藏身无处",便似暗含了高旻(及所谓俗家)函电急催和滚石相逼(致无处藏身)诸事矣。

(4)释明轩,生卒年未详(传住持位于谱主后尚且在世),字明轩,法名(西)瑞,从月朗禅师接高旻寺住持位,为高旻临济第四十五世祖。曾与高鹤年为金陵听讲度夏同寮。

《明轩瑞祖像赞》:"惨淡经营五四年,三番四次理家园,一手撑持无辅弼,两睁白眼为人难。老人见处,诚脚跟点无地之地,鼻孔撩有天之天。运无缘慈,度有情众;端身严格,为法为人;坚志精诚,利人利己。"

(5)《自行录》:"一九一五年九月十二日回寺,依法巡寮。礼月祖时,月老有病,一手抓住,死不放手。即命现任住持明老择期传法,和尚云:'请老和尚看日期。'月祖云:'就本月十五日。'和尚依而行之。随请诸山,如期云集。传法后,月祖止我他去,侍奉巾瓶。至十六日,复令和尚悉在床侍奉。十六日晚,亲令和尚打二磬,呼我敲小鱼子,同声念本师释迦牟尼佛。至晚八点钟,招手止念,单呼和尚云:'你向来脾气不纯,对妙后堂,特加优容,不可苛刻。你可着住外寮,一同护持常住要紧。你们念吧!'念约两点钟时,招手歇佛,令我请堂内班首上来,一一向其合掌告假,众人举目罔措。告假毕,请众执回寮,复齐声念佛。念约点钟,招手止念,抓我手云:'你虽接过法,我还不放心,要你发一誓愿,我才放手,若不发愿,我死不放你手。'月祖言毕,不令念佛,候我发愿。我正难时,月祖即云:'要你讲:生是高旻的人,死是高旻的鬼。'踌躇多时,勉强答应,还不放手,又令念佛。至十七日早课下殿,手还未放。我觉骇怕,渐渐冰冷。我疑恐不开,请人双手力推,始放手。如冰冻一块,贴我手上,约五分钟落气。我即与洗澡装缸。此一九一五年事也。至我接住，每有困难事，焦愁于心，夜即现身，向我指示者多次。梦中见到，如在生，黄袍白须，持杖居我对面，说毕不现，诚不忘高旻，不负我意也。虽接法未久，各事完全担负，尤虑功夫未透，预再参方。"

又，《名山游访记·山中归来略记》："谈次偶及雍正时有天慧彻祖，大兴禅宗，赐紫沙门。光绪间余初访道岫云和尚，后传月朗上人，继弟楚泉法师，复交月老代理。其法子为大禅走妙、慧亡德恒，授法于位数载，诸山长老仍推月公代管。后传与明轩方丈，又由明老传来果和尚。"

案：

今高旻寺祖堂上供奉明轩方丈牌位，上书"明轩瑞祖"，语同《语录·法语卷四·高旻祖师像赞》，因高旻寺临济宗历代传承谱系法卷至今下落不明（参见"一九二八年"条下案语"释弥光"注），而法名"西瑞"说仅见于网络撰文《扬州高旻寺传承法系》，故此一说犹待考证。

一九一六年·民国五年·丙辰　三十六岁

参常州天宁寺。进堂半日，常住即请班首，未允。高旻来人催回，遂帮收秋租，及理讼事。（《自行录》）

一九一七年·民国六年·丁巳　三十七岁

参宁波天童寺。受后堂执。（《自行录》）

一九一八年·民国七年·戊午　三十八岁

在宁波天童寺。任后堂执。

六月,父卒。(《刘氏宗谱》)

夏,受维那执。

秋,至福建雪峰,受后堂执。掩生死关,任死不出关。
(《自行录》)

三、住持高旻至辟"乐道园"

一九一九年·民国八年·己未　三十九岁

在福建雪峰。掩生死关。

夏,浑身水肿,行坐不便。高旻来函催回,词锋甚利。
卒归。[1]

六月初四日,接高旻住持位。(《自行录》)

二十四日,动工造柴火房。[2]

九月初,理寺东放生河讼事。十月,得政府公函,勒
石立碑,确定放生河永为寺产。[3]

上堂开示,领众参修。[4]

注:

(1)《自行录》:"……至一九一九年夏,浑身水肿,行坐不
便,高旻来函催回,函云:'如万一不回,即派人来,路费归我,
因果归你。'等云。由是,束装来扬。……"

又,《异行录·狐催单》:"余自天童辞维那职后,迳赴福建雪
峰掩生死关。至次年,高旻屡来信催促,未与回音。关内不设桌
凳,誓不倒卧。后病水肿,宁死关内,无出关意。每夜静坐一小
时,时有鼠数只在我身上乱扒乱闹。初不知何故,以为老鼠胆大,
全不怕人。如是闹三四日,至第四夜,来一大鼠,有如大猫,坐

作静听状。我即起身，鼠还未走，由是心起恐惧，至无闲关心愿。迨退心生起，鼠始不见。次日即向雪峰主人云：'高旻数次来信未覆，倘不回去，定派人来，似觉太难。'于是决意回高旻。及回寺至丈室，和尚先问：'有几天夜间见狐？'我答：'有三四天。'和尚又云：'后有一个大狐可见吗？'我闻之不觉一惊，曰：'咦！和尚何以知道？'和尚云：'是我请他催你回寺。'我问云：'狐在何处？'和尚云：'在楼上供他。因他能替人做事。'我云：'能如韦驮护法才好。'"

（2）《自行录》："……二十四日，先造柴火房，因大寮不宽，柴火尽堆灶门，稍一大意，火焰上堆，每年到大寮打火者数次。思之一切修造，尚属次要，堆柴草处，最为吃紧。是故兴工，灶外起房一间。至动工时，未择日期，夜间梦中，见穿蓝衫差使，立我前云：'太岁官请你去讲话。'我拒不肯去，他就动拖，我急跪在破土之乱泥石块中磕响头。他云：'不必，我替你讲讲看。'他走我醒，一觉思之，此处动工犯太岁？再翻年历，查出毫不讹谬。我一向不信算命卜卦、阴阳地理、打银针贴膏药、降神问签，不但不信，时而轻视。由此看来，不能不信。否则被他拖去，下文不知所以。此后无论大小工程，欲动工者，或看历书方向，能动则动。自此一切相信。……"

（3）《自行录》："……又，东放生河，上年有人酝酿，拟为公有，九月初事方暴露。彼方先派人来寺查询，彼限七天答复，否则勘估报领。我在急迫中，翻找各处，忽找得一包，外批：内系杂碎纸。拆开一看，内有门板大的一张告示，系南京总督部堂高，施为高旻寺作放生河之用。又找出此河免钱粮执照一张。心才放下。我即随时快函到北京，请人至友专函到县，急为出示保护，免夜长梦多。七天将到，调查人来寺，即将告示与执照交看，随收藏好。彼等当下无言对覆，即云：'汝有充分证据，回报后听覆。'至一月余，北京来函，同地方绅董，请给告示，文件送寺，即勒石，永禁私人觊觎等情。石碑上墙，永为寺产，诚系铁证。

此一九一九年事也。"

（4）《语录·法语卷四》："民国八年，岁次己未，古六月初四日进院，主席升座，师拈香云：'此一瓣香，色空不二，性相圆明，端为祝延，十方佛祖诸大菩萨，伏愿风调雨顺、国泰民安；此一瓣香，未生前畔，信手拈来，供养合郡人民、檀那护法，伏愿寿等天齐、福如海广；此一瓣香，非生非灭，不圣不凡，专伸供养高旻堂上过去诸祖老和尚，伏愿常寂光中圆明纳受；此一瓣香，红炉炼出，大冶淘熔，怀中拈出，敬伸供养楚公太老和尚、明公老和尚，用酬法乳之恩。'敛衣就座，拈拄杖云：'炎风烈烈，酷日薰薰，不萌枝上花开，木马慢行骤快。'且道：'泼天门户，谁力承当？全仗诸佛龙天护佑、两序首众扶持，即今据此室行斯令，伏愿荧湾今复始，道海自是享清平。虽然如是，即今主席升座一句作么生道？将此身心奉尘刹，是则名为报佛恩。'下座。

"解夏，师拈拄杖云：'祝融峰过又孤峰，大地秋回一叶中。衲子思维心下事，绳头把住苦加工。'且道：'七月已过，八月未来，解夏一句作甚安排？莫谓目前无一事，能知热者是阿谁？"知"之一字，任是佛祖也须难识！识得即同凡夫。试问诸上座可委悉吗？'良久，卓拄杖云：'若会个中理趣，直使身心不及处、圣凡不到处荐取始得。不然切在般若堂中，高挂衣囊，以悟为期，少有相应分。虽然如是，即今解夏升座一句作么生道？笑天狮子连毛嚼，过海泥牛带角吞。若问此中真妙意，秋风雨后又天晴。'下座。

"贴单，师拈单条云：'宗门一事泯相绝形，本来面目无垢无痕。今则闻其声有响，见其相有名，分明荐取，何用追寻。其或不然，般若堂内暂列东西。'云：'贴！'

"结制，师拈拄杖云：'归心衲子至斯时，放下全身鲁若痴。万虑勤空无一事，如来大法漫须融。'且道：'红焰添柴，火光大烧空界，藏身无处。直使烁破皮肤，佛祖安身无地、众生命在须臾。锻炼之功何莫大焉！试问诸人，即今站在什么处呢？'良久，卓拄杖云：'参禅的这个人，一任逍遥法外。热气也未沾着。虽然如是，即今结制升座一句作么生道？火灭灰飞未是功，全凭心地做功夫。一朝烁破娘生面，十方佛祖体皆同。'下座。

"起七，师执香板云：'痛念生死，一心打七。从今向后各自努力。摸着鼻孔，遮天盖地。'云：'起！'

"解七，师执法幢云：'七七禅功毕，迷悟俱不立。杲日历明明，大地黑如漆。明暗两蠲除，本来面的的。虽然如是，即今解七后又作么生？'以竹篦点地云：'上殿莫随空寂去，过堂多审味中知。他日泥牛能吃草，翻身来去未生时。'云：'解！'

"佛成道日，师拈拄杖云：'雪山一片白如银，洞内修行冷未侵。不是鹊巢常灌顶，芦芽穿膝缚全身。莫是一坐六年，腿子疼得难受？一鼓起身外望长空，忽被明星换却眼珠。回头一觉，不但无人，直许无我。仔细看来，大似乡下农人，酒醉醒时，前后语言矛盾。试问诸人可委悉吗？'良久，卓拄杖云：'奇哉三叹浑无事，一段清光带月红。虽然如是，即今如来成道良辰，庆赞一句作么生道？满天星斗明如昼，半点寒辉耀古今。'下座。

"除夕，师拈拄杖云：'腊月三十到来，人人有笔欠账，丝毫不漏。任你本事再大，盖世英雄，世智辩聪，能讲会说，直是进退为难。到此关头，能不被阎罗老子捉去，山僧敢保无一人做到。试问诸仁作恁么备办去呢？'良久，卓拄杖云：'门外四时常转变，本来无欠亦无余。十方法界难回避，一道寒光烁太虚。虽然如是，即今除夕一句作么生道？识得天天是好天，寸香金斗岂徒然。爆竹一声除旧岁，春风依旧送新年。'下座。"

一九二〇年·民国九年·庚申　四十岁

饮水思源，悲念祖塔旁落已久。六月初，径至常州扁担河磬山寺，踏勘高旻寺中兴天慧彻祖⁽¹⁾塔院，查得古碑六块，上勒天祖语录后之传法语句。[2]

九月，巧理塔院讼案，一举收回天祖塔院，并收租田四十余亩。[3]

又，楚祖[4]嘱修客厅，答言"如有缘法，先修禅堂"[5]。上堂开示，领众参修。[6]

注：

（1）天慧禅师（？—1745），字天慧，名实彻，扬州兴化（今江苏兴化）人，十九岁于兴化报恩庵出家，受具戒后，历参丛林诸老宿，得心旨于杭州府大雄山崇福寺之灵鹫明诚禅师。明诚禅师示寂后，出任首座，领众十余载。清世宗崇禅，诏访玉林通琇禅师法裔，实彻禅师奉诏进京，入对虽应心旨，然未获深许。乃于拈华寺掩关力参，终于大彻。世宗赐紫衣，令主常州府荆溪（今江苏宜兴）磐山圣月寺，继迁扬州府高旻寺，法席极盛，"钳锤猛厉，为诸方冠，学子非忘身为法者，往往望风裹足"，法脉传至民国，高旻寺遂成清代临济宗四大丛林之一。乾隆十年（1745）示寂，有语录二卷传世。

（2）《自行录》："清明扫塔，为僧家顺世之道。我在一九一九年时，探询高旻中兴天慧彻祖之塔安于何处？据我法师明公谈及，天祖塔院，在常州扁担河。自咸丰迄今，无人到过。光绪三十四年，楚祖老人往查一次，找三天才寻到，认实无讹。彼处当家否认为高旻祖塔，反被他羞辱，扫兴而归。至次年，同月朗定祖再去，即将房屋用具各件清单带回。至临行时，月祖云：'不久择期修复塔院。'等语。彼当家云：'汝放木料来，我当阻止兴工，令你原璧归赵。'二老又悲痛而归。由是辗转住持，多未闻问。至我法师明公和尚，我问云：'老和尚可去过吗？'他曰：'月、楚二位老人去过，尚是冒险而归，我何敢去？'云云。我闻之心生痛切，高旻之兴，必饮水思源，既是祖塔，岂肯被人占去，于心何忍？我于六月初，带一小价，挑供菜篮，直到奔牛。一路问人，皆不知有扬州高旻之塔。找到第三天，顺扁担河东边，走到望到路边照壁墙外，书'磐山寺'三字，歇下进内。见一新戒礼接，我云：'当家在家吗？'他云：'不在家。'我令他赶快弄饭。'你的当家把我塔院污糟不堪，今天要同他讲话。'新戒是前住持之徒，正与现当家不睦，听我说要办他，他将塔院情况和盘托出。急弄饭菜，先在塔前上供。我即私派小价四处翻挖，不多时，挖出高旻石碑六块。洗清，知是天祖语录后之传法语句。我依旧用土盖好。供上好，碑盖毕，当家回寺，着我一望，我即厉声正色曰：'你当家做什么事？把我塔院弄到这种样子！'等云。当家又私听到新戒讲：'高旻和尚要办你。'当家急转风头云：'对不起，少迎接。'他云：'自从接住以来，未到奔牛一回，将将头一次，和尚就来了。'他即顺住我讲话。我嘱云：'今天要走，塔院田地、山场各件，若有人侵占，或偷窃，你急到高旻报告，少一分田，我就不答应。'彼云：'请放心。'又将挖出之碑令他保存好了。他一见碑，魂不附体，知此是收塔院之铁证也。……"

（3）《自行录》："……至九月初，该当家与新戒涉讼告官。新戒告他家养女人、吃荤喝酒，带吃乌烟，外加嫖赌。当家告新戒偷塔院牛一条、小麦四担、稻子九担。新戒知事要败，急将牛麦稻交一半与董事，请出理楚。董事急将原由来函高旻。当家穿老黄色袍子，来高旻找我。我当时不能会，会则松胫。睹此事态，会办与否？就在这些关门过节处着眼。随派人代向他云：'你赶快回去，急将所失各物，一律追回，如少一件，与你有大关碍。'我候他回家，一封信与董事，不能过问寺事。常住依照共住恒规，当家养女人犯淫戒，急应驱逐；新戒偷牛麦犯盗戒，应当迁单。不日派人来塔院迁二人单，即理偷窃事。这封信去后，董事一见，立即躲藏。该二人一齐逃跑。派人去看，无一人在塔院。平安收回，未用一文，未劳一人，董事有牛麦关系，怕我深追，故躲；该二人怕我办他迁单，故躲。不但收回天祖塔院，加之收租田四十余亩。如此顺手，谅有天祖帮忙。此一九二〇年事也。"

（4）楚泉禅师，生卒年未详（谱主接任高旻住持时尚且在世），字楚泉，法名全振，高旻临济第四十三世祖郎辉事融禅师弟子，月朗禅师师弟，曾从月朗受高旻寺住持位，不久还归月朗。

《楚泉振祖像赞》："教海翻腾后，宗风吹又来，宏开多宝藏，方畅本心怀。四年说法，两度主持，多年苦心禅教，迄今彻底掀扬。绍佛祖之光声，为人天之模范。大仁大德，无党无偏，添置田园，补修宇宅，祚启后人，胜功叵测。"

（5）见《自行录》一九三三年记事。

（6）《语录·法语卷四》："民国九年元旦日，师执香云：'此一瓣香，非凡非圣，离色离空。无影树下长成，般若堂中拈出。伏愿国泰民安、风调雨顺；此一瓣香，根盘劫外，叶覆寰中，信手拈来，专伸供养十方佛祖、诸大菩萨，伏愿法门永固、禅道遐昌；此一瓣香，无生无灭、非古非今，怀中拈出虔诚供养太老和尚、老和尚、两序首领、合院大众，伏愿福寿咸亨、身心俱泰。'敛衣就座，执如意云：'这支如意，亘古不迷。在在处处，步步不离。诸仁可委悉吗？若也会得，行住坐卧，动转施为，皆在如意中如意。虽然如是，即今元旦良辰，庆赞一句又作么生？'举如意云：'尧天普庆正元旦，舜日光辉大地春。'下座。

"解制，师拈挂杖云：'绿草青青满地愁，愁杀石人面带忧。等闲识得东风后，三叉流水不流舟。'且道：'高挂钵囊之禅人，蒲团暖坐之道者，顿忘岁月，不计身心，五台山之文殊，虽大智而难识他；前后寺之普陀，虽大悲而难窥见。即今佛不识得，祖未看着，试问诸人是何朕兆呢？'良久，卓挂杖云：'丈六金身未是身，真身无我亦无人。会得此中端的意，久居道海莫他寻。虽然如是，即今解制升座一句作么生道？莫将意识会，免负祖师心。'下座。

"佛诞日，师拈挂杖云：'时将四月八，皇宫降悉达。正眼老云门，遗嘱平天下。未生以前，无生佛可立，非凡圣可名。既生以后，上有佛道可成，下有众生可度。皆由十界之别、一念之殊，六道升沉，诸佛往返。如是护明菩萨下兜率，入母胎，右胁降生，八相成道。'且道：'世尊未离兜率以先、未出母胎以前，可委悉吗？'良久，卓拄杖云：'如斯会得古释迦今释迦各各释迦。其或不然，但看年年四月八。虽然如是，即今佛诞良辰，庆赞一句作么生道？穷透生前无生处，上天下地独称尊。菩提树下成多事，报恩尤是受恩人。'下座。

"结夏，师拈拄杖云：'九旬禁足，三月安居。截断青草，大犯律虞。蚊虫说法，知音者少。虱蚤行脚，迷路者多。念未动以前，身非我有，是真禁足；心既生以后，识由妄动，是真伤生。'且道：'毕竟是身动者名伤生、是心静者为护生呢？'良久，卓拄杖云：'山僧不惜话堕，旁通一线：古德云，护生须用杀，杀尽好安居。诸人对此一"杀"字，切莫错会意。虽然如是，即今结夏升座一句又作么生？'良久云：'任是昆虫成遍地，莫将有念护他生。'一喝云：'妙树罪过！'下座。

"解夏，师拈拄杖云：'暑退凉生叶落秋，孤峰顶上少优游。撒手全归无我地，未生那畔始同俦。'且道：'九旬日中，磨裙擦裤，受尽多般勤苦。试问诸人，脚跟下事可能委悉吗？'良久，卓拄杖云：'若能检点得出，正好葨湾吃棒。其或不然，好将娘生面目安置道海堂中，日久年深，细加参究，许有相应分。虽然如是，即今解夏一句作么生道？岁月蹉跎猛力追，久之参究莫稍违。炎凉快若空飞电，不了当人实惨悲！'下座。

"贴单，师拈单条云：'两序芳名在一举中，十方佛祖在一念中。因举有念，举念即成法界；无念不举，不举则凡圣全乖。试看念未举时，有何彼此呢？今既贴单，谨分次第。'云：'贴！'

"结制，师拈拄杖云：'炉鞲宏开道海中，圣凡锻炼火飞红。任是铜头铁额汉，不劳弹指见真空。'且道：'葨湾结制，不了生死，不求涅槃，但向各人脚跟下行去。直须向山穷水尽去、万仞悬崖去、一念万年去。于斯可称本分衲僧。试问这一"去"字作何商量呢？'良久，卓拄杖云：'若能会得，三千里外觅知音，不动脚跟全体是。其或不然，切在选佛场中朝参暮究，一日豁然，始有相应分。虽然如是，即今结制一句作么生道？带角泥牛行海底，抱儿石虎守崖前。'下座。

"起七，师执香板云：'棒喝交驰吼似雷，黄湾高树选佛期。十方佛祖齐拥护，尘氛扫荡显真机。'以香板点地，云：'起！'

"解七，师拈法幢云：'七七圆满大冶场，圣凡情尽绝商量。百尺竿头重进步，本来面目露当阳。拟议思量卜度，恰似好肉剜疮。只贵豁然会去，生佛迷悟俱忘。从事，则砖石瓦砾生光；入理，则虚空大地难藏。'且道：'作么生随众去呢？'良久，以法幢点地云：'一期努力禅难透，半滴何曾免旧狭。上殿莫随声色去，过堂休识菜根香。'云：'解！'

"佛成道日，师拈拄杖云：'雪崖苦行二三年，忽睹明星腊八间。莫谓三更能悟道，孰知日午也星天。释迦老子过去久矣，带累后代儿孙思恩不了。咦，恩大难酬，悟则生佛不立，他自何存？高旻则不然。太平皆是妄想，不生亦是执着。了得智慧不外愚痴、德相何分色相。此一关头，直饶诸佛视之不见、历代诸祖听之不闻，非凡圣所关、色空所及。诸仁可委悉吗？'良久，卓拄杖云：'若这里检点不出，此事切莫草草。虽然如是，即今世尊成道良辰，庆赞一句又作么生？'震威一喝云：'是事若无如是眼，宗门哪得到于今！'下座。

"除夕，师拈拄杖云：'年残月毕日将终，紧把绳头莫放松。临末梢间须努力，春回满地落花红。一年将尽处，禅功深密处。万仞悬崖处，山穷水尽处。'且道：'作恁么回互呢？'良久，卓拄杖云：'没踪迹处无能识，一句能超威音世。转功就位密相逢，依旧还他年末至。虽然如是，即今除夕一句作么生道？算来算去是真奇，朕迹毫无莫谓迷。爆竹声声辞旧年，灯烛煌煌迎新岁。'下座。"

一九二一年·民国十年·辛酉　四十一岁

有私人欲霸高旻寺西行宫，兴师动众、假名充公。谱主刚勇沉着，密往上海托人报官，暂保寺产。[1]

上堂开示，领众参修。[2]

注：

(1)《自行录》："寺西行宫，原系顺治时，盐商诸总，情借寺西余地，修建行宫。至咸丰间，行宫寺塔，均遭毁坏，旧有钱粮，照完无欠。近有私人，藉行宫之名，误认公产，汹涌来寺，预为勘估。牵绳带索，有急急不能终日之势。复召我到场听谕。胆稍小之人，直被骇得要哭。我次日早，私往上海，找信佛同仁，急电县府，制止报领等情。县饬江都官产注办员，禁止私人擅在高旻寺丈量估看，有扰僧人道念等情。由此告一段落。此一九二一年事也。"

(2)《语录·法语卷四》："民国十年元旦日，师拈香云：'此一瓣香，两仪未判，一气才分，爇向炉中，端为祝延十方佛祖、诸大菩萨，伏愿佛日增辉、法轮常转；此一瓣香，聚为宝盖，散作慈云，至诚奉上，恭维合国护法、诸大檀那，伏愿福同海广、寿若山高；此一瓣香，诸佛未见其始，众生未见其终，信手拈出，供养西天东土历代祖师、本寺开山诸祖老和尚，伏愿河清海晏、共乐升平；此一瓣香，非愚非智，无响无形，怀中拈出，供养楚公太老和尚及两序首领、合院大众，伏愿福寿咸增、吉祥如意。'敛衣就座，执如意云：'尘尘三昧，事事圆融。万类安和，全国吉庆。'且道：'衲僧分中有何胜处呢？'良久，卓拄杖云：'吞却棘栗蓬，透过金刚圈。舒身天地外，自在乐斯年。虽然如是，即今庆贺新禧一句又作么生？'举如意云：'元正启祚万国安平，伏维大众起居福临。'下座。

"解制，师拈拄杖云：'风从香里过来春，化日光天耀古今。元旦元宵从此去，长空灯月照禅心。'且道：'南天台北五台在汝眉尖上，作恁么行脚去？《华严经》、《大乘论》在汝毛孔中，作何听讲去呢？诸仁可委悉吗？'良久，卓拄杖云：'若这里会得，坐禅也是朝山，入定亦是听讲。其或不然，切莫动着脚跟。动则恐逐浪随波去。险险！虽然如是，即今解制一句又作么生？'以拄杖横空云：'狂心歇是菩提场，仔细参寻莫暂忘。拄杖横挑元宵月，灯光烁破岭头香。'下座。

"佛诞日，师拈拄杖云：'今朝四月八，摩耶生悉达。识破娘生面，拈却眼中花。若世尊不出母胎，亦免云门遭打杀之过。既下兜率，直使赵州有不喜闻之愆。痛哉如来三祇劫内，历苦修行，为众生苦发如是心，今被二老汉捉败，未审过在什么处？诸仁可委悉吗？'良久，卓拄杖云：'若这里会得，方知右胁降生、金盆沐浴宗趣。其或不然，莫负如来出世一番好心在。虽然如是，即今佛诞良辰，庆赞一句作么生道？饮水思源成底事，迷真逐妄漫相亲。深恩莫大我佛恩，粉骨碎身难酬尽！'下座。

"结夏，师拈拄杖云：'清和月令，结夏事宜。安居守制，九旬为期。'且道：'禁足，然足未尝不动。若不动足，则日用中似成枯槁；若动足，则大违佛制。究竟如何委悉呢？诸仁可会吗？'良久，卓拄杖云：'若这里荐得，蚊虫虱蚤即是未来诸佛，地水火风亦是先佛故体。其或不然，护生先必护念，动念定是伤生。虽然如是，即今结夏一句作么生道？脚跟未动，生佛何分？既见生灵，且莫动步。'下座。

"解夏，师拈拄杖云：'结却弥勒布袋，放开释迦规绳。亦任鼻孔撩天，亦任脚跟点地。行也清风潇洒，住也秋天皎洁。直通顶门一关，诸佛难以辨别。殿角风生秋夜月，微凉若识意请讹。直截根源如是事，了了明明唯自决。试问诸人，自决个什么呢？'良久，卓拄杖云：'若也会得，已过祝融峰，雨后消蒸热。虽然如是，即今解夏一句作么生道？自恣古制心难治，热尽凉生不二时。三千里外觅知音，反覆原来非是是。'下座。

"贴单，师拈单条云：'三世诸佛，十方贤圣，从上老古锥天下善知识，皆从这里荐得。由此举扬向上宗乘，揭示第一义谛，诸仁可委悉吗？'良久，举单条云：'名字位中藏不得，东西相泯始相亲。'云：'贴！'

"结制，师拈拄杖云：'今朝十五结制，人各成办大事。痛施恶辣钳锤，好教二时如是。无讨寻处讨寻，无着力处着力。剔起眉毛细看，谁是当人自己。忽然觑破目前，堪道本无生死。十方纵横自在，三界出入无忌。到此佛祖没奈何，说甚最上第一义。虽然如是，即今升座一句作么生道？红炉烈烈火飞红，任他废铁并荒铜。四圣六凡同锻炼，纵饶空界也销熔。'下座。

"起七，师执香板云：'万缘放下，一心打七。未生以前一也不立，奋起不顾危亡，撞倒银山铁壁。'用香板点地，云：'起！'

"解七，师拈法幢云：'铁壁银山触处倾，哪来一法可当情。松青竹翠原非色，鹊噪鸦鸣不是声。放下浑身无住着，脱然全体自分明。'且道：'七七功圆，诸人作么生行去呢？'用法幢点地云：'疑团未破密加功，身心尘累早消除。上殿声声皆妙谛，过堂步步即真如。'云：'解！'

"佛成道日，师拈拄杖云：'世尊二千年前，在雪山崖下，冷坐六年。忽睹明星，失却娘生面目，盖尽众生眼睛。仔细看来，释迦老子亦是指东话西，何故大地人人本具、满天夜夜皆星？'且道：'如来未睹见、满空星未明时，试问诸人作么生荐取呢？'良久，卓拄杖云：'我佛成道，瓦砾生辉。虽然如是，即今世尊悟道良辰，庆赞一句又作么生？'以拄杖指空云：'举头天外看，谁是个中人？欲识长空月，先除眼内尘。'下座。

"除夕，师拈拄杖云：'临末梢头，贵在无逼拶处逼拶。逼到山穷水尽、岁毕年残，忽得转过身来，大似三岁婴孩遇过年相似，更是一番气象。莫谓三十日到来，举措茫然，愁添眉睫。'且道：'各人脚跟下作么生点地去呢？'良久，卓拄杖云：'诸人若这里会得，任从沧海变，终不与君通。此关能过去，处处可相逢。虽然如是，即今除夕一句作么生道？久住悬崖莫忌猜，寒灰爆豆岂庸才。爆竹声中惊腊去，梅花香里送春来。'下座。"

一九二二年·民国十一年·壬戌 四十二岁

辞尽大小一切经忏佛事，峻举高旻禅门素节。⁽¹⁾
上堂开示，领众参修。⁽²⁾

注:

(1)《自行录》："此时丛林，不酬应经忏佛事者不多。有斋主人情关系应酬者，有靠经忏生活者。高旻虽专门禅宗，每年水陆三两堂，焰口数十台，大小经忏亦有，唯有万年水陆一堂，勿论如何非做不可。一日，因事往申，盛府庄夫人发心出二万元，做永久万年延生水陆头，至将终时，再助二万元，为往生万年水陆头。此时，有人劝我应允。思之，若擅承认，高旻经忏病根，终不能彻底除清。我拟将来水陆，改净七一堂，方断经忏根蒂。因此故未允诺。旁人笑曰：'舍四万元不即采纳，何愚之甚？'自此，大小一切佛事，悉辞干净。宁讨饭，或饿死，不做经忏主人。此一九二二年事也。"

(2)《语录·法语卷四》："民国十一年元旦日，师拈香云：'此一瓣香，根盘法界，叶遍十方，蒸向炉中，端为祝延十方佛祖、诸大菩萨，伏愿八方安静、四海清平；此一瓣香，根深叶茂，本固枝荣，奉为全国人民、檀那护法，伏愿恒作国家梁栋、永为佛法金汤；此一瓣香，灵山拈出，磐石传来，虔诚供奉西天东土历代祖师、本寺开山过去诸祖老和尚及现在楚公太老和尚，伏愿慈光纳受，法乳深酬。'敛衣就座，执如意云：'一元初复，万象更新。诸人分上，福寿双宁。妙树不慧，只得将古人句子颂赠当阳。'且道：'是哪一句呢？'良久云：'不于其中起分别，是故此处最吉祥。伏维大众，起居万福。'下座。

"解制，师拈拄杖云：'九旬结制已将终，个中消息莫能穷。今逢净满团圆月，皎洁光明烁太空。'且道：'制解制结，乃佛祖家风。月半月圆，作么生委悉呢？'良久，卓拄杖云：'放开三藏经教，踢倒四大名山。将十方大地掷于他处，将尽虚空界撮向眉头，方识其中妙意。不然好看元宵灯结彩，春梅片片落花红。虽然如是，即今解制一句作么生道？冬罢虽然解，屈留再结夏。大家复团圆，共说无生话。'下座。

"佛诞日，师拈拄杖云：'一片婆心出母胎，偶遇云门恶棒来。忤犯觉皇非谓咎，贵无凡圣畅心怀。'且道：'凡圣既无，何生之有？若了此中个事，方知偓大师手眼俱正。稍一停思，释迦老子已降生也，在山僧拄杖头上放光动地，试请诸仁高着眼看。'良久，竖拄杖云：'咄！慈悲心太切，赵州不喜闻。可怜真受屈，拖泥带水行。虽然如是，即今佛诞良辰，报恩一句作么生道？信手三瓣香，供养法中王。粉身恩未报，碎骨也难忘。'下座。

"结夏，师拈拄杖云：'佛制比丘不踏生草，严护慈心。又制比丘安居禁足，保存物命。'且道：'不在草行，可依地走。今既足尚禁止，究竟将什么行路呢？'代云：'生草尚属无情，理宜爱护，有情含识岂可伤残。黄湾则不然，护生先剿生窝曰，潜身无处好安身。诸仁可委悉吗？'良久，卓拄杖云：'蚊虫声声谈妙谛，虱蚤步步觅知音。若识其中真密意，毗卢顶上共同行。虽然如是，即今结夏一句作么生道？九旬莫顾娘生面，真疑一片稳安居。'下座。

"解夏，师拈拄杖云：'薰风自南来，殿角生微凉。打开麻布袋，空色一囊藏。'且道：'梧叶飘飘，秋从斯至。衲僧步步，遐迩归来。谓是那边过夏有蚊虫，这边过冬无臭虱，其脚跟下之重要一着，向未闻问奈何。赶热闹，奔门庭，余无他事。纵是经冬打七，心早他忙。并非道念不真，实是业难由主。大众可有此事否？'良久，卓拄杖云：'饭店饿死人，茶馆渴死你。满手是污泥，河中觅水洗。虽然如是，即今解夏升座一句作么生道？大道尽在目前，尤被目前盖却。'下座。

"贴单，师拈单条云：'红的是纸，黑的是墨。红黑合成，方有言说。'且道：'未有言说以前，未有红黑以先，将什么安名立相呢？'良久云：'咄！诸仁可会吗？若稍拟议，请问东西两单上座，恐其不识名姓。今特悬个单条，与你参去。高着眼看。'云：'贴！'

"结制，师拈拄杖云：'德山棒打破虚空粉碎，临济喝截断诸佛脚跟。二老汉虽然手段非凡，尚欠红炉一炼。'且道：'烹诸佛、烧祖师乃诸方寻常事，荚湾更且不然。何故？但愿诸仁行到佛祖不到处、父母未生以前处，许是超佛越祖功能。其或不然，正在选佛场中苦心参究。一日豁然，打失娘生鼻孔，方知高旻不负汝意。虽然如是，即今升座一句怎么生道？努力加工去，深追莫问程。大家齐出手，扶起破沙盆。'下座。

"起七，师执香板云：'结制起七，各自努力。勤苦倍常，紧上加急。一旦悬崖撒手，捉败佛祖消息。'以香板点地，云：'起！'

"解七，师拈竹篦云：'红炉锻炼，七七将终。圣凡情尽，达本真空。至尔说玄说妙，直须指西话东。'将竹篦奉示大众云：'这个竹篦，可称本来面目吗？'良久云：'若也会得，大事了毕。其或不然，上殿过堂切具威仪。'以竹篦点地，云：'解！'

"佛成道日，师拈拄杖云：'释迦老子婆心太切，明星现时和盘托出。若遇本分衲僧，便道正恁时，长空被云遮覆。既少星珠，瞎何悟道呢？'良久，卓拄杖云：'本来无悟复无成，痛念群生溺苦轮。脱珍着弊为斯事，拖泥带水也须行。虽然如是，即今如来成道良辰，升座庆赞一句怎么生道？三叹奇哉大有为，众生无去复何归？一点星光明千古，十方法界共同辉。'下座。

"除夕，师拈拄杖云：'末后一着当急深究。若待腊月三十日到来，手脚忙乱，阎罗老子打开账簿，口中之乎者也，诚恐难为人在，直饶三万六千日，始终难免这一天。诸仁可会吗？'良久，卓拄杖云：'若能荐得，直超三界外，不在五行中。虚空成火劫，还我旧家风。如斯可能免得。其或不然，年去年来心生痛切。虽然如是，即今除夕一句作么生道？铁面阎君不认人，只争罪福判升沉。等闲识得东风面，万紫千红总是春。'下座。"

一九二三年·民国十二年·癸亥　四十三岁

春，住常州，修缮天祖塔院。

二月二十二日，天祖塔院修缮工程破土动工。

夏，致函高鹤年居士请求赈济。[1]

十一月，天祖塔院修缮工程竣工。

其间置田兼赎田，田产至约六十余亩，祖塔自此香火无间。[2]

上堂开示，领众参修。[3]

注：

（1）《高鹤年大德文汇·方外尺素》："鹤公大居士道鉴：别来寒暑，正切驰思，忽奉鸿笺，快同面晤。公以事务纷忙，救灾难于黎庶，济水火于群民，为众生为国家，废己从人，任劳任怨，而独尤奋奋不懈者，其亦难矣。更又不遗余力，热心为敝寺藉事吹嘘提倡，真又难得中之难得矣。今当万分困难之中，必恳我公以大力相加，设法救济之，是所不胜祷祝之至也，务请我公多自保重为盼。专肃拜恳，敬请万安！弟来果合十。"

（2）《自行录》："每至清明扫塔，对于天祖院基，荒芜破乱，污秽不堪，兼是草房，小而且漏。故特往常州，呈文县府，请给示谕，保护开工。随即派人至镇，采办木料，定购砖瓦。二月二十二日破土兴工。依照旧有房脚砌墙，前后两进，东西两厢，塔外六角亭一座。至十一月竣工。内修天祖原像，前殿供王灵官。

是年置田与赎田，及原有田共约六十余亩。自此以后，天祖香火绵绵无间，荫庇高旻，将无穷尽。此一九二三年事也。"

（3）《语录·法语卷四》："民国十二年元旦日，师拈香云：'此一瓣香，不从土长，不依地生，供养十方佛祖、诸大菩萨，伏愿恒作法门砥柱、永为佛国金汤；此一瓣香，超声超色，离圣离凡，供养西天东土历代祖师、过去诸祖老和尚，伏愿常寂光中冥薰加被；此一瓣香，有体有用，无古无今，供养两序首领、合院大众，伏愿共登仁寿之域、同居福慧之乡。'敛衣就座，执如意云：'旧岁已过，新年将来。人人恭喜，各各发财。'且道：'这个"财"可识吗？'良久，以手举如意云：'若能识得，他人有年，我本无岁。昼夜吉祥，万事如意。'下座。

"解制，师拈拄杖云：'元旦已过又元宵，柳绿桃红满世朝。痛诚衲僧怀内事，绳头紧把莫松抛。九旬锻炼，竟日淘熔。得力时，虚空大地、身心器界置于他处，何有南天台北五台之念可生？念念参穷，心心详审。深究处，圣凡语言、性相文字通身放下，又何有东去学佛、西去听讲之心可起？当知举心即错、动脚即乖。'且道：'不错不乖时，作怎么委悉呢？'良久，震威一喝云：'一念不生全体现，脚跟才动覆乌云。虽然如是，即今解制升座一句作么生道？落地梅花皆妙意，耀天灯烛尽禅机。'下座。

"佛诞日，师拈拄杖云：'未生以前，生佛不立，法界何居？皇宫既降，直使搅浑世界、扰乱众生。动起云门毒手，要将一棒打杀，贵图天下太平。'且道众前：'有谁与释迦老子出气者吗？'良久，卓拄杖云：'山僧不忍此见。'与诸人旁通一线道：'渐替世尊说明降生后事。云门恩重释迦恩，不是云门哪得平。欲报二老恩德事，好向生前仔细寻。虽然如是，即今佛诞良辰，升座庆赞一句作么生道？悉达太子来也。诸人高着眼看。'下座。

"结夏，师拈拄杖云：'高旻今日结夏，各把身心放下。九旬禁足安居，谨遵世尊法化。念念审细参详，不得散心杂话。坚修戒定慧门，悟了无生大法。'且道：'无生且置，何如是诸人大法呢？'良久，卓拄杖云：'一朝尘净光生，烁破娘生面目。虽然如是，即今结夏一句作么生道？护生生不生，不生将何护？'下座。

"解夏，师拈拄杖云：'这个布袋，在弥勒手中夺来，装尽虚空大地、草木丛林。佛祖众生，三途六趣，今日当在人天众前尽行打开，当阳独露，谨请大众高着眼看。'且道：'具眼亲看且置。试问诸仁，即今站立什么处呢？'良久，震威一喝云：'陈破布、烂草鞋，切切爱慎！不然，暑去寒来，脚跟未稳者，大须仔细。虽然如是，即今解夏一句作么生道？韦驮站，弥勒坐，东边钟楼，西边鼓角。'下座。

"贴单，师捧单条云：'这堆字纸，举向人前，红黑不立，前后不分。直饶千佛有眼，莫睹其形；大众有心，莫测其妙。山僧今日彻底掀扬，令诸人高着眼看，切不可见红者面红、见黑者面黑。若然，不妨与你分个次第去也。'顾左右云：'莫将眼看，须用耳观。'云：'贴！'

"结制，师拈拄杖云：'烈焰光腾火似山，红炉凛凛岂容看！任是铜头铁额汉，直饶炼破顶门关。高旻今日起七，诸人赶急赶急。痛恨无始业根，不由伤心滴泪。找个念佛的人，与我出口怨气。'且道：'是哪个念佛呢？'良久，震威一喝云：'这一喝声把诸人震得粉碎。试问汝等现在何处安身立命？若能会得，许你盖天盖地去也。其或不然，切将本参功夫昼夜忘疲行去，自有发明时节。虽然如是，即今升座结制一句作么生道？了即业障本来空，未了可怜又负债。'下座。

"起七，师执香板云：'未起七前，生佛不立；既起七后，凡圣差殊。旻湾今日选佛场开，诸人尽力逼拶。一拳打破太虚空，觌面相逢切莫会。'以香板点地，云：'起！'

"解七，师执法幢云：'德山棒，打破虚空粉碎。临济喝，震翻大地平沉。高旻禅七期圆，试问诸人，即今身安何处呢？'良久，竖法幢云：'顶天立地为人去，万行庄严莫教迟。其或不然，上殿莫怕观文，过堂且防米硬。'以法幢点地，云：'解！'

"佛成道日，师拈拄杖云：'寒雪岩前已六年，仰看明星灿烂天，打失娘生真面目，拖泥带水满三千。释迦老子在山僧拄杖头上放光动地，三叹奇哉，实因行人堕妄想坑、落执着堑，不得出离，故如来智慧德相无人证得。累及我佛，脱珍妙服，着弊垢衣，和光同尘，随机应变。五时八教之诠，未着一字；三乘九界之机，未少一言。'且道：'诸人还委悉吗？'良久，卓拄杖云：'高着眼看，好个明星常不夜，可怜依旧满天云。虽然如是，即今世尊成道良辰，升座庆赞一句作么生道？一点星光明千古，沙尘世界共辉腾。'下座。

"除夕，师拈拄杖云：'一年三百六十日，返覆原来又这天。今天乃阎罗老子算饭账日期，试问诸人，大须仔细吗？若吃饭，未曾咬着一粒米；穿衣，未曾挂着一寸丝。可教放心过年去。如或不然，且听今朝半夜铁链响声，大为害怕在。'且道：'腊月三十日到来，作怎么回避呢？'良久，卓拄杖云：'念佛一声，佛是谁念？这个明白，圣凡难见。虽然如是，即今除夕一句作么生道？一声爆竹惊天地，万象森罗转更新。'下座。"

一九二四年·民国十三年·甲子　四十四岁

高旻寺西行宫，众所觊觎，事端百出。为绝后患，再往上海请人致函省方，终得官方确认，判为寺产，并勒石永志保护。[1]

改"万年水陆"为"净七一堂"。高旻普佛皆随早晚殿，其他一切佛事概不应酬。高旻佛事从此永绝。[2]

为清净伽蓝，农田每收获竟，田车各件不得入寺收藏，悉包归佃户。约定期满，再换新车。自此，高旻山门清净，廊路宽宏，大壮瞻观。[3]

上堂开示，领众参修。[4]

注：

（1）《自行录》："断而复续之行宫，欲图取利之人，从事恫吓，藉端欺诈。有人调处约用少款尽可了事者；又有人替我包办，不费多钱，准在官厅注销者。欲取渔利之人，不在少数。视此无妥善办法，终难彻底永久解决。我即往申，找原起事人，作一劳永逸办法。请人去函省方，派官产处饬江都驻办员，严查确实，实是寺产，毫无疑义等云。由是省长、官产处长、江都县长，根据寺存雍正九年上谕将行宫还高旻寺之宪票，合行出示，勒石永远保护。自此，根本打消，大碑上墙，昭诸遐迩。从兴事至了事，除往返川资外，其余未用分文，此亦大幸事也。"

（2）《自行录》："高旻有普佛，皆随早晚殿，其他一切佛事，概不应酬。一日，扬州张护法拟早二板打延生普佛一堂。他云：'出普佛仪二百四十元，要求我放早板香一支。'我云：'居士当知：宁动千江水，莫动道人心。若放香做佛事，居士不但无功，反为有过。'居士来气云：'二百四十元不肯，出二千四百元，谅必准念吗？'我亦气云：'任是二万四千元，亦不能打普佛。'由是不顾感情，扫兴而止，带欢笑曰：'和尚是铁打的规矩，如是行去，我很佩服。'云云。自此，任何人欲将钱买放一支香，万难做到。是年，即将万年水陆，改净七一堂。水陆约共四十余人做佛事，牌位每座一百元；净七约二百余人打七，大殿外寮早晚殿二次回向，牌位每座二百元。恐有前牌位之人，不愿打七者，仅可还款；愿续供者，情免加钱。由是经忏佛事之根蒂，从此永绝。此一九二四年事也。"

（3）《自行录》："农人收获将竟，所有车桶车轴各件，悉数送寺，由天王殿及两廊摆满，无插足处。宝应慈云庵仓房亦然。实有污秽伽蓝，刺人眼目。即设法包归佃户。江都田车，每车蓬包费五元，桥梁涵洞，百包在内，脚车二元五角；宝应每车，归佃修油收藏。约定一九二四年满，再换新车。寺与佃有骑缝印根条，以根条为换车证据。自此山门清净，廊路宽宏，大壮瞻观，佛天生喜，实减少无限烦扰也。"

（4）《语录·法语卷四》："民国十三年元旦日，师拈香云：'此一瓣香，不从人得，非属地生，供养十方佛祖、诸大菩萨、合郡人民、檀那护法，伏愿为法门砥柱、作我界金汤；此一瓣香，非空非色，无古无今，供养西天东土历代祖师、本寺堂上过去诸祖老和尚，伏愿常寂光中冥薰加被；此一瓣香，红炉锻炼，大匠淘熔，供养两序首领、合院大众，伏愿寿同山永、住止绵长。'敛衣就座，执如意云：'这手如意从妙吉祥王菩萨处得来，见者如意，闻者如意，有事事成就之力，有处处得意之功，但愿你如意，我如意，家如意，事如意，年年如意，心心如意，如意如意。'下座迎喜神去。

"解制，师拈拄杖云：'久住有缘，久参有禅。信得及许（案：疑作"几许"），你妄想中有常住真心。果能真心常住，直使上无佛道可成，下无众生可度。试问大众，将什么心是常住真心？不妨放下身心看。若能识得，虚空尚住你心中，南天台北五台安住何处呢？'良久，震威一喝云：'可怜逐浪随波去，闻声见色昧知音。虽然如是，即今解制升座一句作么生道？年去节来如反掌，脚跟下事细商量。'下座。

"佛诞日，师拈拄杖云：'四月初八以前，尚无诸佛之名，何有众生之实。悉达降生以后，凡圣途殊，生佛差别，搅浑世界，殃及大千。'且道：'世尊为大事降生，南泉为大法斩猫，归宗为正法断蛇，复有云门云："释迦老子降生时，老僧若在，一棒打杀，喂饿狗子吃，贵图天下太平。"此数老顺逆施为，难及天下人，信之莫及，疑之有余。黄湾则不然，乃曰："生也随他生，伤也随他伤，不立诸佛名，不见众生相。"虽然，山僧前日病喉，屋后视事，见蛇入房，随举手拽尾，拼命出力，仅成两断。哭而思之，佛降生，吾伤生，诚属大过！今日顺请头首大众一念至心，与妙树忏悔，以免祸及来生。虽然如是，即今佛诞良辰，庆赞一句作么生道？粉碎刹尘血肉身，难报吾佛降世恩！'

下座。

"结夏，师拈拄杖云：'为鼠常留饭，怜蛾不点灯。檐前青草出，脚不下阶行。佛制比丘，手不拔青草，足不行硬地，专为微虫生命，令人禁足护生。'且道：'足下之生可护，足上之生亦可护，身中之生亦能制止。试问心中之生作怎么守护呢？'良久，卓拄杖云：'此处之生须用杀，毫厘杀尽好安住。虽然如是，即今升座一句作么生道？安居结夏行佛制，九旬禁足护生灵。但得心中诸垢尽，不生生处护真生。'下座。

"解夏，师拈拄杖云：'九旬近满，自恣期临。梧桐叶落秋生，衲子归心入定。'且道：'放行草鞋忙似虎，把住拄杖活如龙。忽遇东家村里王老翁来问道："拄杖且置，活如龙作么生会？"山僧被这老汉一问，逼得两眼连翻，只好向他道："寒来暑往，秋收冬藏。"试问大众，此意作怎么委悉呢？'良久，卓拄杖云：'若不领会，好向各人脚跟下参究看。虽然如是，即今解夏升座一句作么生道？立定脚跟无别念，苦心猛向个中寻。'下座。

"贴单，师拈单条云：'闻声悟道，见色明心，大众各各高着眼看。'良久，顾左右云：'前前后后，左左右右，头头是心，处处是道，切莫当面错过。试问诸人错过什么？'贴起与诸人一看：'切要认得自己。'云：'贴！'

"结制，师拈拄杖云：'红炉始开，锻铜炼铁。大冶淘熔，如冰似雪。任是铜头铁额汉，粉骨成灰时，作怎么为人去呢？'良久，震威一喝云：'无佛祖处安身，无众生处立脚。'且道：'内有一人，无身无脚，又将如何安置？若不体会，好在选佛场中猛力追寻，忘飧废寝，自有发明时节。虽然如是，即今结制一句作么生道？心心无间断，念念契真常。'下座。

"起七，师执香板云：'大力量汉，一超直入，无转掉，没回互，直待圣凡情尽、漆桶打开，努力向前。'猛进一步，云：'起！'

"解七，师执法幢云：'若人识得心，大地无寸土。若人识得心，大地尽是土。若人不识心，大地亦是土。此三重关要，在未悟以前荐得，始名见道；大悟以后荐得，方名行道。至嘱大众：上殿过堂，脚莫踩地，踏着错过。'以法幢点地，云：'解！'

"佛成道日，师拈挂杖云：'我佛腊月八，夜睹明星悟大道。虽然打失自己鼻孔，明得众生眼睛。屈指一算，皆由六年苦行而成。仔细看来，世尊未免捏目生花，杜撰后代儿孙不少。高旻不惜唇舌，与人论个曲直看。'良久，起立问讯云：'南无本师释迦牟尼佛，诸人可会吗？若不领会，直待日午打三更，再向汝道。虽然如是，即今佛成道良辰，庆赞一句作么生道？世尊成道日，诸人办道时。悟则当下会，不可以知知。'下座。

"除夕，师拈挂杖云：'生死大事不明，如丧考妣，如临深渊，如履薄冰，把自己身心世界、世法佛法尽情置于他处，哪管年来岁去，日往月还，但要明得三寸气断后在何处安身一段大事。那时年年是好年，日日是好日。'且道：'诸人可知今天吗？'良久，卓挂杖云：'人人都知是腊月三十到来，只是不要紧在。虽然如是，即今除夕升座一句作么生道？爆竹声中离耳听，煌煌大道目前存。'下座。"

一九二五年·民国十四年·乙丑　四十五岁

取消每年七月上旬放焰口惯例，高旻经忏根子得以拔尽。[1]

上堂开示，领众参修。[2]

注：

（1）《自行录》："……常住既无佛事，寺内寺外，当然彻底清净，不受金钱势力之所强迫者。故三岔河由关，每年七月上旬，请常住放利孤焰口一堂，复借用寺之长桌短凳各件，约一百余年之历史习惯，未少一次。我事前预为通报该关账房，今年无放焰口之人，亦无焰口台上用物，因霉烂破碎辞之，请另找他人代放。幸而至时，不复来寺邀约，由是经忏根子拔尽。此一九二五年事也。"

（2）《语录·法语卷四》："民国十四年元旦日，师拈香云：'此一瓣香，山河为料，大地为炉，供养十方佛祖、诸大菩萨，伏愿法图巩固、禅道遐昌；此一瓣香，非草非木，不有不无，供养檀那护法、合郡人民，伏愿寿同山永、福共天长；此一瓣香，红炉锻出，信手拈来，供养本寺堂上过去诸祖老和尚及现在两序首领、合院大众，伏愿安居乐业、进止吉祥。'敛衣就座，执如意云：'旧年已过，新岁将来。一年三百六十日以前就此时。下脚点地，步步不离。一朝踏破虚空，方可一悟到底，庆贺庆贺！'下座。

"解制，师拈拄杖云：'月半月圆尤存月，本来无暗复何明？一片寒光耀古今，三千世界总辉腾。诸人本分事作怎么委悉呢？'良久，卓拄杖云：'一任天摇地动、海涌山崩，究与各人用功上有何关碍？但恐万法本闲，唯人自闹。若欲超出见闻，不妨再吃重棒。稍关痛痒者，当须饮水思源，知恩报德。若不如是，任你走到天边，未离生死寸地。虽然如是，即今解制一句作么生道？水到石边流出冷，风从花里过来香。'下座。

"佛诞日，师拈拄杖云：'黄面老子降生也。周行七步，目顾四方。大地众生，改头换面。十方法界，平似琉璃。无善恶可成，无圣凡可处。直使转大地作黄金，搅长河为酥酪。拈寸草作丈六金身，未为不合。'且道：'已降皇宫时，如何委悉呢？'良久，卓拄杖云：'未出母胎，度人已毕。虽然如是，即今佛诞良辰，庆赞一句作么生道？一手指天重指地，三界内外独称尊。'下座。

"结夏，师拈拄杖云：'蚊虫虱蚤，飞腾歌跳。一出头来，逍遥物外。偶被不守杀戒之人遇着，致遭毒害，一命呜呼！深动济生之心，大伤慈悲之概。故遵佛命，严守宏纲。结夏安居，护生禁足。'且道:'一念未生以前,生将何护呢?'良久,卓拄杖云:'步步踏着无生地,心心常守细吉罗。虽然如是,即今结夏一句作么生道?蠢动含灵同佛性,存亡仔细自思量。'下座。

"解夏,师拈拄杖云:'百二十天尤禁足,谁知步步犯佳苗。紧把绳头牢拴住,了无寸地好安居。'且道:'放开布袋,物外优游。稍一尘思,依然旧处。即今不落旧处作怎么委悉呢?'良久,卓拄杖云:'钵囊高挂单头上,全身埋在道心中。如此方有少许进步处。虽然如是,即今升座一句作么生道?苦心行去,以待将来。'下座。

"贴单,师执单条云:'这把纸条,非今非古,不色不空,诸佛见之不识,众生睹之有名。信手拈来,方知大众都在里许。'且道:'揭示诸人,莫将眼视,切用耳观。不然,好将全身挂在壁上,大举心参。'云:'贴!'

"结制,师拈拄杖云:'虚空为炉,山河为炭,圣凡为铁,性空为火。'且道:'毕竟作怎么锻炼?即今山僧不惜唇舌,旁通一线看,任是铜头铁额汉,直饶粉骨已成灰。试问大众立身何处呢?'良久,卓拄杖云:'步步踏着毗卢顶,头头顶戴法王身。虽然如是,即今结制升座一句作么生道?行路不知有地,方是功夫进步。'下座。

"起七,师执香板云:'有圣有凡,倚众靠众。虚空破时,脚跟不动。一拳打倒佛祖关,万古陈冰今化冻。'云:'起!'

"解七,师执法幢云:'七七四十九,空中伸双手。猛力一拳来,诸佛忙奔走。打失娘生面,踏破祖师关。过堂与上殿,行坐体安然。试问诸仁还有修证也无?动止施为,切莫放过。'以法幢点地,云:'解!'

"佛成道日,师拈拄杖云:'"道"之一字,未了之人暂为借用。若是个中汉,佛尚不可成,成则有坏。若然,世尊三大阿僧祇劫修行苦行,方得此夜睹明星之道。二俱见来,还有优劣否?明眼衲僧只得向释迦老子展具三拜。试问诸仁可会吗?'良久,卓拄杖云:'会得也三十棒，不会也三十棒。虽然如是，即今世尊成道良辰，庆赞一句作么生道？满天星斗无人看，莫道人人眼界空。'下座。

"除夕，师拈拄杖云：'光阴似箭，时不待人。才觉去年今日，忽又今日去年。好大难！天天三百六十日，腊月三十在目前。此关不过万关难，重关过去又牢关。若能打开一句子，逍遥物外过新年。'且道：'新年作恁么过呢？'良久，卓拄杖云：'泥牛过水衔明月，木马骑人带夜归。虽然如是，即今除夕升座一句作么生道？法堂前爆竹连天，送去旧年迎新岁。'下座。"

一九二六年·民国十五年·丙寅　四十六岁

高旻旧制，每年荷花开时，须宴请"由关"人员赏花吃斋，名曰"荷花斋"。此制沿袭三十八年之久，殊伤大雅。自此革除，一免永免。[(1)]

上堂开示，领众参修。[(2)]

注：

（1）《自行录》："由关在迩，办事人员，藉此名目，任何人来寺，常住必恭而敬之，热心招待。间有弄花果，耍竹木。请问：'你是哪里？'彼答：'我是关上。'寺执一闻关上二字，赶快与其办好，率以为常。我思之，该处非法律机关，亦非治安地位，殊无保障性质。每至六月，荷花开时，预先持帖，上下请到，客来招待后，执事陪同玩赏荷花毕，回厅吃斋，名荷花斋，共约十席左右。最感困难者，择定日期，筵席办好，只等人吃，天稍凉时，十席不够，天稍热时，三席不足。所剩菜蔬，过时则馊。再感麻烦者，后三五日，天复稍凉，不请而至，一阵半阵，赶至客厅。招待稍疏，出言不逊。似此视僧人为佣人者，不符大雅。由是，事前报知：今年荷花斋，敝寺无能为力，一候稍长，再为补报。至是如期未办，亦未稍争。此斋乃月祖请藏经拟化关上税款，带收少分，补请藏经各用，前立经摺，三节持摺到关取款，约三千文或五千文，微末之至。荷花斋有三十八年之久，今一免永免。此一九二六年事也。"

（2）《语录·法语卷四》："民国十五年元旦日，师拈香云：'此一瓣香，竖穷三际，横遍十方，供养十方佛祖、诸大菩萨，伏愿拥护佛法、爱戴僧伦；此一瓣香，不生不灭，无欠无余，供养合郡人民、檀那护法，伏愿寿齐岱岳、福共流长；此一瓣香，虚空不载，大地难藏，信手拈来，供养本寺堂上过去诸祖老和尚及现前两序首领、合院大众，伏愿道与日进、德共时增。'敛衣就座，执如意云：'新年头佛法切在元旦日行去，可不忘最初一步。山僧今日说向诸仁，只要被这一脚踏着，方能时时如意，步步吉祥。虽然如是，即今元旦升座一句又作么生？'举如意云：'过了一年，少了一岁。'下座。

"解制，师拈拄杖云：'元宵一日，处处花灯。衲子心中，了无一物。若逢缘遇境，无非本体现前。若绝迹忘形，亦是当阳显露。'且道：'未有诸佛之先，未生众生以前，虚空未立，大地未成，作恁么彻去呢？'良久，卓拄杖云：'此是选佛场，心空及第归。虽然如是，即今解制升座一句作么生道？落花流水西来意，春风淡月也禅机。'下座。

"佛诞日，师拈拄杖云：'释迦老子在汝等眉尖上放光动地、说法利生。大地众生悉见悉闻。试问诸人可曾领会得吗？若向四月八日认取，则辜负如来出世一番苦心。'且道：'毕竟作恁么委悉呢？'良久，卓拄杖云：'有佛处不得住，无佛处即走过。虽然如是，即今佛诞良辰，庆赞一句作么生道？无忧树下生，双林树下灭。可叹老瞿昙，婆心太恳切！'下座。

"结夏，师拈拄杖云：'臭虱吃人，释尊喂虎。护生伤生，事皆两举。'且道：'虫蠓是过去父母，蛆虱是未来诸佛。步步踏死蚂蚁，即是弑父母；手手拼死蚊虫，即是弑诸佛。当知佛制比丘，举足下足，尚不许踩伤青草，何况伤生害命，置父母诸佛于不顾？试问诸人作怎么行去呢？'良久，卓拄杖云：'转身动念全不识，要得伤生即护生。虽然如是，即今升座一句作么生道？禁足之时，照顾当下。'下座。

"解夏，师拈拄杖云：'凉风漫送祝融神，梧叶凋时秋始生。寄语诸方参禅者，寒来暑往莫分心。'且道：'拈花一事，传至今时。宗下行人，莫名其妙。其意云何，故由主说者：因上有佛可成，下有生可度。高旻则不然，向上一事，千圣不传。何以故？传则有受，受则有人。人我是非，生佛凡圣，皆在其中。试问诸人作怎么委悉呢？'良久，卓拄杖云：'时人止见当阳热，不见当阳不热人。虽然如是，即今解夏一句作么生道？难过已过，已过再过。直至大地翻身，虚空打破。是什么？咄！'下座。

"贴单，师拈单条云：'离见闻，形形色色本非尘；即见闻，豁然无我亦无人。如来大法无高下，性地何曾列后先。大众识得自己吗？'良久云：'两眼若向单头望，全身已在半空中。'云：'贴！'

"结制，师拈拄杖云：'万水千山访知音，谁知步步未沾尘。脚跟下事能回顾，翻身不堕妄和真。'且道：'即今大冶洪开，火炉前通身拶入。一任焦头烂额，一任意纷情飞，直烧到虚空成灰，佛祖成灰，切莫私心觅住处。诸人可委悉吗？'良久，卓拄杖云：'大事不明，切莫放过。虽然如是，即今结制升座一句作么生道？情念销熔道念坚，一拳打破祖师关。'下座。

"起七，师执香板云：'大道无修无证，全凭亡身舍命。直到浑天黑地，自然摸着把鼻。'云：'起！'

"佛成道日，师拈拄杖云：'寒岩枯骨几经年，一睹明星彻底掀。眉生眼上人难识，大地同归此夜间。世尊三叹奇哉，众生不了者，因妄想执着故。高旻又且不然，离妄想将何以成佛？去执着复何以办道？究竟黄湾与雪山见处相去多少呢？'良久，卓拄杖云：'现前若有血气的汉子能领会得去，自可与释迦老子同时成道。稍有疑义,切莫错会在。虽然如是,即今佛成道日,升座庆赞一句作么生道?大地不在天边,就在眼前,请大众离开眼前看。'下座。

"解七,师拈法幢云:'古德云:若人识得心,大地无寸土。高旻则不然,心尚不识,何有可得?要知大地尽毗卢,三足驴子虚空走。诸人可会吗?'良久云:'上殿不闻磬声,过堂不咬粒米,方可不为虚度。'以法幢点地,云:'解!'

"除夕,师拈挂杖云:'腊月三十日到来,试问诸人,临末梢头将如何打算去?若是个中汉,能将阎罗老子请来相见,山僧即问他云:"大众饭账向念佛是谁的主人早已算清,你来所为何事?"被山僧一问,吓得阎罗急向挂杖脚下藏躲。诸人可见吗?'良久,卓挂杖云:'其或不见,直待今夜三更,自有分晓。虽然如是,即今除夕升座一句作么生道?一声爆竹惊天地,山河大地尽春回。'下座。"

一九二七年·民国十六年·丁卯 四十七岁

禅堂旧习,每日点心后回堂一小时,任人放荡、谈心疏散。谱主见微知著,愍道人用功艰难,改点心后一小时为静坐一支香,高旻上下遂从朝至暮、从暮至朝了无开口之处,远追禅宗先范。

又,为严肃大众、清净僧仪、维系道念,每月四次犒劳斋饭等一律永免。[1]

上堂开示,领众参修。[2]

注:

(1)《自行录》:"常住一支静香,中外尊敬,禅众悦服。点心后回堂一点钟,任人放荡,谈心疏散。如此习惯,已非近年有之,最关道念。何以?从早有话,未与人讲,等到点心回堂,放声大讲，致有讲不及了者，心烦意闷，挨到明天，吃点心后。由此讲话，弄得禅师之心事言谈，今日不足，继之来日，何心办道？能不暗误功夫乎？我鉴如此痛病，不但无人医治，尚无多人见到。念道人苦，愍用功难。将点心后一点钟，改坐一支静香。斋堂两下火典打过，禅堂当值接打三下大鱼子止静，香到开静。由是，从朝至暮，从暮至朝，了无开口处，方符'言语道断，心行处灭'，足复达摩西来，首先不立语言文字，直指明心见性，成佛之先范。又，每月四次犒劳斋者，向是内外寮首领，至三十日，到大厅吃四样六开饭；初八二十三，六碟吃面。至楚祖复位，内外寮首领及各行单至期，齐到大厅吃斋。有道心者，念动嫌烦，劳身更厌；无道心者，藉隙放逸，借事闹寮。思之，一月执事离堂四次，清众放荡四时，往返途中，闲谈世谛，辄论是非，昏昏空过，无补于道。故将四次犒劳面饭，永远免除，严肃大众，清净僧仪。预计免犒劳加单银，成就诸人零用，始久全住。加之每逢朔望，东单早晚齐礼法堂；升座期间，东单亦礼法座，皆我成就道心，免多松懈，一律永免。此一九二七年事也。"

（2）《语录·法语卷四》："民国十六年元旦日，师拈香云：'此一瓣香，诸佛手授，祖师亲传，供养十方佛祖、诸大菩萨，伏愿作法门砥柱、为世界金汤；此一瓣香，中边不住，内外难藏，供养合郡护法、本寺檀那，伏愿寿算绵延、福缘善庆；此一瓣香，钳锤锻炼，棒喝淘熔，怀中拈出，供养高旻堂上过去诸祖老和尚及现前两序首领、合院大众，伏愿恒驾大愿慈舟、定作天人法镜。'敛衣就座，执如意云：'宗门行履不分寒暑秋冬，世谛义中，何碍年来岁往。'且道：'诸人可识得今天吗？若能会得，正是新年大吉。若也不会，亦是新年大吉。虽然如是，即今元旦良辰，庆赞一句又怎么生？'举如意云：'诸佛生欢喜，龙天降吉祥。'下座。

"解制，师拈拄杖云：'破本参，见大智文殊；行难行，见大行普贤；悯众生，见大悲观音；发宏誓，见大愿地藏。在当人一念中，四大名山已朝，四大菩萨已见。'且道：'一念未生以前作恁么见呢？'良久，卓挂杖云：'任是尽虚空，大藏经典，觅此见处了不可得。虽然如是，即今解制一句作么生道？高挂钵囊，以悟为期。'下座。

"佛诞日，师拈挂杖云：'大好一片山河，被老瞿昙弄得天翻地覆。山僧当时若在，打倒兜率门，闭却摩耶室。看这护明菩萨从哪里换得悉达太子来。仔细思量，云门一棒，直教打迟三刻。试问诸人可委悉吗？'良久，卓挂杖云：'右胁降生天地动，金盆沐浴现全身。指天指地称独上，大千儿女受恩深。虽然如是，即今佛诞良辰，庆赞一句作么生道？四生慈父今仍在，会面当观语默中。'下座。

"结夏，师拈挂杖云：'干戈遍大地，佛法满胸前。欲知藏身处，回首问皇天。昨有一无鼻孔汉向我道："有一人无头无足，无身无心，大声喊道：'诸人莫动脚跟，动则令我丧身失命！'"陡然闻他震威一喊，仔细觉来，还是生佛未出世以前这一个无位真人贪生怕死的求救命在。'良久，卓挂杖云：'护生生即佛，不护佛即生。虽然如是，即今结夏升座一句作么生道？安居时已至，禁足莫他行。'下座。

"解夏，师拈挂杖云：'炎天已过，秋日将来，禅和处处起疑猜：又谓他方佛法好，亦言此处没由来。途路远者不离当处，脚跟未动已往遐方。试问诸人，衣线下事如何委悉呢？'良久，卓挂杖云：'个事从来不用修，只争眼上有眉留。文殊大智难分别，任是佛祖也低头。虽然如是，即今解夏一句作么生道？自恣时起，禁足日终。行住坐卧，上古家风。'下座。

"贴单，师拈单条云：'道无南北，见有东西。诸佛未成以前，众生未生以后，虚空不住，大地无名，何方向可言，何根尘可辨？试问诸人作何见解呢？'良久，一喝云：'一二三四五六七，前三三与后三齐。莫道无人能相识，休睛眼上一支眉。'云：'贴！'

"结制，师拈拄杖云：'小阳一月是冬春，衲子归心绝我人。一座红炉中烈焰，直饶铁汉也灰尘。'且道：'禅堂是大冶，大众是生铜。钳锤妙密，午夜淘熔。虚空烧成灰，大地炼成空。还有一块顽铁竟日寒暄，冷如冰雪。试问诸人作恁么委悉呢？'良久，卓拄杖云：'东家村里王老三，五更睡醒找衣衫。寻到山穷水尽处，依然还在枕头边。虽然如是，即今结制升座一句作么生道？铜锤铁匠，熔来一样。火熄烟飞，当头一棒。'下座。

"起七，师执香板云：'起七打七，各人努力。不顾危亡，不离绵密。一拳打破上头关，生死涅槃大事毕。'云：'起！'

"佛成道日，师拈拄杖云：'昔日世尊在雪山崖内，被一颗明星盖着眼珠，即便讲大地众生皆有如来分事。高旻则不然，何以故？只是世尊眼见，未即耳闻。当知无执着不成德相，无妄想不成智慧。未审两处见地如何分析呢？'良久，卓拄杖云：'释迦老子在诸人眼中还见吗？若见，未免辜负在。虽然如是，即今世尊成道良辰，庆赞一句作么生道？眼前大道人不识，一段光明耀古今。'下座。

"解七，师拈法幢云：'身辛苦，心辛苦，七八五十六辛苦。试问今天是何时？当下非今亦非古，若能不解于其中，依旧八七五十五。'且道：'大殿过堂，斋堂敲鼓，莫谓颠连若是乎，只争功夫还未许。'以法幢点地云解。

"除夕，师拈拄杖云：'万刃丛中过，十分苦尚多。一年终至始，道业奈如何？'且道：'即今衲子临末梢头上来，向何处藏身没踪迹呢？'良久，卓拄杖云：'拈一茎草作丈六金身用，以丈六金身作拄杖用。正是没踪迹处莫藏身。虽然如是，即今除夕升座一句作么生道？眼闻爆竹声声，耳睹梅花片片。'下座。"

一九二八年·民国十七年·戊辰　四十八岁

经人指点，于后山起六角亭约四丈高，焕改高旻气象。⁽¹⁾

增加执事行单每年单银。废除使用小价旧例，各寮事务皆用僧人。⁽²⁾

上堂开示，领众参修。⁽³⁾

九月间，侍者净参知时入灭。⁽⁴⁾

注：

（1）《自行录》："常住正坐九龙之主龙颈上，不能克服西来水之活龙。西来水之水剑，正伤主龙之头颅。故气脉只有六十年一转，尽人所说皆然。一日，湖南有明观老和尚，带信徒数十人来寺，内有前清知县，精研地理。他细审看，后山宜起六角亭，四丈高，克西来水。贵在改六十年为永久不变福地。再无龙走、气衰、寺荒之弊。故依而行之，随即兴工。自亭落成后，常住气象，焕然一新。类如亭未起前，人进山门，似冷冰冰之景象。由亭起后，人进山门，似热烘烘之精神。"

（2）《自行录》："……又，执事行单单银，每年大洋一元，钱六百文不等。至散时，心极酸痛，泪凝然下。思之，世人一年工资，有几百元，有几十元者，我等忙一年，块把多钱。实不忍心。立誓曰：'宁我少吃几天饭可，不加单银不可。'是故，每年首领十二元，大行单十二元，中行单八元，小行单六元。年底内外首领加押岁洋三元。又，旧例客库衣汤各寮，皆用小价。看到俗人在各寮做事，害多利少。加之工钱不能少。值此时艰世异，加倍不能用小价。故改用出家人。客堂可多一二照客，库房多用一二库头，丈室多用一二侍者，衣汤寮执事轮流做事。不用小价，檀越供佛及僧，诸无遗漏。此一九二八年事也。"

（3）《语录·法语卷四》："民国十七年元旦日，师拈香云：'此一瓣香，信心成就，道力庄严，供养十方佛祖、诸大菩萨，伏愿寿齐山永、福共天长；此一瓣香，苦行培就，慧力熔成，供养合郡人民、檀那护法，伏愿四海清平、人民安乐；此一瓣香，骨髓拈出，眼里分来，供养本寺堂上过去诸祖老和尚及现前两序首领大众，伏愿常住兴盛、海众安和。'敛衣就座，执如意云：'元旦一日即初心，绿杨处处舞风尘。三千界外逢知己，依然还是个中人。'且道：'大众在我如意上安身立命，直使人人如意，事事如意。'下座。

"解制，师拈拄杖云：'人人头顶上有个青天，人人脚跟下有个黄土，又有一人站在虚空顶上大声喊道："任你走尽青天外，还未离我黄土中。不如就在脚跟未动以前得个消息，那时我与你相见。"咦，原来同在道海堂中，未分左右。诸人可委悉吗？'良久，卓拄杖云：'直到仰不见天、俯不见地，再向汝道。虽然如是，即今解制一句作么生道？浊世三灾从心有，了无心处少三灾。'下座。

"佛诞日，师拈拄杖云：'世尊在睹史多天、观众生缘熟，入神母胎。在母胎中，高登法座，度无量众生。尚有十方诸大菩萨闻法得证者，亦有无数天人见佛悟道者。右胁未生，而生已度。既生以后，复度群生。可恨云门老汉，欲阻如来降生一节，唯不知未生以前度生已毕事。试问诸仁，高昱与云门见处相逊多少呢？'良久，卓拄杖云：'一尘起，大地昏；一念动，万物生。虽然如是，即今世尊降诞良辰，庆赞一句作么生道？莫谓我佛心太切，寂光土内少归人。'下座。

"结夏，师拈拄杖云：'舍身饲虎、割肉喂鹰皆世尊在凡夫时所行之事。今我堂堂衲子，高上行人，可效尤一二否？最可悯者，前天山僧梦中见到过去多生父母在蚊虫里投生，啼哭飞来，恨将我肉吞下！山僧将平生所长之力一手扑去，呜呼痛哉！恩将仇报。大众莫谓我梦中说梦，诸佛因中，昆虫细蚁，实如来三祇劫中逐类随形之化境。不思日用中，手打过去父母，脚踩未来诸佛，伤心害理，所为何事呢？'良久，卓拄杖云：'护生先必护念，念生处处皆生。虽然如是，即今结夏一句作么生道？步步无生地，黄土也知疼。'下座。

"解夏，师拈挂杖云：'梧叶飞来风转凉，尘尘刹刹法身香。布袋掀开无一物，堂前青草绿洋洋。'且道：'脚跟点地人是何面目呢？'良久，卓挂杖云：'自恣时至留先训，古道何曾有旧新。试看长空光夜月，不萌枝上永青青。虽然如是，即今解夏升座一句作么生道？大道本无岁月，暑往却又寒来。'下座。

"贴单，师拈单条云：'这一清单本来无名无字，离后离先，忽被先觉道破，露出堂堂妙相、种种名言。迄今要识当人是何面目，试问大众可会吗？'良久云：'直到东西不辨，南北不分，再向汝道。'云：'贴！'

"结制，师拈挂杖云：'红炉一座，架在虚空顶上，任是三贤胆战，十地心惊。不妨高旻移在道海堂上，锻佛锻祖，炼圣炼凡。直饶烧得须弥顶上帝释天王通红满面，大声喊道："诸天大众，快往蚂蚁窝里逃命！"'且道：'天王不如蚂蚁，试问大众作恁么委悉呢？'良久，卓挂杖云：'地转天旋全不顾，踏翻世界正斯时。虽然如是，即今结制升座一句作么生道？法王法无法，无法法王法。'下座。

"起七，师执香板云：'努力加工去，大死复活来。人天为眼目，正法免微衰。不作如斯念，是事复哀哉！'云：'起！'

"佛成道日，师拈挂杖云：'世尊成道日，我等学道时。后际同先际，先知即后知。试问三千年前，满天星斗；三千年后，满夜光明。如来睹星能悟道，我今见月不明心。'且道：'优劣处作么生领会呢？'良久，一喝云：'鼻孔撩天事如何，正谓时人眼界多。北斗南观成故事，满空风月遍山河。虽然如是，即今世尊成道良辰，庆赞一句作么生道？三祇劫内谁难识，六年苦行顿忘归。灿烂星珠光不尽，太虚空外也沾辉。'下座。

"解七，师拈法幢云：'打七已毕，黑桶添漆。持具搭衣，还我旧律。莫谓古佛有三身，撒散一身也难立。堂堂大殿释迦尊，三脚驴子也会踢。笑看解后事如何，满胸空腹波罗密。'以

法幢点地，云：'解！'

"除夕，师拈拄杖云：'大好山河尽归今日，禅堂衲子尽忘今日，添红度绿尽从今日，阎王账目算至今日。试问大众，今日到来，各人一笔生死大账作么生还去呢？'良久，卓拄杖云：'脚乱手忙全不顾，只图空过好时光。一旦眼光全落地，哪管马腹与牛囊！虽然如是，即今世谛流布之时，庆喜一句作么生道？临末梢头一大事，千佛出世救尤难。捶胸蹬足离生死，涅槃不住过新年。'下座。"

（4）《异行录·肉身菩萨》："侍者净参，年十八岁来寺，禅堂住过，受侍者职。是时因佛法关系，请六七人打长七，净参亦在内。至次年九月，未死以前三天，净参向我哭云：'我有数事，要和尚满愿：一、和尚今生为我导师，来世为我慈父。二、择日死后要坐瓦缸，三年期满，开缸装金。三、死后灵性还亲近和尚。'言毕，候我答允。余乃曰：'你哪天死？'伊云：'九月二十四日戌时。'余又问云：'来世为我儿子，你有何把握？'彼云：'愿为前导。'我云：'三年开缸时如是一堆散骨将如何？'伊云：'身形无缺，请为装金；若骨散脱，即请茶毗。'未死以前三天，伊将身前身后事作文一篇约二千字陈我参阅，云戌时将死，嘱我不能离他，又要我与某人同声念四十八愿，死后要停三天装缸，又要我封缸。我虽逐一答应，然意中以为净参年幼，学历复浅，谅无此等善状。不料彼竟准时于二十四日晚戌时断气，面貌如生。乃将他所嘱事概依行之，唯有三年开缸装金一节未能信及。"

又，《密参禅师事略》："高旻寺法堂设在禅堂后面，方丈室坐落于法堂东边，凡是往丈室走的人，多数要路过法堂门口。法堂内供奉着三尊肉身菩萨。当中一尊是在民国初年，河东塔院里的守塔师傅，五十多岁时，邻单同参们发现他的举足动步，非凡夫僧所为，于是他即示现圆寂。圆寂之后，常住将他的遗体封在缸里。三年后开缸，见肉身不烂，即贴上金箔供于法堂。左边一尊是大寮里的师傅，年纪仅有三十多岁，示寂后因肉身不坏也供在法堂里。右边一尊肉身菩萨，法号静参（案：《异行录》名净参），曾经为来公当过三年侍者，十九岁来到高旻寺，二十二岁即向来公告假圆寂（案：《异行录》说十八岁来寺，次年九月入灭）。圆寂后封缸，九年后开缸肉身不坏，来公为他贴金也供在法堂里（参见"一九三七年"条下注（4））。这三尊肉身菩萨最有灵感的，就是右边这尊静参菩萨。"

案：

据陈道谨、侯彪居士回忆，一九五七年后政治形势日趋严峻。文革初，弥光法师恐法堂内三尊肉身遭遇不测，冒险将其偷出，埋于天中塔（塔已被毁）附近地下。文革中，寺院改办邗江丝厂，在塔基处起造烟囱，工人掘地时发现肉身，乃取出一焚了之。

释弥光（1912—2008），字弥光，法名昌金，俗姓王，名兴远，湖南衡阳人。一九四五年依衡阳南岳狮子岩寺镜明老和尚剃度为沙弥，一九四九年前往广东韶关南华寺，一九五〇年住乳源县云门山大觉禅寺，一九五一年在虚云和尚座下受三坛大戒。一九五五年到高旻寺，任执事。一九六六年文革开始，被逼迁出寺外，以放牛为业。一九七六年文革结束，为祈佛教信仰复苏，曾三步一拜朝礼九华、普陀。一九八〇年在扬州大明寺参加迎接鉴真大师像回国探亲仪式，随后积极参与恢复高旻寺等工作。一九八三年，高旻寺落实政策后回寺，一九八四年高旻寺修建工程启动，亲自参与修建湖心亭闭关房。一九八七年受请首座，在湖心亭闭关，一九八九年八月出关。一九九〇年转往浙江萧山闭关一年。一九九二年移锡云居山，一九九三年至一九九九年在真如禅寺闭关。二〇〇八年圆寂于江西云居山真如禅寺，世寿九十七岁。圆寂后装缸，三年出缸，已如愿成就肉身不腐。另，据说高旻寺临济宗历代传承谱系法卷曾由弥光法师收藏，其中因缘始末尚不明了，而民间传言颇多讹误（参见"前言·三·法卷"），恐难采信。

一九二九年·民国十八年·己巳　四十九岁

将法堂西秽乱竹窠辟为"乐道园"。⁽¹⁾

酌改上殿、普佛、上供、送往生及斋堂、禅堂、出纳等行制，定为规约。⁽²⁾

上堂开示，领众参修。⁽³⁾

冬，数致函高鹤年居士请求催、济善款。⁽⁴⁾

注：

（1）《自行录》："法堂西乱竹窠，牛羊粪秽，人难插足，特辟为'乐道园'，有石山吊桥，凉亭花坞竹坛。行香坐香，乐可忘怀。此处未开辟前，见一奇事：我与小价，园田归，将进门，一望，如一群鸭子形，约几千只，密密纷纷，小价骇得直奔，我一人举目细看，似狗犴形，脚不能开步，挤挤出外，回头一望，一只无存，迄今不识是何朕兆。"

（2）《自行录》："……又，大殿早课观东方文，晚殿观西方文。虽前人因事制宜，久之易于疲弊。行人发愿，最大者，莫过普贤十大愿王，其他皆次之。对早愿东方，晚愿西方者，文相稍长，路不一致。故博约折中，早晚悉观十大愿王，绕释迦牟尼佛，勿论天气早迟，坡事轻重，概无改易。又，凡普佛回向，诸方绕佛，至牌位前对面站。高旻绕佛，一直归位回向。凡大殿内，不用铛铪，用铃鼓代；出大殿外上供，或有其他佛事，可用铛铪。又，大殿初一十五上供，加念文殊、普贤、地藏圣号。又，送往生，不念阿弥陀佛，改念南无本师释迦牟尼佛；上供不念往生咒。寺亡僧往生普佛，念佛宝赞，拜释迦、文殊、普贤、观音、地藏、弥勒、十方愿；送往生，不念弥陀经，念大忏悔文。有规约存焉。又，斋堂，加念地藏王菩萨圣号。又，禅堂放参，改归常住办理。发给各物，归香灯到库房照牌取物，免烦维那，减少一切困难，使维那专心调众。凡有供放参、助小食款，概归丈室收存。此一九二九年事也。"

（3）《语录·法语卷四》："民国十八年元旦日，师拈香云：'此一瓣香，诸佛怀中拈出，众生心内分来，供养十方佛祖、诸大菩萨，伏愿永为佛界金汤、恒作法门外护；此一瓣香，人人不见，各各不闻，供养西天东土历代祖师及本寺过去诸祖老和尚，伏愿万德光中冥薰普被；此一瓣香，钳锤锻炼，棒喝淘熔，顶门流出，供养现前两序首领、合院大众，伏愿常住兴盛、海众安和。'敛衣就座，执如意云：'本来并无岁月，不觉又过新年。佛法中见来，尽是随缘不变事；世界上会去，全是不变随缘事。据高旻指出，有事不如无事，试请欢喜过年的汉子拈来研究看。'良久云：'吉祥如意非如意，无意吉祥真吉祥。'下座。

"解制，师拈挂杖云：'杂念纷纷似点尘，寸丝不挂未为真。漆桶添光尤是暗，头头尽尔少归人。'且道：'大智即是文殊，大行即是普贤。何朝山之有？南天台北五台皆在当人一念。试问大众，一念作么生了解呢？'良久，卓挂杖云：'过现未来始终不离于寸步，虚空内外自他岂隔于毫端。虽然如是，即今解制升座一句作么生道？始终尤未悟，常参我是谁。万仞峰头止，汪洋海底归。'下座。

"佛诞日，师拈挂杖云：'山僧这条挂杖子从无佛处拈来，今日举示当阳大众，可领会吗？若作挂杖子会，辜负悉达太子无忧树下降生；不作挂杖子会，又辜负释迦老子双林树下入灭。'且道：'作恁么是如来不生不灭处呢？'良久，卓挂杖云：'行遍三千及大千，头头尽尔未生前。等闲识得如来面，扬眉瞬目漫争先。虽然如是，即今佛诞良辰，庆赞一句作么生道？释迦老子在法堂前，大众莫用娘生眼看。'下座。

"结夏，师拈挂杖云：'优波离尊者乘大愿来，禀佛制戒，为成佛之基础，作度生之梯航，规模宏大极矣！唯护生一戒，似觉匪然。既知脚有伤生之危，尤不知翱翔歌舞之蚊虫葬身于掌上，深居崖穴之臭虱送命于手中，理当手足俱禁，其义云何？高旻正值眼疾未愈、控目生花之时，深为研究，拈向明眼人前，共而思之。'且道：'手足虽曰伤生，抑能护生。妄念急急放生，毫未伤生。试问诸人，禁足是禁心是呢？'良久，卓拄杖云：'一念不生全体是，脚跟动处即生灵。打破窠巢无密处，三千大地任游行。虽然如是，即今结夏一句作么生道？尽世界是一个放生池，欲救性命，念念护生。'下座。

"解夏，师拈拄杖云：'顿超劫外事如何，步步头头会也吗？了却目前空色相，埋没声闻坑里多。'且道：'九旬禁足，步步伤生。半夏安居，头头热闹。笑看祝融神，伎俩只如此，竟被无鼻孔汉捉败，作恁么委悉呢？'良久，卓拄杖云：'黄花空里长，翠竹水中生。泥牛过海气狞狞，足踏长安途休问。虽然如是，即今解夏一句作么生道？秋来只待桐叶坠，炎凉世态本常情。内外中间非是道，佛前鼓角听佳音。'下座。

"贴单，师拈单条云：'这一件事，任是诸佛有眼不能见、菩萨有耳不能闻、祖师有心不能识，高旻不妨拈出举示大众，诸人可会吗？'良久，举单条云：'会则当下会，不会切莫分别。'云：'贴！'

"结制，师拈拄杖云：'大好山河，只多一片土在。正值红炉将暖，大冶初开，直使诸佛胆战、祖师心惊。炼得人人皮肤脱落，烧得各各心识灰飞。正恁么时，举眼方知内不见有心，外不见有土。'且道：'如何是识心达本呢？'良久，卓拄杖云：'笑看山门石狮子，大声说法听无人。黄湾三汊河中水，流而忘返昧知音。诸人可会吗？不然，切莫自欺。虽然如是，即今结制一句作么生道？凡圣一炉同火炼，虚空虽硬也烧完。打破娘生真面目，脚跟点地好参禅。'下座。

"起七，师执香板云：'生死关头，大家努力。打破银墙，撞倒铁壁。不顾危亡，把持绵密。一旦豁然，扬天掀地。'云：

'起！'

"佛成道日，师拈拄杖云：'先雪山，后高旻，莫谓心同人不同，说悟说成未为功。咦，明星睹后也大奇，直教儿孙满眼迷，大似东家村里小儿哭，手持黄叶能止啼。莫道宗非是说，一片老婆心切切。'且道：'黄湾见来，割肉医疮有分在，大众可会吗？'良久，一喝云：'莫将闲学解，埋没诸佛心。虽然如是，即今世尊成道良辰，庆赞一句作么生道？休认眉间眼，莫将月作星。三叹奇哉后，依旧未归人。'下座。

"解七，师拈法幢云：'漆桶打破，本来现前。穿衣吃饭，睡觉打眠。虽然，切莫向人道着一个"悟"字。何故？脑后还有三十棒在，上殿过堂记好。'以法幢点地，云：'解！'

"除夕，师拈拄杖云：'百年三万六千日，反复原来是这汉。尘头土面可怜生，亲体相逢无人问。今日算饭钱时候到来，阎罗老子铁面无情，只得顺手捉去，其中还有与诸人出气者出来道，忽然特地来一无鼻孔汉大声道："任何人能捉，念佛的这个人不能捉！"诸人可会吗？'良久，卓拄杖云：'大好山河，三阳开泰，未免随世谛流布有分在。虽然如是，即今除夕一句作么生道？爆竹声中藏小鬼，能逃且看此一天。末后牢关能已过，梅花片片送陈年。'下座。"

（4）《高鹤年大德文汇·方外尺素》："鹤公老居士清鉴：捧诵手书，甚喜甚慰。云孙居士之款尚未见寄来，及其申江各处均乞我老居士去函催催，总在年前寄来。实在等款万急，寝食不安，千祈勿吝慈悲，尽力帮助。我老居士为救世救民活菩萨，为众生苦，此苦非苦也。久不相晤，渴念殊深。藉便来寺谈谈，以畅离怀，是所至祷。肃复，谨颂净乐！愧弟来果和南。"

又，《高鹤年大德文汇·方外尺素》："鹤年大居士道鉴：敬启者，敝寺今年高田失收，食用欠缺，只供年内口粮，加之工程与岁底开支，迫近旧历年关，焦灼万分，无法设施。僧俗三百余人，生活全无把握。想我公本救世救人为急务，哀恳迅解义囊，接济数百僧人食用，俾好安全行道。再请转向各同道诸公，尽力陈诉敝寺万分困难苦衷，倘或稍疑，尽可派人暗查虚实。如蒙助款，请由上海中国银行或邮局直汇扬州高旻寺来果和尚手收，以免中途迟滞。极为稳妥，向未误事。万万火急，乞勿借事推委，不胜迫切待命之至。翘企殷殷，伫候明教。谨肃，敬请道安！高旻弟来果和南。"

四、五大工程至发愿朝海

一九三〇年·民国十九年·庚午 五十岁

深望高旻堪续禅宗一法，发起五大修建工程：宝塔、大殿、禅堂、延寿堂、如意寮。[1]

塔殿兴工，派人分往南洋劝募，时值不靖，无法进行，改化玉佛。于九月起程。[2]

上堂开示，领众参修。[3]

另，释本焕来至高旻，在谱主门下参禅。[4]

注：

（1）《自行录》："每念禅宗一法，极关重要。有传佛法印、续祖心灯之最大任务。高着眼看，高旻稍能荷负。故特尽全副精神，拟将高旻修若磐石之坚，稳如泰山之固。先将地面提高五尺，足免水患。修建五大工程者：宝塔、大殿、禅堂、延寿堂、如意寮。原有高旻，全盘高筑。最重要者，宝塔为一寺之主体，为九龙之神珠。故古云：'三岔之洪涛暂缓，九龙之真脉方全。'又云：'锁九龙之真脉，镇三岔之洪涛。'前塔砖木造成，易遭火毁。今用苏石砌塔，谅保无虞。我将麻石、青石、矾石、沙石、红石，五种石块收集一炉烧毕，取看麻石原样未动，青石成灰，矾石脱皮，沙石烧乱，红石成块。详细试验，最坚固是苏州金山麻石为高上。何以不用近处石耶？要知此塔，在寺当中，深恐一周围房失慎，塔可无虞，因石牢固。若用青石起塔，围房起火，塔先成灰。故用远处之麻石是也。地高五尺，可免水灾；塔成内外不用一木，可免火灾；上下堵塞，内外不通，可免兵灾。办法如是，世之成住坏空，何能料及？大殿为广容大众，日行功课，免拥挤排踏。禅堂移归原址，旧基系九龙中之主龙口内，前每发起要在龙口起禅堂，因地灵人杰故也。延寿堂为养天下老年人，终身行道之所。如意寮为病者养病栖身之处。首则五大工程，次则全盘改造。谋事在我，成否在天。由一九三〇年发起，迄未完工。愧我无能，听因缘而已，非等闲细事可比拟。此一九三〇年事也。"

（2）见《自行录》一九三三年记事。

（3）《语录·法语卷四》："民国十九年元旦日，师拈香云：'此一瓣香，竖穷三际，横遍十方，供养十方佛祖、诸大菩萨，伏愿法门巩固、僧道遐昌；此一瓣香，非空非色，极广极祥，供养合郡绅衿、檀那护法，伏愿福高嵩岳、寿等天长；此一瓣香，疑团打破，信手拈来，供养本寺堂上过去诸祖老和尚及现前两序首领、合院大众，伏愿常住真心、证无生忍。'敛衣就座，执如意云：'年年如意，日日祯祥。笑看春风无限意，衲僧额下喜忙忙。若作佛法商量，未免现成不及；若作世法领会，亦且太过现成。'举如意云：'高旻看来，只好安心办道，如意过年。'下座。

"解制，师拈拄杖云：'春风浩荡，春日融和。不萌树下也根生，直使僧家无分。试看脚跟未稳禅和，能不南驰北奔。任是这家过夏、那家过冬，徒劳空过。古云：眉毛一动，尚呵之曰"死人"，况其他乎？'且道：'功夫用到得力时，东西不分，南北不辨，上不见有天，下不见有地。尚置功夫于无处，身心安居何地呢？'良久，卓拄杖云：'泥牛过海人难识，木马嘶风已道穿。顶门有眼明如日，且向疑情打破看。虽然如是，即今解制一句作么生道？苍苍绿竹知禅意，郁郁红梅总是心。'下座。

"佛诞日，师拈拄杖云：'赵州老人云："佛之一字，吾不喜闻。"未免婆心太切，高旻当时若在，一手掩住赵州口。今日世尊降生无忧树下，山僧即起座，虔诚恭敬，合掌感谢曰："不得渔夫引，怎得见波涛。"试问大众，高旻与赵州见解相去多少呢？'良久，卓拄杖云：'若能会得，粉骨碎身未足酬。一句了然超百亿，不然当面错过有分在。虽然如是，即今佛诞良辰，庆赞一句作么生道？既为佛子，当行佛事，不愧我心，不违佛制。'下座。

"结夏，师拈拄杖云：'佛在因地中托生虾蟆时，游浮海滩，群蚁围食，痛不可忍！欲下海，众蚁俱亡，只得任其食之将尽。'且道：'虾蟆尚有怜悯众生之心，况我堂堂释子乎？当知生从念有，念逐境生。能一念不存，生从谁有？要得护生，先必护念，诸人可委悉吗？'良久，卓拄杖云：'土能知痛生何在，青草无知犯即虞。莫说无生云是道，无生尤自堕偏枯。虽然如是，即今结夏一句作么生道？莫谓四三能禁足，谁知念念少安居。'下座。

"解夏，师拈拄杖云：'秋风阵阵透空来，叶落梧桐满玉阶。试问衲僧怀内事，依然有口未能开。即今自恣月至，遍地荆榛，作恁么是诸人举足下足处？若能道得出，板响许你上殿；如其道不出，钟鸣许你过堂。'且道：'毕竟如何委悉呢？'良久，卓拄杖云：'一声钟外闻十界，半阵凉风解寸怀。会得也挨三痛棒，稍为拟议莫他猜。虽然如是，即今解夏一句作么生道？切莫放过当阳句，置诸岁月紧参禅。一旦发明身后事，再来共说话无难。'下座。

"贴单，师拈单条云：'行人到此，东西不辨，南北不分，绝高下，泯后先，莫谓成佛在目前。'且道：'身左身右，大有人在，咄！一手扭住帝释胡须，便问道："是什么人？"直问得

藏身无处，躲在各人脑后。诸人可会吗？如不会，脑后重打三十棒！'云：'贴！'

"结制，师拈拄杖云：'风飒飒，日融融，行人路上任飘蓬。三汊水流留不住，十方沙界且相同。第一义谛能相识，莫道真空是顽空。试问诸人还识得今天吗？'良久，卓拄杖云：'纵然识得，也是西家村里孟八郎汉。其或不然，点雪红炉今尤在，泼天门户岂遨游。脚跟下事谁相委，直使泥人也泪流。虽然如是，即今结制升座一句作么生道？大好娘生面目，甘作无谓骷髅。仔细检点看来，佛祖莫奈我何。'下座。

"起七，师执香板云：'烈焰飞腾，佛祖也须眨眼。红炉锻炼，虚空尽被烧完。诸人作么生回避？生死涅槃浑不顾，一拳打破上头关。'云：'起！'

"佛成道日，师拈拄杖云：'世尊在雪崖山内忍冷耐寒，一见明星便通身热似，谁知早被明星换却眼珠去也！后代儿孙，依模作样，也是一场败阙。试观大地众生人人本有之智慧德相，自凡夫始，至成佛终，未尝不以妄想执着而证。今日高旻举扬个事，试问诸人还是赞也，还是谤也？仔细思维看。'良久，一喝云：'顶戴尘沙劫，当体未相逢。莫谓今昔异，佛生本自同。虽然如是，即今世尊成道良辰，庆赞一句作么生道？我佛成道后，依旧满天星。能作如是会，三更日更明。'下座。

"解七，师拈法幢云：'八七五十六，玉兔长湾角。脱下龟毛衣，现出娘生脚。'且道：'还有人委悉吗？如其不会，山僧旁通一线看，洗脸切莫抹着鼻孔，剃头谨防打失眼睛。'以法幢点地，云：'解！'

"除夕，师拈拄杖云：'人生浮世，终难免此大限。临末梢头之末日，大似腊月三十晚上，多留一天不得，少去一天不得。呜呼！至归身后，要知来日不异今时，处地之殊，面目之异，石人闻得伤心，佛祖也须叹气。'且道：'会中还有过得此一天者，出来道看。试问诸人作恁么委悉呢？'良久，震威一喝云：

'阎罗老子被我一吼，骇得忙躲桌下。虽然如是，即今除夕一句作么生道？爆竹一声，惊动天龙护佑。梅花数点，打落小鬼眼睛。'下座。"

（4）释本焕（1907—2012），字本焕，法名心虔，俗姓张，名凤珊，学名志山，湖北新洲（今湖北省武汉市新洲区）人。一九三〇年于新洲报恩寺出家、武昌宝通寺受戒后即往扬州高旻寺，在谱主门下参禅，前后七年深研禅宗。一九三七年离高旻，从河北正定临济寺起香，三步一拜朝礼五台。一九三九年任五台山广济茅蓬（今碧山寺）监院，一九四七年离五台。一九四九年承虚云长老法脉，为临济宗第四十四代传人，并任南华寺住持。一九五八年被定右派及反革命，蒙冤获刑。一九七三年出狱，转入劳改农场。一九八〇年平反昭雪，恢复名誉及人身自由，并任丹霞山别传寺方丈。一九八六年任广州光孝寺方丈，一九九二年任深圳弘法寺方丈。一九九五年修建湖北黄梅双峰山下四祖正觉禅寺，二〇〇〇年完成。二〇一二年在弘法寺圆寂，世寿一百零六岁。茶毗后舍利由四祖寺迎取永久安奉。

又，《释本焕》："是年（案：一九三〇年）四月中旬，本焕长老从武昌乘船到镇江，到达扬州高旻寺，参拜了来果和尚。来果和尚是湖北黄冈人，欣然收下了这位同乡为侍者。来果和尚要他手抄宋仁宗写的《赞僧赋》。让他'好生体会什么叫僧人，怎样修行'。又跟他讲述临济宗义玄祖师的故事，鼓励他要以祖师爷为榜样，通过严格锻炼、坚持修行，日后终将成为一棵给人荫凉的大树。后来本焕长老自己回忆在高旻寺修行时的情形：'昼则勤心修善法，无令失时；初夜、后夜亦勿有废，中夜诵经以自消息。'（案：语出《佛遗教经》）由于艰苦修行，……深得禅师器重。一九三五年任禅堂维那，一九三六年任堂主，重要佛事活动让他参与或主持。曾经参加八个禅七之后，又打五个生死七，足足九十一天坚持硬坐、静坐定静不倒单，以顽强的意志，通过了禅功严峻的考验。"

又，《折摄皆具慈悲·百岁高僧本焕老和尚》："他到高旻寺来，一进来就住禅堂，七年没有出过高旻寺的大门，后来他连山门在哪一面都不知道了。他就是这样脚踏实地用功过来的。"

案：

高旻寺之宝塔、大殿、禅堂、延寿堂、如意寮五大工程，自一九三〇年发起，至中日战争爆发时尚未竣工，受战事影响，陷于停顿。抗战胜利后，原拟接续未竟工程，岂料复遇内战，卒致不遂。十年浩劫，高旻寺遭毁，几为平地，殆矣哉！迄宗教政策恢复，戈余弟子同心远集、惨淡经营，诸大居士老骥奋功、毕力襄助，五大工程今已改造完成。

一九三一年·民国二十年·辛未　五十一岁

高旻寺旧有柴洲失陷江中，适逢大水荒年，为建柴火基地，勉在仪征购地一百八十余亩。[1]

又，宝塔破土[2]、大殿堪基，为工程之发起日，远近僧俗，来寺拈香上供，颇集一时之盛。（《自行录》）

又，免除禅堂七期各小点心杂事打岔，以利行人专一用功。[3]

三月间，有"仙鹤来依"。[4]

上堂开示，领众参修。[5]

注：

（1）《自行录》："常住旧有柴洲，塌江沉没。柴火关系为一大宗。故特在仪征十二圩，永定官洲，第三块子，百八十余亩。时值大水荒年，无能为力者，强勉购成，足用一年。……"

（2）《语录·法语卷四》："天中宝塔，动土上供。师拈挂杖云：'惟华居士先动土，高旻今日又开工，浮图从地重涌出，塔身住世寿无穷。此塔乃牟尼珠，如意宝，求福者福，求寿者寿，今日良辰，动工破土。且道这一撮土，从甚处出来？任是诸佛有口，舌挂壁上，菩萨有脚，路置空中。超乎有情之先，等乎无情之后。在尘无尘，在净无净，竖穷三际，横遍十方。试问诸人，作怎么委悉呢？’以土四散云：‘风调雨顺，国泰民安，八方歌有道，四海乐清平。虽然如是，即今动土一句，又作么生？’卓拄杖云：‘中央戊己土，尘氛忙奔走，遐迩庆吉祥，天中坚且久。’云：‘动土！’”

（3）《自行录》："……又，禅堂每年七期，不能克期取证，复不得深远功夫者，皆由杂事打岔，直令行人不易入道。故特将有名无实之各小点心，一免干净。支支香无一毫杂事，行人不动一毫杂念。功夫得力与否？过当归己。否则，咎归常住。自此而后，外寮行单少麻烦，常住首领少劳动，办道行人少打岔，三方得益，功在其中。此一九三一年事也。"

（4）《异行录·仙鹤依人》："余于民国二十年三月二十八夜梦坐法堂前，偶有白鹤飞来，欢腾鼓舞，鹤立于柏树枝上。余见之欣喜非常，即以手招，鹤随飞入丈室。时有人来问事，谈话之际，见白鹤骤飞往后山三岔河内。醒时记忆分明。次日早晨派侍者往探之，侍者以为我说梦话，拒不肯去，余婉劝往查之。侍者回报曰：‘和尚梦中见鹤果真有之，现立于扁舟之上。’余即嘱侍者询舟人肯出售否？如愿出卖，不用还价，向彼买之。舟人索价七十元，余即按数与之。舟人送鹤至寺，不料此鹤前行，先至客堂。僧俗见之无不称奇赞善。随即令鹤前行，直步法堂，欢腾欣喜，与昨夜梦中所见无异。此后数月间随余往返，余到禅堂坐香，亦跟至禅堂；或到山门外，亦随之出门，乃至上红船去亦跟着不舍。最奇者，余叫之，随叫应声。更奇者，余与修行人讲功夫话，鹤亦悄悄低头来听，至言毕方走。二年后，被人击毙。"

（5）《语录·法语卷四》："民国二十年元旦日，师拈香云：‘此一瓣香，有定有慧，无犯无持，供养十方诸佛、诸大菩萨，伏愿佛日增辉、法轮常转；此一瓣香，栴檀海岸，雪岭沉香，供养合郡护法、远近檀那，伏愿寿齐岱岳、福共天长；此一瓣香，疑团打破，信手拈来，供养高旻堂上过去诸祖老和尚及现前两序首领、合院大众，伏愿静虑深禅，参成一片，久究心宗，泯圣凡见。'敛衣就座，执如意云：'玲珑宝塔响一层，世幻无常事乱纷。谁识天中真面目，人人有愿不难成。即今现前大众，有心于工程耶？有心于道行耶？直饶两俱无心，只图热闹而已。大年头各自努力，可得如意。'下座。

"解制，师拈挂杖云：'三藏十二部经、一千七百公案在挂杖顶上纵横安置，诸人可见吗？可闻吗？少有拟议，贬向铁围山外闭黑关去也！还有抱气衲子，不妨试验看。如或不然，直待你换却娘生面目，再向汝道。诸人可会吗？'良久，卓挂杖云：'任是穿破铁鞋，许你多走路在。虽然如是，即今解制一句作么生道？把住脚跟无处去，久居邪上问真禅。参到虚空落地后，回头处处总安然。'下座。

"佛诞日，师拈挂杖云：'释迦老子于人寿百岁降生皇宫。初号悉达太子，仔细看来，也是一场败阙。何不在未生以前荐取？至今将生时，手未指天，脚未步地，九龙之水未吐，金盆之浴未临，反遭云门赵州群取不幸，又是一场败露。诸人可会吗？'良久，卓挂杖云：'风过竹枝连叶动，水从山出助溪长。虽然如是，即今佛诞良辰，庆赞一句作么生道？粉骨碎身未足酬，谁是知恩能报恩？'下座。

"结夏，师拈挂杖云：'这一无情棒，将十方诸佛、蠢动含灵一同打碎，并作一团，磨如尘土，散放各人身上，供养蚊虫虱蚤。会中还有与古人出气者出来道："且曰十方诸佛尚不惜生命供给昆虫蝼蚁，大众捉跳蚤，打蚊虫，思之何愧之有？"诸人作何见解呢？'良久，卓挂杖云：'喂鼠常留饭，怜蛾不点灯。自从青草出，足不下阶行。虽然如是，即今结夏升座一句作么生道？莫谓护生循故事，须禁足下勿他行。地即生灵能会得，扬眉瞬目谨留心。'下座。

"解夏，师拈拄杖云：'金风飒飒人钦羡，白水滔滔鬼神愁。具眼衲僧超劫外，漫步归来一念收。'且道：'天下禅子拥挤云臻，所为何事呢？'良久，卓拄杖云：'取来未生前一只绳头，将十方诸佛蠢动含灵穿成一串，抛向十字街头，大声叫道："陈破布，烂草鞋，碍手碍脚，掷往虚空外边去，始可得个入处。"虽然如是，即今解夏一句作么生道？弥勒布袋虽然甚小，直饶弥勒亦在里许。'下座。

"贴单，师拈单条云：'未生前面目可曾识得吗？任是直下承当，大似三家村里老农夫认"焉"为"马"在。不然，亦任分别到男女僧俗、大小长短、东西南北历历明明、毫发不爽，皆由我有。请大众离开"我"看。'云：'贴！'

"结制，师拈拄杖云：'小阳春至风将冷，篱边黄菊也添愁。万树叶凋横地上，莫将道外挂心头。即今大冶宏开，炉韝焰烈，任是万圣千贤，直须立足无地；直饶砖石瓦砾，沾着火灭灰飞。你我迄今安身何所？许是头上无虚空，脚下无土地。试问诸人作怎么委悉呢？'良久，卓拄杖云：'杖头有眼明如日，恼乱冬风足未休。虽然如是，即今结制一句作么生道？莫谓结制无功，佛祖也须害怕。至此空无所有，镈锤难寻处挂。'下座。

"起七，师执香板云：'动地惊天未足奇，烈焰腾腾吼似雷。一击圣凡消息断，超佛越祖自今为。'云：'起！'

"佛成道日，师拈拄杖云：'六年苦行谓非多，笑煞东村老婆婆。败阙一场非细事，哪有面目出娑婆。'且道：'瞿昙这汉，取下帝释眼珠，换作明星，是何旨趣呢？'良久，卓拄杖云：'后代儿孙，披毛带角，拽尾穿蹄，皆为此老汉拖累。还有人为我佛出气者吗？其或未有，高旻不妨与诸人旁通一线看。'起立云：'南无本师释迦牟尼佛。虽然如是，即今世尊成道良辰，庆赞一句作么生道？诸佛睹星日，众生悟道时。明星与眼睛，只许识者知。'下座。

"解七，师拈法幢云：'八七五十六，为蛇添四足。父母未生前，虚空翻筋斗。踏倒本来人，千佛方能救。否则一场空，无间路难走。咄！但看洗脚人，你前我自后。'以法幢点地，云：'解！'

"除夕，师拈拄杖云：'莫谓光阴无尽日，也来腊月至三十。阎王铁面谁人见，到此方知悔后迟。试问诸人，临末梢头，一气将尽，四大成空，生时已了，死时未来时，忽有小鬼捉人，是真是假呢？'良久，卓拄杖云：'大声道曰："无生面目佛难睹，任是含灵也尽知。莫若将心来问道，直饶不卜是何时。"咄！已过年关了也。虽然如是，即今除夕一句作么生道？爆竹声中明个事，梅花香里悟禅机。是事若能如是会，转凡成圣未称奇。'下座。"

一九三二年・民国二十一年・壬申　五十二岁

每见丛林规约不全，行事敇缺。为息争论、断烦恼，特依古德所制规约，删繁取要，集成《丈室、禅堂、客堂、库房四寮规约》，照本宣科，务令言真行实。(1)

又，鉴于大众争抢之弊，废除每年正月初一斋堂晨起吃"元宝汤"旧习。(2)

上堂开示，领众参修。(3)

注：

（1）《自行录》："常住古规，乃唐之百丈老人制之，风行全国，自古迄今，尚竞竞执为龟镜。由是，时移世异，法久成弊之谬论兴焉。要知法本无弊，弊在行人，非法有弊也。每见各丛林规约，有二本者，有一本者，殊为憾事。何以？言之不全，行之必缺。日用巨细各事，若无凭证，单仗口言心记，终非上策。我深思之，将来人之根性，有规可约，有据可凭，禅者恒情，尚难调服，内外各事，若信口吹，渺无根据，人何可信？类如散香四六分持，规约注明，任何人不能改动。若无规约令人查考，你知四六分，他要三七分，大小规矩，尽成争柄，何法之有？故特依古人规约，删繁取要，言真行实，集成五大本：客堂、库房、禅堂各一本，丈室两本，照本宣科，不问他人，不审是非，勿论你是我是，你非我非，一概不依，一一照规约行之。规约错者，依错行之；规约不错者，依不错行之。永息争论，永断烦恼。一日行之，千日仿之，此处记之，他处用之。诚万不可轻忽之规箴，来今之鉴镜也。……"

（2）《自行录》："……又，每年元旦日早起，大众到斋堂吃元宝汤，一年一次，腊月三十晚，普茶吃过，大家辛苦，有饭头忘煮者，有行堂忘挑者，有未预备者，至时执事招呼：'你们洗过脸，到斋堂吃元宝汤。'可怜有元宝二字，就不要命抢元宝。有黑地头碰破者，有脚跌跛者，或喊救命者，有到斋堂黑坐者，有骂饭头者。大年初一早上，执事替清众找膏药者，有揉脚者，有扶回者，有执事骂行单者，有行单怪执事者，不一而足，闹得一堂糊涂。试问：元宝耶？吃汤耶？一日不吉，弄得一年不祥。我鉴如此，一免干净。此一九三二年事也。"

（3）《语录·法语卷四》："民国二十一年元旦日，师拈香云：'此一瓣香，虚空粉碎，大地平沉，供养十方佛祖、诸大菩萨，伏愿不忘佛嘱、保障僧疆；此一瓣香，离凡离圣，非自非他，供养合郡人民、檀那护法，伏愿寿与天齐、福同海际；此一瓣香，全体大用，绝显绝藏，供养本寺堂上过去诸祖老和尚及现前两序首领、合院大众，伏愿光辉禅院、盛气昌隆。'敛衣就座，执如意云：'今为元旦复天中，旧雨新风喜再逢。莫谓瓦砖无佛性，大兴土木建殊功。砌天中宝塔，树迦叶刹竿重修绀宇，恢复琳宫。'且道：'仗谁恩力呢？'良久，卓拄杖云：'五路财神齐拥护，喜神转瞬自天来。'下座。

"解制，师拈拄杖云：'法堂前满地青青，水牯牛遍寻难到。进门草深一丈，出门无处不草。'且道：'何处是无寸草处？若能检点得出，直使东家村里王老三挑出一担破草鞋，求人买不得。诸人可委悉吗？'良久，卓拄杖云：'毗卢顶上安身，不如道海堂中过夏。久经淘汰，锻炼情尘。"团"一声，管教置高旻于清凉山外，岂非三冬不如一夏？虽然如是，即今解制一句作么生道？元旦元宵今已过，立心立行且坚持，直待百花开遍后，转功就位正斯时。'下座。

"佛诞日，师拈拄杖云：'净饭王宫悉达生，十方世界尽黄金。法界众生齐庆贺，独有云门气不平。'且道：'云门量吞佛祖，见过十虚，不妨与高旻较一胜负。则曰：诸佛为度生出现于世，至将生时，拟遭痛棒，妙树当时若在，即将云门老汉粉身碎骨，供养天下大众，为诸人泄愤在。试问谁功谁过？究竟还有优劣也无？'良久，卓拄杖云：'我佛降生日，众生受度时。悉达与云门，两俱成多事。虽然如是，即今庆赞一句作么生道？是事若无如是眼，宗门哪得到如今。'下座。

"结夏，师拈拄杖云：'为鼠常留口边饭，怜蛾不点夜明灯。自从地面萌青草，足跟不敢下阶行。此是古人行履处，高旻又且不然。今日结夏，还望大众念念伤生，脚脚丧命，如是尽力行去，方合古人"护生须用杀，杀尽始安居"。不然，恐防麻雀大的蚊子、乌龟大的臭虱，被他一口吞尽，任是诸佛也难救出！试问诸人可委悉吗？'良久，一咄云：'真疑逼拶处，安居禁足时。虽然如是，即今结夏一句作么生道？刹尘皆自性，步步护生灵。'下座。

"解夏，师拈拄杖云：'梧桐叶落处，大地已成秋。暑去水生凉，一尘弥宇宙。'且道：'三家村里老田夫热得置身无处，会中有一多口禅师道："热时热煞阇黎，寒时寒煞阇黎。不寒不热时，阇黎在哪里安身立命？"试问诸人，还有殃及者出来代大众分析看。咄！切莫道着一个"夏"字。'良久，卓拄杖云：'孤峰顶上尽浮云，寒暑由来随往返。薰风有口唤祝融，不便一时为他转。虽然如是，即今解夏一句作么生道？如草系比丘，今尤解未便。如带持浮囊，不容少一线。'下座。

"贴单，师拈单条云：'秤锤捏出汁，不会这堆纸。识得未生前，面目只如此。'且道：'这是什么面目呢？'良久，举单条云：'大似红的是纸，黑的是墨，未免太亲切在！直待东西不辨，前后不分，少有相应处。诸人若能会得，便向汝道。'云：'贴！'

"结制，师拈拄杖云：'初冬离暖气，黄菊也添愁。阳春微动处，大地冷难收。'且道：'衲子分内事，任是三头六臂之天王、七通八达之禅客，闻说选佛一事，骇得三日不能吃饭，屎尿不敢屙出，好害怕！试问诸人作恁么委悉呢？'良久，卓拄杖云：'炉鞴烟霞，光腾焰热。任是铁额铜头，也难眨眼。直叫万物成灰，虚空破裂。虽然如是，即今结制一句作么生道？迷悟非关己事，圣凡倏尔忘归。生佛至此安闲，道海尤争宝贵。'下座。

"起七，师执香板云：'大冶宏开吼似雷，威腾焰烈正斯时。万仞崖前齐着力，佛祖齐肩也未迟。'云：'起！'

"佛成道日，师拈拄杖云：'老瞿昙装模作样，笑煞后代儿孙。再说三叹奇哉，一切众生皆有如来智慧德相，皆由妄想执着而不能证得，更是一场败露。'且道：'明星非止腊月八，悟道直叫眼生花。娘生面目频更换，反要儿孙也效他。梦到今时尤未醒，一参差又更参差。诸人可会吗？'良久，卓拄杖云：'不然，且待日午打三更，再向汝道。虽然如是，即今世尊成道良辰，庆赞一句作么生道？长空何碍望，俯视也真如。圆明非是月，悟道一星珠。'下座。

"解七，师拈法幢云：'悟道本无时刻，何能八七休歇。一朝觌面相逢，管教生死心灭。'且道：'即今禅七告圆，有道衲僧二六时中可知举足下足处吗？'以法幢击地云：'上殿过堂，未动脚跟。穿衣吃饭，留心手快。快则茫而无知，谨防打失鼻孔

在。'以法幢点地，云：'解！'

"除夕，师拈拄杖云：'一年三百六十日，尚剩今朝这一着。生死关头岂自由，一夕未除何可乐？'且道：'五殿阎罗老子铁面无情，诸人作么生回避？会中有一个汉子大声道："释迦老子见不到我，阎罗老子捉不到我。连我也不识得我。"大众仔细研究看，可会吗？'良久，卓拄杖云：'参禅一句子，神鬼也难寻。要得离窝白，逃脱待天明。虽然如是，即今除夕一句作么生道？爆竹一声皆妄念，梅花数点即真如。世间相常居在世，年年加减有乘除。'下座。"

一九三三年·民国二十二年·癸酉　五十三岁

自一九三〇年派人分往南洋劝募至今，共化大小玉佛七十八尊，铜佛一尊。[1]

又，为运宝塔石料，前后筹算支费、人事等，择定自办，购大小船四条。工程既兴，各地施主往来，为解一向招待简慢之虞，修复水阁凉亭，起建客厅。[2]

致函高鹤年居士请济工程款。[3]

春，释妙善来至高旻参学，依谱主参禅。[4]

秋，释德林在高旻寺出家。[5]

上堂开示，领众参修。[6]

注：

（1）《自行录》："……由一九三〇年九月起程，至一九三三年，整整三年，共化大小玉佛七十八尊，铜佛一尊。预供宝塔外，八九七十二门，每门供玉佛一尊，玉佛之多，诚今时所罕见，抑常住之幸事也。……"

（2）《自行录》："……又，船运水脚，直令骇人，类如苏州装石一百元，到寺水脚九十元，计算单装宝塔水脚，约有十一万元。思之，非自办不可。大小船四只，共约二万元，不但宝塔成功，五大工程一齐成功，船尚未旧，卖则可值万余。加之自办自用，了无凝滞。若用外船，你急用料，他急拿价；拟用大船者，只有小之；拟装多者，间装少之。花费大钱，外加淘气。自办之后，宽大如意，省事多矣。又，旧有水阁凉亭基址，在水中心，乃顺治时修，至咸丰时毁。今在原基，恢复旧观，实因护法家来寺，招待之处，太为草率，怠慢之虞，已非一日。我听到一次扬州来宾，来后懊悔云：'高旻办道不错，对于招待，全不过问。一到客房，如坐班房似，破床稻草，有桌无椅，不但桌上书大字，椅上灰堆寸厚，实不敢坐。知客用手指云：请坐，四面一望，满庭灰尘，站久不支，用手巾隔下，坐在石廊边。一进内房，霉气冲出，不及掩鼻。'我初住次年，楚祖嘱我先修客厅，我云：'如有缘法，先修禅堂。'直到宝塔兴工之际，思之原有房屋，尽行移筑，由是古凉亭石柱，起建客厅，为工程上往来施主酬应之用。自修之后，谅不再有改造故也。塔工肇造，始于是年三月初二日开始兴工，能不被时世所阻，合尖之期，当在不远。此一九三三年事也。"

(3)《高鹤年大德文汇•方外尺素》："鹤公大居士道鉴：敬启者，敝寺塔殿工程迄已数载，因时局与荒年关系，致遭影响。虽无力扩大发展，而各项工匠未尝一日有间。前蒙热心允助塔殿功德，仰乞早酬心愿。如蒙赐款，请由各银行或邮局汇寺，用济急需。望乞继续发心，争先乐助，则塔殿廊宇不难先后告成，诚感我公殊胜功德于无尽也。稍闲，请来寺指导一切，盼甚。特呈函渎。敬请道安！住持来果和南。"

(4)《妙善大师年谱》："春，至禅宗名刹扬州高旻寺参学。七月十六日，与八十余僧'大进堂'，棒喝交加，似红炉猛火，大有'尘劳妄念，至此全消'之感。九月十六日，禅堂加香，站板时'忽觉身心世界不知所在，有桶底脱落之感'，大有所悟。"

释妙善（1909—2000），字妙善，法名心慈，俗姓吴，名敬亭，江苏如皋郭园人。一九三二年（二十四岁）在丹阳县地藏寺礼寂宽和尚为师，同年于镇江焦山定慧寺出家、扬州天宁寺受三坛大戒。一九三三年至扬州高旻寺参学，一九三五年任库房副寺。一九三七年离高旻往常州天宁寺参学。一九三八年罹病，蒙谱主眷顾，接回高旻闭关静养三年。一九四一年病愈，接高旻临济宗第四十七世法，任住持。一九四四年挂印离任，往普陀山闭关。一九五二年任法雨寺代理住持。一九五三年至上海静七茅蓬拜见谱主，住半月。一九五七年冬，在上海静七茅蓬打禅七。一九六〇年下放浙江余姚芦山寺种桃务农。一九七九年回普陀山，一九八〇年任普陀山佛协会长及普陀山全山住持，复任中国佛教协会咨议委员会副主席、浙江省佛教协会会长。二〇〇〇年示寂，世寿九十二岁。

（5）《高旻堂上中兴寺主上德下林老和尚塔铭》："一九三三年秋十九岁，……礼扬州高旻寺道智上人披剃。同年冬，投南京宝华山隆昌寺德宽律师座下圆具，……。期满回寺，依止宗匠来果老和尚习禅，运水、搬柴、棒唱交驰，道业日进。"

释德林（1915—2015），字参悟（后更名妙悟），法名德林，俗姓梁，名怀德，河北丰润小王庄人。十九岁于扬州高旻寺依道智和尚剃度出家，同年投宝华山隆昌寺德宽律师座下受具足戒，期满回高旻寺。一九三七年离寺参访，闭关潜修、阅藏研教。一九四七年任文峰寺住持。一九五〇年回高旻寺，一九五一年春解制后离寺转住上海静七茅蓬。一九五三年谱主圆寂后复住上海静七茅蓬及苏州穹窿山寺。一九五八年后进工厂参加劳动。一九八四年五月，经多方协商，由普陀山妙善和尚推荐请回高旻寺担任住持、重修高旻寺。二〇〇五年退居，弟子释文龙接任方丈。二〇一五年在高旻寺示寂，世寿一百零一岁。

又，《折摄皆具慈悲——追忆我的恩师德公上人》："高旻寺以前有几百亩地，以前的和尚还要在地里挑土，来果老和尚很器重他，都是让他带着人干。我们师父说自己就是工头。"

（6）《语录·法语卷四》："民国二十二年元旦日，师拈香云：'此一瓣香，竖穷三际，横遍十方，供养十方佛祖、诸大菩萨，伏愿作僧家保障、为佛法金汤；此一瓣香，有宾有主，无色无声，供养合郡人民、檀那护法，伏愿寿同山岳、福等海渊；此一瓣香，红炉炼出，信手拈来，供养本寺堂上过去诸祖老和尚及现前两序首领、合院大众，伏愿圆满常觉、福慧并修。'敛衣就座，执如意云：'今为一年之始，万象之初，复为过去之初心，又为未来之初念。即今现前大众，念道者道与日进，念业者业与日增。'且道：'不与道业为侣者谁乎？'良久，举如意云：'吉祥如意。'下座。

"解制，师拈拄杖云：'自南自北自西东，未出当人一念中。三千里外逢自己，有佛处是即无佛。'且道：'诸人脚跟下事曾稳否？如捕风捉月功夫，大难了事在。能在难住之处久住、难参之处久参，不分寒暑，莫问短长，一超直入，自有转身之时。试问如何体会呢？'良久，卓拄杖云：'万里无云，虚空还要吃棒。虽然如是，即今解制一句作么生道？动静全蠲尚未能，飘飘去后可怜生。果能踏破毗卢顶，处处还归不二门。'下座。

"佛诞日，师拈拄杖云：'未生前面目全彰，既生后佛生回向。大好虚空遍地，尽成后代儿孙。直饶情与无情，皆由生有。'且道：'释迦世尊生耶？灭耶？明眼人看来，大似拈东风，捉明月，无下手处。诸人可会吗？'良久，卓拄杖云：'我佛在法堂前周行七步去也，诸仁切莫错认在。咦，瞻之在前，忽焉在后，大众连佛也不识。好大奇！虽然如是，即今佛诞良辰，庆赞一句作么生道？皇宫兜率本无分，刹尘内外体尤存。独步大方无碍处，人间天上独称尊。'下座。

"结夏，师拈拄杖云：'苍蝇咬头，虱蚤吃肉，是我前生亲父母。乌龟大的臭虱，麻雀大的蚊虫，敬他来世是诸佛。今有蠢笨衲僧，愤怒臭虫之多、蚊虫之大，直恨置死成泥，而加吞腹。

伤哉！痛哉！报难报之恩，反加杀害。救难救之命，更丧残生。岂不闻佛言："我在过去世中，亦为最小虫无数劫。"诸人可委悉吗？'良久，卓拄杖云：'若得护生生亦害，要得无护亦无生。虽然如是，即今结夏一句作么生道？十二旬中无一念，优波尊者戒咸持。'下座。

"解夏，师拈拄杖云：'道本无初后，寒暑屡殷殷。行人明个事，了脱在而今。'且道：'一百二十天中，热即是火，凉即是水。火即烦恼，水即清凉。要知烦恼即是菩提，已生不外未生。能离中边，又成担板汉。试问诸人在哪里安身立命呢？'良久，卓拄杖云：'万峰顶上横担去，还须直下细参寻。立志三年无他自，生前面目岂当承。虽然如是，即今解夏一句作么生道？凉生桐叶上，道在不离中。自恣时已至，觌体未相逢。'下座。

"贴单，师拈单条云：'这一堆杂碎纸，尽人见之弃如敝屣。具眼衲僧恐且不然，当拾之如珍玉，藏之如高阁。何故？举一微尘即如来身，即如来相，即如来名，况其他耶？诸人会吗？若不会，试拈来昭示大众看。'云：'贴！'

"结制，师拈拄杖云：'茫茫苦海，碌碌浮生。不但六凡未悟，至是四圣皆迷。炉鞲扩若虚空，炭火多如大地。一锤下，打落佛祖舌头，有情骇得飞走；满炉火，烧得砖石粉碎，无情怕得深藏。有不与圣凡为侣者，可得其人吗？举眼看来，只有老僧一拄杖子可以超佛越祖，可以顶地擎天。诸人可委悉吗？'良久，卓拄杖云：'红炉炼出金刚眼，觑破生前也未迟。虽然如是，即今结制一句作么生道？猛急加鞭勤着力，奋身跳出上头关。'下座。

"起七，师执香板云：'棒喝交驰吼似雷，铜头铁额化为泥。任是千佛难立足，牢关打破可称奇。'云：'起！'

"佛成道日，师拈拄杖云：'太平世界无一事，明星睹后是非多。说妄说真无尽说，立凡立圣自称尊。带累后代儿孙无本可据，哭牛哭马，奔地逃天。高旻又且不然，转明星为世界，将雪岭作山河。这瞿昙老汉，只是茫无举措，进退维谷，即道个掩耳偷铃句子曰三叹奇哉。咦，莫非打失娘生鼻孔耶？试问诸人作么生悟道呢？'良久，震威一喝云：'遍地释迦人不识，只缘真妄未消除。虽然如是，即今佛成道良辰，庆赞一句作么生道？一点星珠垂千古，十方世界悉辉腾。'下座。

"解七，师拈法幢云：'腊梅香片片，冰风阵阵催。红炉虽化雪，柏树点头归。即今八七圆满，五十六日中，诸人在何处安身立命呢？'良久，以法幢卓地云：'脚跟下事难相委，解七无非起七时。'云：'解！'

"除夕，师拈拄杖云：'结末梢头，举世大须仔细。唯有本分衲僧不关岁月。任是阎罗老子法律之严、擒拿之速，只得卒役空手销差。何故？不见道金璧峰有云："阎王拿我金璧峰，犹如铁链锁虚空。铁链锁得虚空住，方可拿我金璧峰。"试问诸人可有此老见解吗？'良久，卓拄杖云：'不然，今夜三更，任你躲在佛龛里，也恐难逃！虽然如是，即今除夕一句作么生道？否去泰来成个事，一声爆竹又依稀。'下座。"

案：

释德林十九岁到高旻，《高旻堂上中兴寺主上德下林老和尚塔铭》谓之一九三三年秋，而《德厚流光·德林老和尚一生弘化事迹》（德林老和尚治丧委员会撰）则记为一九三四年；受戒时间，前者谓之"同年冬"（一九三三年冬），而后者则记为"翌年春"（一九三五年春）。两下参看，前者似较合理。

另有二事费解：一、《高旻堂上中兴寺主上德下林老和尚塔铭》谓"师讳德林，字参悟，……更名妙悟"，而今高旻寺祖堂上释德林牌位上书"德林悟公之位"（依例应书"参悟（妙悟）林公之位"，隐辈字"德"），网络文章《扬州高旻寺传承法系》又称其为"德林妙悟"（名、字易位）；二、今高旻寺祖堂上释妙善牌位上书"妙善解公之位"（依例应书"妙善慈公之位"，隐辈字"心"），网络文章《扬州高旻寺传承法系》复称其为"妙善妙解"（法名"心慈"变为"妙解"）。不审根据为何。

一九三四年·民国二十三年·甲戌　五十四岁

　　新年普供改制，订除夕、初一两天，将合寺诸佛圣号各立牌位、齐集大殿，用大斋设供，住持拈香、大众上供。初二无供，初三禅堂合四圣供。俾其诚心一处上供，免人放逸。[(1)]

　　又，新年普茶改制，订初一、初二普茶，换果饼各色为干饭、汤面，免人饥弊。[(2)]

　　又，鉴于寺中湖山石屡被人谋，特设法集于水中之地，不惜勤苦，堆积石山，以为千古庄严。[(3)]

　　上堂开示，领众参修。[(4)]

　　冬，致函高鹤年居士募集善款。[(5)]

　　又，释妙善住高旻寺禅堂，戒定齐修。

注：

　　（1）《自行录》："……又，每年腊月三十、初一、初二、初三至各处普供，约二十八九处。每至上供时，人声嘈杂，任情放逸，毫无恭敬，故特将合寺诸佛神圣名字，各立一牌位，齐供大殿，用大斋设供，住持拈香，大众虔诚上毕，外上四圣供，齐集禅堂合供。此时，大众一进禅堂，就上供毕，各回寮休息。只有三十、初一两天上供，初二无供，初三四圣供。一则诚心一处上供，一则免人放逸。两德具也。……"

　　（2）《自行录》："……普茶并非清茶，兼有果饼各色。茶出赵州，饼兴云门，故有吃块云门饼，喝杯赵州茶，大事毕矣。诚含有禅意在焉。到过年疲于劳碌，大众不吃晚饭，又无放参，平时吃得温饱，过年反饿肚皮。故将初一初二，晚课下殿普茶，改干饭。晚二板普佛下殿，大众吃面。诸人吃得饱，年可过得好，功夫再不忘，不费多时了。此一九三四年事也。"

（3）《自行录》："寺有湖山石若干，屡有人谋，故特设法集于水中之地，堆积石山，诚万古不朽之庄严。有二缘故：一、当处地带，勘定尽是房基，无半方地之闲隙，故搬让地，以便修屋；二、大高花石两座，一块有人出过五千元，一块有人出过三千元，均未变卖。数年前，闻士参观，见到即向我言：'这两块石，不日派人运出，作花园用。'思之好害怕，直言运去，不提其他所以。因此种之关系，故不惜勤苦，设法拖运水中收藏，向后足保万年无虞也。……"

（4）《语录·法语卷四》："民国二十三年元旦日，师拈香云：'此一瓣香，有烟有木，无欠无余，供养十方佛祖、诸大菩萨，伏愿捍邦卫国、永护正法；此一瓣香，性相俱泯，凡圣齐非，供养合郡人民、檀那护法，伏愿拥身三宝、保障伽蓝；此一瓣香，红冶炼出，爇向炉中，供养高旻堂上过去诸祖老和尚及现前两序首领、合院大众，伏愿祥光加被、同护心宗。'敛衣就座，执如意云：'新年佛法不如初，哪个拴心看话头？纵有一时难持久，看来大事几时休。虽然如是，即今元旦良辰，庆赞一句又作么生？'举如意云：'岁首年年庆，吉祥事事成。若问端的旨，出门迎喜神。'执如意下座。

"解制，师拈挂杖云：'立行坚决，废寝忘疲，钵囊高挂，以悟为期。直须三年五载，苦熬岁月。有志高人，以禅堂为出身地，以功用为宏法处，大智如愚，大才若鲁，只逼得功夫无门可入、无路可行，彻底翻过身来，方可得有到家消息。试问诸人脚下事还识得吗？'良久，卓挂杖云：'识得更须勤问道，刹尘劫数莫离斯。虽然如是，即今解制一句作么生道？''结解乃依佛制，何关道人用心！寒暑岁月尽忘，哪问你疏我亲。'下座。

"佛诞日，师拈挂杖云：'释迦世尊于诸佛未降生前早已出世了，云门老汉拟施一棒，未打着痛处。高旻不然，如悉达太子未诞生时，即问他众生之名尚不可得，降胎作么？试问那时被我一问，即忙一手指天，一手指地，曰："天上天下，唯我独尊。"山僧曰："'佛'是闲名，'我'居何处？"诸人可委悉吗？'良久，卓拄杖云：'满地瞿昙人不识，苦将黄叶止儿啼。虽然如是，即今世尊降生良辰，庆赞一句作么生道？释迦老子在诸人眉间上放光动地，大众见吗？'云：'咄！'下座。

"结夏，师拈拄杖云：'蚊子与诸佛体同名别，空土与寂土体别名同，劳动我世尊立制度、禁行脚，也是为蛇添足。谨告诸人，清凉文殊变臭虱，南海观音转蛆虫，面请诸仁一见生灵，慈悲饶命，任是脚跟未动，已丧残生；尘念将蒙，佛已灭度。此事作恁么委悉呢？'良久，卓拄杖云：'护生切莫杀，杀即是伤生。护生须要杀，杀尽始方亲。虽然如是，即今结夏一句作么生道？东村乌鸦啼哭，早知大限临头。莫待佛制必行，慧命从此难救。'下座。

"解夏，师拈拄杖云：'岁月蹉跎又立秋，九旬满后正期头。万里晴空无隔碍，白云低处鬼神愁。即今高旻不入众数，遍地觅一个无心道人了不可得！要知尘尘刹刹尽是清净高旻，何出众数一步！色色空空，无非道人正念，谁云何处无心？'且道：'作恁么委悉呢？'良久，卓拄杖云：'道得出，脑后吃棒；道不出，笑煞山门石狮子，骇得乡下老农夫忙喊救命。咦，石头也会解语？虽然如是，即今解夏一句作么生道？安心静坐莫枯禅，好自坚心着力参。如此始得个入处。'下座。

"贴单，师拈单条云：'道本分明不用修，红纸黑墨有来由。贤圣未成前有此，千佛出世也难求。'且道：'离见闻外还识得吗？如或不然，请在东西两方举头一看是什么？'云：'贴！'

"结制，师拈拄杖云：'衲子本分事向未问着，今开选佛道场，圣凡尽须拣择。任是选出佛来，还须放在大冶红炉烧炼，直使诸佛有脚难跑，祖师有眼难看。一任铜头铁额，熔水如流；一任四圣六凡，灰飞烟灭。赚得念佛是谁一句子，高声笑曰："大好一队佛祖，烧得如下锅螃蟹相似。"'且道：'作恁么回避呢？'良久，卓拄杖云：'立冬月正寒，小阳添一暖。勉汝未明人，大须仔细参。虽然如是，即今结制一句作么生道？点雪红炉休怠慢，淘熔深入紧加功。'下座。

"起七，师执香板云：'过冬打七，万事已毕。大冶红炉，于焉戚戚。莫谓少林无意气，千佛也落夕阳西。'云：'起！'

"佛成道日，师拈拄杖云：'我佛在雪山六年，正是静久思动。三叹奇哉，又令众生动久思静。好个明星！作得改头换面的护生符。高旻不然，众生在未到腊月八日以前有智慧德相，过此日以后，亦有妄想执着。试问世尊未来雪山，明星在什么处呢？'良久，卓拄杖云：'正眼圆明无终始，面南北斗亦非星。每年腊月成故事，顿忘俯仰始相亲。虽然如是，即佛成道日，庆赞一句作么生道？释迦老子在诸人头顶上光明动地，诸人大须仔细！'下座。

"解七，师拈法幢云：'大事功圆理未圆，解期尤着力来参。改面掉头无向背，由来迷悟落三三。不谓死生难了脱，只缘道念贵心专。一旦脚跟离尘地，殿堂何处岂他瞒。'以法幢点地，云：'解！'

"除夕，师拈拄杖云：'末后牢关，尽人难过。唯有本分衲僧，身心不住、生佛无依者，尽可一超直入。不但凡路不行，圣路亦须走过。若论年头年尾、分时分节之人，见梅花随色而去，闻爆竹鼓舞而来，欢天喜地，满脸通红。一直到了今天，正是落锅螃蟹，脚忙手乱在。'且道：'不被世出世间转去，作恁么委悉呢？'良久，卓拄杖云：'落花流水春犹在，彻骨寒风面带忧。虽然如是，即今除夕一句作么生道？爆竹响声，阎罗老子拍案；梅花香处，欠债道者落魂。'下座。"

（5）《高鹤年大德文汇·方外尺素》："鹤公老居士净鉴：顷奉自申来函，敬悉一是。《游访记》事，过蒙爱我，加入琼篇，愧颜之至。唯弟一向时对文字方面疏荒未问，加以事务繁琐，持笔难成章句，而此不美偶成，当承垂取，感犹未释，但恐有不美满、不完全之地点，务乞不吝金玉，即为随意更改，实无容客气也，在弟已无所谓矣。沪上缘册事，前不几日，已派人去接洽，谁略沪上一班，均持水灾赈济，尚顾不暇，则对敝寺工程事早已置之无论矣。更得一亭手书，均作推辞拒绝，毫不接济。观此情形，大无所望。吾兄意下如何未悉，转瞬年关在即，尚不知何以渡之，敝寺困难状况，谅可不告而知。今特恳者，万祈在此前数外，更为无法中设法，无门中入门，则望吾兄施手，庶困围可展，难关得渡。谨此布意上申，唯愿慈悲及念耳。时步天凉，借祝增福增慧。草此不既，顺颂钧安！弟来果和南。"

一九三五年·民国二十四年·乙亥　五十五岁

制订禅堂新规：

（一）每年七月期头，有大进堂者，当要律苦其身，策发其志，不负来者，故两单大帐一齐收洗，如法归藏。如意寮事同一律。

（二）每过年时，除夕、元旦、亚朝，禅堂皆要请散香。大众上单养息，大鱼子止静，不许一人讲话。初二如有公事，可免止静。

（三）每年腊月三十夜，至开大静后，任何人不得出外一步，安心休养，以备全副精神恭迓新年。是夜大殿各处概不准燃香燃灯、烧香烧臂等。至正月初二午后准燃香燃灯、拜佛发愿，唯不闯寮。（《自行录》）

又，因宝塔工程所需，特安电灯。未来塔成，塔上亦拟安电灯供佛。此外，寺内佛灯、蜡烛、洋油三种悉以电灯代之，节省开销。[1]

又，为工程及日用便利等，寺内排设自来水管道，节省开销。[2]

上堂开示，领众参修。[3]

又，释妙善由清众转任方丈寮衣钵，不久进库房任副寺。[4]

注：

（1）《自行录》："……又，为宝塔工程起见，特安电灯。因塔边木跳，多人抬石，极关重要，凡来石匠，只愿出细，不愿抬高。思之，实难勉强。故设法仿上海工程处之办法，用电力缴上，又少危险。加之塔成，塔上拟安电灯供佛，预为一角一灯，一佛一灯。因种种关系故安之，万不料到，非安不可之需要。何以？常住佛灯、蜡烛、洋油，三共价低者，约二千余元，价高约三千余元。电灯一安，三行不用，电费一年不过千余元，每年平均省二千余元。电灯之利，诚大也。……"

（2）《自行录》："……又，用水管者有四：一、各工程用，二、减省人力，三、省用明矾，四、免伤生灵。塔工用水灌浆，各寮不挑不提。凡挑水者，先用明矾，后方能用。大小鱼虾，悉被药死，沉于缸底。因四关系，只图便用，不畏繁琐，计算人工，饭食明矾等，平均摊派，每年约省一百元。此一九三五年事也。"

（3）《语录·法语卷四》："民国二十四年元旦日，师拈香云：'此一瓣香，非木非火非烟，供养十方佛祖、诸大菩萨，伏愿拥护正法、保障僧伦；此一瓣香，即戒即定即慧，供养合郡人民、檀那护法，伏愿尊佛敬法、崇圣重僧；此一瓣香，三学无漏，淘汰薰修，供养高旻堂上过去诸祖老和尚及现前首众，罪从福灭、慧由定生。'敛衣就座，执如意云：'天中塔畔一层高，五大工程且渺茫。切望大家齐着力，擎飞殿阁耸云霄。'且道：'仗谁恩力呢？'双手举如意云：'五路财神一路归，吉祥如意称心为。'下座。

"解制，师拈拄杖云：'佛制原来即古规，并无解结任纡回。泼天门户从人转，得深追处且深追。'且道：'卷之无处，毫厘也须难住，住则有迷，放之无方；寸土亦须扫净，净则云悟，切知身属风尘，心非我有。我尚不得，有亦难存。莫谓迷由本有，悟从人得。不见到灯笼大宣妙义，露柱蹦跳上天。试问诸人可委悉吗？'良久，卓拄杖云：'海底泥牛吃月，石虎踞地养儿。虽然如是，即今解制一句怎么生道？无孔铁笛乱吹，切忌患聋者听。'下座。

"佛诞日，师拈拄杖云：'大好一片山河被这瞿昙弄得天翻地覆，不怪云门愤而用棒，致使高旻也抱不平。山僧那时若在，直候我佛将生之际，随即着人把未生以前之处彻底掀扬，直教无众生之相可见，无诸佛之名可闻。'且道：'山僧与云门相去多少呢？'良久，卓拄杖云：'铁面无私不顺人，独步当阳作么生。今后儿孙齐礼足，大声称赞我慈尊。虽然如是，即今如来降生良辰，庆赞一句怎么生道？世尊生也，大地众生切莫错认定盘星。'下座。

"结夏，师拈拄杖云：'山僧昨日在坡场中，见只蛤蟆偶被一条青蛇咬住，念曰："阻之则伤义，不救则伤慈。悲乎！昏昏大地，蠢蠢含灵，建立一个'苦'字上。"山僧深研这一"苦"字，不由泪下！直须见到他苦，谁能见到我比他更苦。何以？不知苦者且置，我等知得苦者，不但不肯出苦，尚要肯苦。如斯直待千佛出世，尤难解脱！试问诸人作恁么委悉呢？'良久，卓拄杖云：'会得护生先息念，当知未护早尤生。虽然如是，即今结夏一句怎么生道？突吉尸罗曾未犯，从今禁足好安居。'下座。

"解夏，师拈拄杖云：'道非悟不明，理非证不真。能证之真，又非苦参不可。'且道：'吃饭，口口吞着，未嚼一粒米；穿衣，件件披着，未挂一寸纱。任是佛祖也难说得一个"非"字。咦，好大奇！既不是"非"，定必即"是"。"是"若不是，"非"亦成非。离开"是非"，佛祖不会。试问诸人，舌挂壁上，说话的是什么人呢？'良久，卓拄杖云：'纵饶口吸大地，身遍虚空，收归高旻，只许一个门外汉。虽然如是，即今解夏一句作么生道？九旬禁足即安居，勿使含灵稍有害。秋风一阵落梧枝，衲子归心将有待。'下座。

"贴单，师拈单条云：'大而无外，见之者色遍虚空；小而无内，闻之者声齐宇宙。'且道：'离见闻外，以谁为我？今天把你挂在壁上，再向汝道。'云：'贴！'

"结制，师拈拄杖云：'今天向达摩祖师家里借一只大冶红炉，抬到高旻寺内，放在道海堂中，这些西天四七、东土二三的一般老古椎，吓得魂飞天外！直饶释迦老子也跟到他们惊起来了，即大声道："请你留我一个字脚。"高旻听得，大吼一声曰："任是千佛万祖，不容有一毫骨在！烧你成灰，送在大风头上，灰也扬尽，才许高旻出一口冷气！"试问诸人可会吗？'良久，卓拄杖云：'清净本来无一事，只缘未尽圣凡心。虽然如是，即今结制一句作么生道？正是出头期已至，好将脚下快追寻。'下座。

"起七，师执香板云：'这一个疑团，从无量劫来，无人知道。今在道海堂中，觌面相逢，请大众尽力痛打。直打得虚空喊救命，大地喊生疼。更加猛劲。咄！大众齐出力，扶起破沙盆。'云：'起！'

"佛成道日，师拈拄杖云：'"道"之一字，笑落天下人牙齿。我佛于腊月八夜，未觌星前，面目如何？既觌星后，面目又如何？未审三千年前后又如何？要知黄叶止儿啼，莫与黄金为儿戏。试问大众作怎么分析呢？'良久，卓拄杖云：'直许众生妄想执着，非佛悟道，难以了知。高旻下一注脚看，任是诸佛，神通再大，于十法界觅一"悟"字尚不可得，道为谁属？虽然如是，即今世尊成道良辰，庆赞一句作么生道？雪山岩内老婆心，带累后人难追悔。'下座。

"解七，师拈法幢云：'不是一番寒彻骨，哪有梅花格外香。'且道:'大众,赤风霜之脚,卧白雪之床,热既难存,冷从何有?莫谓苦辛容易得,直饶佛祖也称奇。'且道:'还有事吗?'良久,以法幢点地云:'殿堂莫作寻常看,谁知步步有佳音。'云:'解!'

"除夕,师拈拄杖云:'一天忙到晚,一年忙到头,虽是俗语气味,还要有心禅和方才识得。万虑全空,可惜还有一个知空的人未曾认着。好害怕!知空人的本事恐千佛力量都不如他。且看他到今天三十日夜,奄奄被阎罗老子一拖就去,逃脱力量总没有。试问大众,到这时向什么处躲呢?'良久,卓拄杖云:'一声爆竹掩住小鬼耳朵。虽然如是,即今除夕一句作么生道?万朵梅花,遮断阎罗眼睛。'下座。"

(4)《妙善大师年谱》:"出禅堂接任方丈寮衣钵。继任库房副寺之职,专司外出收租;而时局不靖,收租时几遇惊险。"

一九三六年·民国二十五年·丙子　五十六岁

每年十月十五日打禅七,大众为"吃禅七包子",前后是非丛生、内外不安,鉴此积弊,"禅七包子"一免永净。[1]

又,旧例七期中每晚四支香开静,众人齐到斋堂吃麻油饭,今改为每晚六支香在禅堂吃。养息香开静吃干饭,六支香开静吃麻油饭。定为规约。(《自行录》)

秋,致函高鹤年居士慰问病情。[2]

冬,兴建高旻寺围墙,以明边际、防范内外。[3]

上堂开示,领众参修。[4]

又,释妙善任职库房,勉力操劳,精明强干,为谱主所重。

注:

(1)《自行录》："每年十月十五日，打禅七前，所办各物，所忙多人，所用各费，当不在少。每有人言：打七定要吃包子，否则不名打七。此语不值一驳，实因包子手续过分麻烦，原为减少杂事，成就行人用功。每做包子时，有青菜太老者，有菜未剁细者，有油太少者，云包心太淡者，云包子未熟透者，云包子比往年小者；又有库执怪小工不办好者，又禅堂执事怪库房太马虎者，足可以说，一天到晚，尽是闹包子，弄得清众发笑，惹得常住生愁，因吃包子，扰乱常住，内外不安。加之有私藏送礼者，有瞒人送寺外者。一日，我在山门外有事，见有闲寮一位，溜出山门，我即拦住云：'你又送包子与在家人吃吧。'他云：'我没有。'假用两手佯拍，十几个包子一齐滚地。嗟曰：'丛林猥弊，何法除清？'直令包子一齐送寺，随即送到普同塔住，亦因包子关系也。由是，有害无利之包子，一免干净。……"

《来老轶事》："我们这个山门口有个住家户，他夏天卖茶，夫妻两个，还带两三个小孩在那里，生活很困难。我们这个庙里头有个敲板的，就是打更的，经常往外头去，他们就熟悉了。早上我们过堂吃饭，有时候蒸包子，在斋堂的时候过堂吃饭都要念经，念过以后有巡堂的发包子，一个、两个，有时候三个、四个。他吃过了，再要，要以后就把这个包子揣到海青里面，干什么呢？他把这个包子送到山门口，给他们这家人吃饭。老和尚知道后跟侍者说，你到大门口天王殿去看看，你说：'某人出来！'你给我把他拦下来，把他袖口里的东西拿出来。侍者按照吩咐到那里等着，果然，早饭吃过没多少时间，他来了。'这位师傅站住，你那里是什么东西啊？''……那个困难，……送给他去吃。''不行、不行！拿回去。我们来老说了，要你把包子拿回去，这是寺庙的东西，怎么能拿给人家吃呢，而且你这个等于是犯偷盗戒啊。'包子拿回去了，但没受处罚。这个我是听老师傅讲的，我们的禅老说：来老开悟了，有这个慧眼。"

(2)《高鹤年大德文汇·方外尺素》："鹤公老兄慧鉴：正拟修

书请好，何幸惠我先颁，且喜且愧。捧读手札，再三环悉，知老兄于近十余年，为众生苦，念灾情重，设法拯济，星月奔驰，疲劳尽瘁，致伤身躯而染恙，尤老兄之如是为人苛己，上天何不怜人之甚，亦可慨矣。弟恨不能插翅飞来，尽倾离绪，以问痊安。乃弟身为事缠，难抽一刻之暇，是知我者亦必谅我者也。老兄凡事勤始善终，安老院之组织宏伟，规模森严，为妇女造幸福、安终身，衔沐老兄之恩德者，当在不计量中。更在万分困难为敝寺吹嘘不懈，是又感之莫及者。老兄遗言备悉，颇见老兄为人真诚，做事周到。而承老兄推爱，忝列末席，感愧，感愧！原来三纸仍附上，请查收。唯望病体稍慰，即请来吴修养。数十年苦行持，尤当深惜之。敝寺今年秋收亦不甚佳，总雨水之较多耳。金风初拂，珍摄万千。不备，敬请痊安！弟来果谨具。"

（3）见《自行录》一九三七年记事。

（4）《语录·法语卷四》："民国二十五年元旦日，师拈香云：'此一瓣香，栴檀木质，芬馥飘扬，供养十方佛祖、诸大菩萨，伏愿国运与佛运并行、世轮与法轮同转；此一瓣香，有声有色，即火即烟，供养合郡人民、檀那护法，伏愿为僧众檀施、作道人辅助；此一瓣香，泥土混合，瓦砾薰成，供养本寺堂上过去诸祖老和尚及现前两序首领、合院大众，福高慧足，行证圆融。'敛衣就座，执如意云：'二五五十六，命年同时走。撞着天中塔，工程真辣手。不恨我与人，只怪金成土。大众只要有比黄金还坚的志愿，久之千折不回，万变不动，自然黄土变黄金，不为难事。要得大工就范，请先到山门外欢迎喜神去。'执如意下座。

"解制，师拈拄杖云：'开眼做大梦，动脚碰倒人。相逢不相识，识得莫为真。若潜心参究，物我顿忘，任是万妄业中，只知尽是个念佛是谁。除此别无他念。纵在百人众内，不见有一人，全是疑情未断。如此行去，何分岁月，哪有自他。试问大众，这样功夫还有吗？'良久，一喝云：'任你寸丝不挂，直许你是个不翻大业识的人。虽然如是，即今解制一句作么生道？春草萌芽念念生，觉来歇处义难明。绵密行持无间歇，前途不问路多程。'下座。

"佛诞日，师拈拄杖云：'未生以前，大地众生本有佛性；既生以后，蠢动含灵亦有佛性。世尊下兜率降皇宫作么？明眼人前，瞒他不得。莫谓悉达太子一手指天，一手指地，据云："天上天下，唯我独尊。"高旻不然，山僧旁通一线道："觉满十方无人我，看来何处不称尊。"诸人可会吗？'良久，卓拄杖云：'从黄面老子出世后，弄得后代儿孙东奔西走。虽然如是，即今佛诞良辰，庆赞一句作么生道？不是渔夫引，怎得见波涛。打失娘生面，斗金亦易销。'下座。

"结夏，师拈拄杖云：'律制森严，勿容稍懈。昔日文殊禁足私出度夏，尚被迦叶白槌责摈，不是大智神通敏捷，满空文殊，逃出无路。佛世尚然，今日何异？即今护生期间，正汝安居守制。念不宜生，心无走滞。与虫蚁为朋，与含灵一致。无头无足，离他离自。试问诸人，脚跟动后，作怎么委悉呢？'良久，卓拄杖云：'举足下足，尤不知足。若知有足，伤生无数。虽然如是，即今结夏一句作么生道？莫谓绿苔无佛性，步步伤生草亦疼。'下座。

"解夏，师拈拄杖云：'火热炎天已过，凉风清冷将来。祝融已返深山，莫谓金乌飞快。'且道：'正是衲僧家纷纷为己事之际，欲得眼底无人，脚跟有我，终是承虚接向汉。举目看来，恰如农村里忙婆婆相似。高旻不然，护无护之生，解无解之夏。吃无米之饭，喝无水之茶。试问诸人作何领会呢？'良久，卓拄杖云：'捉住海底泥牛，放去胸中明月。逃出佛祖牢笼，散步真如尘惑。虽然如是，即今解夏一句作么生道？要知张公吃酒李公醉，且看南方起云，北方下雨。'下座。

"贴单，师拈单条云：'这一堆假名词，非真非妄，若有若无，任诸佛之智眼难睹，纵祖师之慧力难分。置劫火不能燃，入深渊不能没。阎罗老子抓不住，释迦老子留不住。今日被山僧两手捧住。'且道：'作怎么委悉呢？'良久，震威一喝云：'当阳指示，

独露禅机。'云：'贴！'

"结制，师拈拄杖云：'芙蓉花艳，篱菊藏青。百树脱衣，孤松添彩。诚西来意大，妙旨功深。满堂衲子，龙象狰狞。暖坐蒲团，寒加霜雪。同唱拈花之曲，共挽迦叶之衣。个中还有与高旻出力者吗？必向火炉中烧过八七转后，山僧方许相见。试问诸人，烧过什么呢？'良久，卓拄杖云：'如来禅，是中非；祖师关，非中是。坐断两途，中边不住。虽然如是，即今结制一句作么生道？烈焰炉中火，锻出古佛心。脱体全忘后，未是本来人。'下座。

"起七，师执香板云：'选佛场开始，圣凡回避难。打破虚空看，未是祖师关。直到禹门三汲浪，猛然平地一身翻。'云：'起！'

"佛成道日，师拈拄杖云：'世尊成佛、坐道场、入涅槃一段大事因缘，皆由腊月八夜错认定盘星。直到而今，惑南为北，指西话东，忙得吾人，神不安宁，心不自在。回忆雪山崖下，灿烂星珠，光遍十方，照周法界。'且道：'高旻微焰尚不能得觑，岂奈众生何？山僧昨在水塘边，拾得一条死鳝鱼，即大声叫喊道："蠢动含灵，皆有佛性。请问路人，这个有佛性也无？"伊不能答。山僧大叹三声曰："由斯妄想执着，今得系埋泥里。"试问诸人可会吗？'良久，卓拄杖云：'莫谓智慧从他悟，先由德相证如来。虽然如是，即今佛成道良辰，庆赞一句作么生道？说法度生已，全凭一点星。'下座。

"解七，师拈法幢云：'三藏十二部经文，一千七百公案，被这大冶红炉烧却，十方诸佛，历代祖师，同在火光里觅出路不得。'且道：'锻佛炼祖事作何领会呢？'良久云：'棒下无私句，分明说向君。八七圆满后，殿堂且认真。'以法幢点地，云：'解！'

"除夕，师拈拄杖云：'铁壁银墙，任是佛祖难过；年穷月尽，直饶丐者忘饥。这一着子满世间人未曾想到。无量劫至今，人非人道皆未离此日一步。今日又过此日，似与我无关痛痒。即今好大关头，牢笼法界，高旻别开一线生路，直任人人往返无碍，幸得各各出入通行。'且道：'仗谁恩力呢？'良久，卓拄杖云：'无佛路上觅归程，踏破旧家皆总得。虽然如是，即今除夕一句作么生道？响到空中知爆竹，香从风里识梅花。'下座。"

一九三七年·民国二十六年·丁丑　五十七岁

旧例每年正月十六、七月十六两期更换执事，散发单银，行人因此难以积功。今改三年一期，勉人培福、埋头修学。(1)

又，修改禅堂开示、斋堂洗碗等细则。(2)

七月，高旻寺围墙建成，时局倾危，立显功效，一时传为美谈。(3)

七月间，前弟子净参托梦求为开缸，开缸后得端正不腐肉身，乃为装金、入龛，并嘱"安心修道"。(4)

上堂开示，领众参修。(5)

又，释妙善、释德林离寺参方，(6)释本焕离寺朝五台。(7)

注：

（1）《自行录》："常住首众各执，旧例每年两期，正月十六、七月十六，更换执事，散发单银，上古迄今，未稍更动。我见此例，大与行人培福修慧最关得失。古人行行，动经几十年；世尊因中，当围头九十劫之长期。仿我六个月一换，似辜负天下人不少。故毅然改六个月一期为三年一期。世间百工技艺，总以三年为出师期，果人呆笨，四五年修学不等。类如学六个月木匠，锯不会用，再学剃头，刀不会拿，弄到一生无吃饭处，可乎？我等之学，无名无相，无下手处，无捞摸处，理应加三倍之学，方为合格。不但不加，反而减少，其可得乎？高旻今后，三年满期，方散单银，少一天不可。一则，强勉多培福慧多修圣因；一则，免一年二次麻烦，人皆厌之。此例一兴，埋头三年，毫无他念，不亦快乎。……"

（2）《自行录》："……又，每年九月十五加香后，至十二月十三解七，七期中，和尚班首，旧例讲开示，走清众外圈。每有年轻道心稍次者，三五私谈，或放逸等事，致令执事见之，清众受屈，执事劳神。加之门外有人听者，转到顶后，不易听清。故改和尚班首，围佛龛讲；维那表堂，站本位讲。又，每逢十四三十两日，洗擦碗筷，多劳大众，执事稍离，即便放逸，殊与道违。故改在如意寮廊下，香灯司水，副当监值，正巡散香，冬天八人，夏天六人，急为办好，进堂坐香。执事当要时而查之，免谈心放逸也。……"

（3）《自行录》："……又，一寺之范围，以墙围之，方能就范，否则漫无防堵，外者犯不胜犯，内者防不胜防。佛制行人，灭除诸过，偷僧伽物，过恶倍大。所以只与人增福，不与人以罪，皆行菩萨道也。周围一转围墙，一九三六年冬动工，至一九三七年七月圆满。不九闰月，国际风云，陡至扬州，全仗围墙，安然无事。常住享极度平安，毫无其他损失。虽是围墙之利，大都佛天冥中拥护，二六吉祥。路人见而笑曰：'你会八卦吗？知其时而作其事，最为恰当。'我回答云：'此乃工程必需之事，未为奇特。'欢呼而散。此一九三七年事也。"

又，《语录·大悲缘起卷六》："第四愿，伽蓝肃静，海众安和，禅侣共修六和，僧房远蔽凶侵。"

（4）《异行录·托梦开缸》："净参于民国十七年九月二十四日戌时入灭，应当在二十年开缸。因未能信及，且余善忘，一搁九年，至二十六年七月，梦净参来催我云：'我不愿住那里，我要出来。'我闻说一惊，梦中自思净参死了八九年，未曾梦过，今何以忽有所要求。因问曰：'你莫是净参吗？'他云：'是的。''现住哪里？'他云：'和尚忘了吗？'四板一响，醒知是梦。其时，日间正计划拆墙装修等事，不复忆及梦事。次夜，彼复来云：'我是净参，我不愿住那里。'并引我去，直到缸前，用手指缸云：'我要出来。'向我一拜而隐。我醒时汗流泱背，乃忆及彼前嘱我三年开缸事。时光荏苒，屈指计算，现已九年。今梦催出缸，谅肉身尚存。至起缸时，众人嗤曰：'烂了烂了，散了散了。'因众人不知我有梦兆。待缸盖掀开，清香扑鼻，全身铁硬。及抬至法堂，头稍偏，即用绳带正。夜来又梦净参哭曰：'绳捆我头难看。'余即答云：'明日为汝解去。'至次日，将绳解下，一扳即正。乡下男女闻知此事，来看者、来求方者、来问签者，络绎于途。我即嘱净参曰："你要安心修道，不得在外医病，不许有人来寺打锣鼓、放爆竹，有妨禅念。"自嘱咐后，即无俗人到寺来找肉身菩萨者。装金后，安坐龛内，威仪端正。间有人言曾闻其夜间下来行香、上去盘腿之响动声。"

（5）《语录·法语卷四》："民国二十六年元旦日，师拈香云：'此一瓣香，通天通地，彻法彻心，供养十方佛祖、诸大菩萨，伏愿正法久住、禅道遐昌；此一瓣香，和盘托出，尽力掀扬，供养全国人民、檀那护法，伏愿人民安乐、五谷丰登；此一瓣香，疑团打破，蓦地苏来，供养高旻堂上过去诸祖老和尚及现前两序首领、合院大众，伏愿慧同杲日、福逾须弥。'敛衣就座，执如意云：'白须黑发老山僧，道向诸人岁与庚，正逢二六五十七，天中塔畔苦依稀。'且道：'若作我会，正是大年初一；若作人会，又是元旦新岁。究竟向哪里开口呢？'良久，以如意横献云：'横挑如意过新年，直向五大工程去。仰劳大众紧追随，奋勇直行前不顾。'下座。

"解制，师拈拄杖云：'尽大地是沙门一只眼，高旻不然，尽大地是高旻一只口。'且道：'古今两个舌头，哪个挂在壁上？有志于道的人，锋芒迅对，函盖相投。不然，稍一停思，白云万里。至尔伤锋犯手大有人在。惜乎！终日茫茫，杳无归宿。能在道海堂内、大众会中死去三十年，终有大活之一日！咦，离却世界身心，作么生活去？试问诸人可委悉吗？'良久，卓拄杖云：'元旦已过，元宵又来。灯烛辉煌呈瑞象，满天风月映春光。虽然如是，即今解制一句作么生道？红梅一片香千里，苦住三年满一期。稳定脚跟行个事，踏翻沙界世称奇。'下座。

"佛诞日，师拈挂杖云：'未生前觅一佛字不可得，况其他耶？虚空内外，法界圣凡，大似黑海波涛，风催浪涌，洪水满天。一旦觉来，全然梦事。不但悉达太子无出身处，任是云门老汉，只许一场败阙。试问诸人可会吗？'良久，卓挂杖云：'世尊降生也，周行七步，目顾四方曰："天上天下，唯吾独尊。"山僧仔细看来，如来未免带点客气在。虽然如是，即今佛诞良辰，庆赞一句作么生道？一生无二主，法界尽归从。识得如来面，大地即虚空。'下座。

"结夏，师拈挂杖云：'惜乎优波离尊者在佛世时，虽称持戒第一，气压当时，雄该后世，只知制戒，不知制生何也。能使大地众生一生不生，众生何有？一众无生，戒从何制？斯真制戒也。'且道：'蠢动含灵，异类种生，从何处有呢？'良久，卓挂杖云：'佛眼虽明，难睹众生边际。高旻今日为优尊者出一口气看。护生先护心，制念真制戒。虽然如是，即今升座结夏一句作么生道？青苔绿草皆生命，臭虱蚊虫我导师。'下座。

"解夏，师拈挂杖云：'虚空闲居世外，大地未作山河。寒向何来，暑从何生？即今秋令传从梧叶，未免太煞现成。'且道：'衲子行上事能有沾滞者吗？稍一停思，凉风已至。试问诸人涉足处作恁么了解呢？'良久，卓挂杖云：'任是飓岚风再大，只须当人一念收。虽然如是，即今解夏一句作么生道？虚空影，幻泡影，有心有影；铜铁响，雷炮响，无心响无。直到影响不及处，生佛不到处。疑情绵密，不顾身心。顿了当前，方为出世功夫。'下座。

"贴单，师拈单条云：'名之一字，任是佛祖也难免却，岂奈众生何？高旻不然，离圣凡窠，泯法界见，置虚名于墙壁，了幻相于堂中。'且道：'作么生领会呢？'以单条高举云：'十称具足如来事，承当难透祖师关。'云：'贴！'

"结制，师拈挂杖云：'这一棒将炼佛锻祖的红炉打破，尽行抛向虚空界外，一毫渣滓不能留着。觅个字脚，了不可得。'且道：'诸人于选佛场中，求佛是，求炉是？果然不会，问取三家村里老农夫，自与道个当阳消息。大众可会吗？'良久，卓拄杖云：'烈焰飞腾火乱烧，文殊眼内起红泡。只待皮肤脱落尽，赚得南泉错斩猫。虽然如是，即今结制升座一句作么生道？若是闲学能会得，大须埋没祖师心。'下座。

"起七，师执香板云：'扬天揭地未为能，直饶扭住锁空绳。任是太虚全粉碎，难酬临济老婆心。咄！猛向前，莫贪着，一旦豁然明个事，三千佛祖也請誠。'云：'起！'

"佛成道日，师拈拄杖云：'老瞿昙只怕人，不怕冷，错将六年雪山枯坐，赚得后代儿孙呵佛骂祖，拽把拖犁。高旻抱气不平久矣。加之睹星悟道，又是一场败阙。仔细看来，不云无事，即曰多事。试问诸人作何见解呢？'良久，卓拄杖云：'不到雪山，哪能悟道。明星睹后，连叹奇哉。不是众生多妄想，何妨大地尽如来。虽然如是，即今世尊成道良辰，庆赞一句作么生道？执着执着，奇哉奇哉！'下座。

"解七，师拈法幢云：'起七以前，眉横眼上。解七以后，舌居口中。莫谓公案出自现成，只缘眉毛拖地，触动龙王；舌挂壁中，笑煞罗汉。试问诸人可委悉吗？'震威一喝云：'动天地、感鬼神并非大事，若也不会，直待洗脚后，再向汝道。'以法幢点地，云：'解！'

"除夕，师拈拄杖举俗语云：'万事随缘了，到头总是空。此语三岁孩童能讲得，八十老人难行得。今日诸人随缘可了否？到头能空否？直到水尽山穷、年残日极，依然还我，了也了不得，空也空不得。试问诸人作何委悉呢？'良久，卓拄杖云：'铁面阎君无情，链子一锁就上，拖到就跑。果有出格汉子，闻爆竹声，翻然垂手；睹梅花蕊，凡圣销熔，不妨大吹无孔笛子，好过当阳新岁。虽然如是，即今除夕升座一句作么生道？片片腊梅呈雪岭，飒飒冰风增夜寒。'下座。"

（6）《妙善大师年谱》："向道心切，不欲沉于寺务，遂离高旻寺。入住常州天宁寺禅堂，一心参究，被请为堂主。"

《高旻堂上中兴寺主上德下林老和尚塔铭》："一九三七年曾于苏州穹窿山寺闭关潜修。"

（7）《释本焕》："时年三十岁的本焕长老一心要完成朝拜的宿愿，此时的他跟来果和尚修行了七年，可出任住持寺务了，但是，他在武汉完成四千多银圆化缘任务，交高旻寺采购修建寺院木料之后，从汉口乘火车北上，直达河北正定。旋即由正定（案：临济寺）起香，三步一叩，五步一拜，朝拜五台。"

案：

一九三七年，"八一三"淞沪战争爆发，不少国军伤员被送往扬州治疗，临时伤兵医院设在天宁寺内。及至九月，天宁寺收治伤兵已达五百余人。淞沪一役后，沪宁沿线城镇相继沦陷，扬州形势急趋紧迫，天宁寺中伤员凡能行动者均已撤离，唯余五十九名重伤员留住。十二月十三日凌晨，日军松井师团天谷支队沿镇扬公路向扬州进犯，遭国民党常恩多部两支营队迎头痛击，无奈实力悬殊，扬州抗日第一战以失败告终。当天，国民政府首都南京沦陷。十六日晨，日军冲进天宁寺搜查伤兵，全部伤兵及部分僧人惨遭杀害。

一九三八年·民国二十七年·戊寅　五十八岁

观机设教，改订规约，以冬七一番辛苦、人人足够，春七暂免。[1]

苦心孤诣，为保众慧命及甄选法才故，出题数十则，令合寺首众各人自取、作文陈见，以备于将来。[2]

又，规定凡诵戒、表堂或宣规约时，内外首众概须到堂，以全参学、克尽本分。[3]

又，释妙善离寺参方撄疾，回高旻挂搭修养，前后迁延数年，谱主慈悲，命其闭"方便关"，医药巨费等，悉数承担。(4)

上堂开示，领众参修。(5)

注：

(1)《自行录》："冬七五十六天，一番辛苦，人人足而够之，再云打七，多数畏而想溜。前订规约，春七决要照办，不可一年减少，今又免之，岂不出乎尔反乎尔？非也！必观机设教，因事制宜，否则徒劳无益。故将正月初七起七至本月二十一日解七暂免。如居众人多，或护法决意，不能辞却者，仅可随时随事行之。"

(2)《自行录》："……又，人被风云雷雨骇得无藏躲处，置性命于草芥。冷观诸仁者，心地学术未深，念诵经文亦浅，偶被他人一问，答得出准存，答不出准亡。思之设何法以救之，虽是我心，理想而成，将恐难免事实。故特于大众前，令人将一生所有伎俩及全副精神和盘托出。外面仅是作文，实际有切肤关系，故预出文题数十则，各人自取一则，举似当阳，能否达到本分，一见而知，为选人才料。一则文之浅深，见地有无，对于将来，能否担任难事？知之者，佛法前途将无他虑。直令合寺首众作文陈见，乃我为大众善保安全苦衷，为法为人之道，过无不及也……。"

(3)《自行录》："……又，内外首众每诵戒时，及每月四次表堂时，加之一年四次宣规约，除公事及老堂外，任何人概要到堂，否则违犯共住清规。此亦成全人之参学，亦尽各人自己责任。常有法规策励，触目惊心，加得几分道心，消得几分业障，自己参学必也周到，常住规矩亦也无违，正自他兼利，始具参学之人面目，此一九三八年事也。"

(4)《妙善大师年谱》："住常州天宁寺禅堂，被请为后堂。因用功过度，染上肺疾，多次吐血。蒙来果和尚眷顾，接回高旻寺命闭方便关，期间'不念佛、不参禅、不看书、不做事，一切放下'。"

又，《语录·法语卷四》："为妙善书记大师封关。师拈封条云：'十方无壁落，何处觅遮拦？打扫心空地，常参关外禅。且道梵语首楞严，此名一切事究竟坚固。试问坚固之道，作何行履呢？'良久一喝云：'虚空内外尽此身，大地微尘亦自心，试看关居谁自得，超然物外问当人。即今本寺妙善书记大师，掩关邗上，办道黄湾，专为大事不明，深究楞严密旨，一旦打破关来，必定了生脱死。虽然如是，即今封关一句，又作么生？'卓拄杖云：'得力时无人无我，悟过来超圣超凡。'云：'封!'"

（5）《语录·法语卷四》："民国二十七年元旦日，师拈香云：'此一瓣香，祥云缥缈，气馥尘寰，供养十方佛祖、诸大菩萨，伏愿法门巩固、禅道遐昌；此一瓣香，无烟无火，遍刹遍尘，供养合郡人民、檀那护法，伏愿干戈永息、国泰民安；此一瓣香，红炉锻炼，烈火淘熔，供养高旻堂上过去诸祖老和尚及现前两序首领、合院大众，伏愿道与日进、德并时增。'敛衣就座，执如意云：'九层塔址一层高，境遇风云满世朝。五大工程尤被阻，嗟吁哪日拥宵霄。不见到，万刃丛中过，千峰荆棘来。惨淡经营消午夜，不祯祥处是祯祥。'以手举如意云：'天中塔在如意头上，庆祝五大工程继续成功，实如其意也！'下座。

"解制，师拈拄杖云：'大好一片山河，惜被虚空盖却。还有具眼衲僧，拈得一二句出头语吗？不然，高旻代为旁通一线看，唤起山门石狮子，便向道："汝其痴甚！何不啸天啸地去也。"闻之就地翻腾，涌身空外，大喊道："如是如是！"'且道：'高旻具何手眼，直令石头狮子一喊就跑？试问诸人可会吗？'良久，卓拄杖云：'一手捉败德山，两眼觑穿临济。虽然如是，即今解制升座一句怎么生道？悟无南北，迷有东西。乱动脚跟，触途成滞。'下座。

"佛诞日，师拈拄杖云：'兜率皇宫本无二处，入胎出胎形似两人。直使虚空未立大地未生时，众生之名尚不可得，诸佛之事安将寄乎？嗟夫！一念有差，法界区别，由是众生生而复生，诸佛佛而又佛，轮转将来，依于胡底？不若将生佛出生之处一拳打破，直饶圣凡俱泯，空有齐倾，尤较云门省事也。放眼窥来，净饭王家一段因缘仅成剩事。试问诸人可委悉吗？'良久，卓拄杖云：'世尊生也，指天指地在。虽然如是，即今佛诞良辰，庆赞一句作么生道？粉骨碎身未足酬，一句了然恩总报。'下座。

"结夏，师拈拄杖云：'古有比丘行路，不得知有脚声。有则令其地痛。斯是真持无作心地戒。佛制安居，恐践生灵，致伤慈德。今之丛林，效法前规者鲜矣！高旻不然，护生必先止杀，杀止自然无生。'且道：'一佛未成以前，一生未生以先，作么生结夏呢？'良久，卓拄杖云：'泛澜绿波皆妙性，空飞地走尽佛身。虽然如是，即今结夏一句作么生道？蚂蚁虽细心非细，青草无知却有知。并与拄杖同一体，方是菓湾禁足时。'下座。

"解夏，师拈拄杖云：'解夏非为他事，自恣力办已躬。百二十天将竟，梧桐又动凉风。'且道：'此界他方同在虚空建立，虚空住址竟在何处安藏？脚跟点地禅人不难道出。能如是放身有所，则本来面目古佛。未离当阳一步，头头显露，物物全彰。放去则龟毛兔角狰狞，惊动露柱灯笼远避三舍，骇得山门狮子大喊苍天。诸人可会吗？'良久，卓拄杖云：'直使鼻孔撩天汉子尚未梦见在。虽然如是，即今解夏一句作么生道？一尘觉破心非实，半念能空佛也虚。'下座。

"贴单，师拈单条云：'这一把纸与这一堆墨山僧一手捧起，见者无非佛事，闻者无非法音。试问置色声于空外，了闻见于心中，作么生领会呢？'良久，震威一喝云：'拈一草即心，敲一响即性。若也不会，任我打开，各自荐取始得。'云：'贴！'

"结制，师拈拄杖云：'小阳天气正冬时，衲子融融棒喝施。一座红炉熔岁月，闲嗟野菊露枯枝。今年油贵米贵，柴炭也贵。喜得诸佛眉毛拖地，不然又同山僧一炉烧却。试问诸人烧个什么呢？'良久，卓拄杖云：'烈焰通红火乱飞，顽铜废铁也成灰。脚下无私难容土，翻身脑后猛加椎。虽然如是，即今结制升座一句作么生道？宏开炉鞴事非常，咐嘱行人尽力忙。一朝打破娘生面，芙蓉花蕊送春香。'下座。

"起七，师执香板云：'迷路茫茫久未归，归来又是镜中灰。痛棒打翻无觅处，扬天掀地尽皆非。咄！猛向前，努力追，莫向佛祖问是谁。男儿自有冲霄志，打破牢关这一回。'云：'起！'

"佛成道日，师拈拄杖云：'老瞿昙被这雪山盖却，闷了六年，今日方出一口冷气。直令我后代儿孙脚忙手乱。高旻险些遇着，不然同埋一土去也。山僧今日举扬个事，智慧德相即是东海乌龟，妄想执着正是南山麻雀。直语诸人，会者智慧，不会者执着。'且道：'良辰晃耀垂千古，悟道从来打失星。昨夜满天光灿烂，今朝又是覆乌云。试问诸人可会吗？'良久，卓拄杖云：'张家死人，李家开悼。莫谓不亲，大家同道。虽然如是，即今世尊成道良辰，庆赞一句作么生道？雪山一句子，出口已嫌迟。能作如是会，不许知者知。'下座。

"解七，师拈法幢云：'打七不如解七，八七不如了七。会者头头是道，步步全真；不会者念念闻声，心心见色。'且道：'作恁么委悉呢？'良久，举法幢云：'功归实际，道不虚行。一句染心，终成佛种。一言入耳，定是嘉因。欲得正眼豁开，上殿过堂，切莫放过。'以法幢点地，云：'解！'

"除夕，师拈拄杖云：'每月有个三十日，竟无人问，亦无拈颂，并不关怀。唯腊月三十日到来，轰动天下人。各事总比平日加忙，忙到过此一天，依旧还是这一天。'且道：'衲僧分中别是一天在。何故？岁月蹉跎去复还，前三三与后三三。鞭起泥牛忙吃草，乌龟依旧硬衣衫。试问诸人可会吗？'良久，卓拄杖云：'且看寸香能销斗金之禅师，一手捧虚空，一手擒大地，去留任意，卷舒自如。此之作略，不但年过节亦过也。虽然如是，即今除夕升座一句作么生道？五殿阎罗愁爆竹，无常小鬼笑梅花。'下座。"

一九三九年·民国二十八年·己卯　五十九岁

重申高旻寺纯为禅宗门庭，只许坐香，其他闭关、般舟行、念佛七、持午、讲经、学社、学戒堂、大小经忏佛事及焰口等，概与"专门"相抵触故，一禁干净。[1]

又，各寮旧例，每月发放佛香、灯油、蜡烛、草纸等，奈何寺穷物贵，不免有暗处私藏者，因改随用随发，恐其一病通同。[2]

又，见时人根性薄弱，唯从权调处，令久安心，乃订解七后，日所行事仍复加香前之规则，以减少负担，增加休息。[3]

至此，二十年苦心孤诣，虽人心陷溺，犹不避世讥，调整门庭、符机契理、匡定恒规，确立高旻禅宗道场，务求今世深植善因，但愿他世永宏斯道。[4]

上堂开示，领众参修。[5]

注：

（1）《自行录》："高旻为专门禅宗，尽人来寺，只许坐香，为接人利器。其他闭关、般舟行、念佛七、持午、讲经、学社、学戒堂、大小经忏佛事及焰口等等概与专门相抵触，一禁干净，宁沿门讨饭，万不能做破专门事。再则，愿作粥饭僧可以，若作破坏专门禅宗罪魁，万不可以，否则有堕地狱之速报在焉。"

（2）《自行录》："……又，各寮旧例，每月十四、三十两次发佛香、灯油、蜡烛、草纸，深有年代。近因安置电灯，发物当然改换时期，系每月十四一次，各寮发取佛香、洋火、草纸。

现因寺穷物贵，又改为各寮对于佛香、洋火、草纸，哪样用了，随发哪样，发时不得齐发，不拘哪天。以免洋火堆积黑处，佛香多下一碰成粉，草纸多下大捆私堆暗处。间有查出洋火数十盒、草纸一大捆者，悉令送库房收存。思之一人痛病，唯恐通同，这里至时无发的，那里大堆堆，住此之猥劣，只有用了再发，免除此弊，此一九三九年事也。"

（3）《自行录》："又禅堂解七后，仍依照未加香前规则行之。对于现时人之根性，及所有道心，很为薄弱，若不设法调处，般若深因定难久植。是故从权接引，令久安心，免致力难担负之人，自私其往，良可哀叹也。特于解七后，日所行事，依照加香前之规则行之。少些辛苦，多睡些觉，虽然，还是日无暇晷，夜无多眠，何以？恒规在焉，勿论如何，万不出恒规一步，用此方便，为调众之苦心，作久留之办法。"

（4）《自行录》："自一九一九年接住迄今，调大众，整规矩，殊无宁日。早见人心陷溺，日非一日，对于大规细则，视之生畏，行之嫌烦，稍有用功，久难立足。故我用二十年之苦心孤诣，不避世讥，大改小更，符机契理，现正专门，行香坐香、上殿过堂、出坡各重大事，其余删繁取要，修曲从直，乃云：'皮肤脱落尽，唯露一真实。'自改以后，任何法，不能再易；任何人，不准再改。类如身衣，热则束带弃之，外衣脱之，棉衣卸之，内衣去之，宁可热死，再不能动，否则伤皮，次则伤肉，其得能乎？我之心愿：今将禅法，深修尽善，植人因中。今生后生，或丛林，或陋居，或茅舍，或世尘，专宏斯道。直至寿命止十岁时，更倍于前！大扇宗风，誓不稍受任何阻碍。由减而增，禅宗一法，屡屡奋兴。弥勒成佛，依然倡道，单阐宗乘。任劫减，而宗风大播；纵劫增，而不堕宗猷，亦我素愿也。"

（5）《语录·法语卷四》："民国二十八年元旦日，师拈香云：'此一瓣香，不从天降，不由地生，供养十方佛祖、诸大菩萨，伏愿常作法门础栋、永为佛国金汤；此一瓣香，有体有用，任卷任舒，供养合郡人民、檀那护法，伏愿寿比南山、福如东海；此一瓣香，有疑有悟，无圣无凡，供养高旻堂上过去诸祖老和尚及现前两序首领、合院大众，伏愿福慧深修、自他俱利。'敛衣就座，执如意云：'一元复始，万象更新。试问一元以前，始归何处呢？'举如意云：'恭喜新年！这支如意，生生常有，处处不离。莫道僧家容易得，皆因宿世种菩提。庆祝大家心心如意。'下座。

"解制，师拈拄杖云：'结制解制，同佛一事。去圣时遥，法将阻滞。深悟明心，正法久住。只望人人真切，莫问在世出世。一朝打失鼻孔，管取虚空写字。'且道：'讲教之法师，参禅之宗师，念佛之净师，持戒之律师，各舍一只眼睛看，会得，宗教律净，一门不入；若不会得，任是门门深入，总成布袋和尚久站街头望呆相似。试问诸人可会吗？'良久，卓拄杖云：'识得一，万事毕。不识一，万事立。一字关头能打破，直饶大地黑如漆。黑如漆，十方生佛大事毕。虽然如是，即今解制升座一句作么生道？会得，了然无拟议，莫待闲学解此心。'下座。

"佛诞日，师拈拄杖云：'虚空大地内外，十方法界圣凡，众生非众生等，皆是如来亲子。砖石瓦块，草木丛林，亦是如来眷属。'且道：'亲子眷属塞满太虚，不容插针之处。我佛如来今日才生，究竟是儿子生老子，还是老子生儿子？诸人从这里开得一只眼，许你捉败云门。大众可委悉吗？'良久，卓拄杖云：'不降皇宫由自得，指天指地可怜生。虽然如是，即今佛诞良辰，庆赞一句作么生道？粉骨碎身遍尘刹，终难报答我佛恩。'下座。

"结夏，师拈拄杖云：'山僧手持这条拄杖子举示当阳，高着眼看，是佛耶？是生耶？是有情耶？是无情耶？各各荐取，速急道出。不然，将此拄杖放生去也。忽遇一个孟八郎汉当头拦住，大声喊道："方丈捉住蚊虫作么？"山僧被这一问逼得两眼乱翻。咦，我本手持木棍，哪知是个生灵！似此看来，蠢动者，不动者，从今而后，认定尽是过去父母、未来诸佛。诸人可会吗？'良久，卓拄杖云：'高播慧风忙扫尽，一生不留真护生。虽然如是，即今结夏升座一句作么生道？禁足莫随青草去，安居休问绿杨东。'下座。

"解夏，师拈拄杖云：'古人云：热时热煞阇黎，冷时冷煞阇黎。此语虽是，太煞贴实。何以？未参禅人，夏来有避夏法，冬来有避冬法。何炎热之有？真参禅人，置身心于度外，忘岁月于怀中，复何碍乎寒暑？'且道：'脚跟点地之人，对于冬夏作么生领会呢？'良久，卓拄杖云：'薰风吹落红莲蕊，细露滋生野草花。劫外余光辉旦夜，木马嘶声动乌鸦。虽然如是，即今解夏一句作么生道？片叶梧桐初落后，大千满地一秋收。'下座。

"贴单，师拈单条云：'此一堆字纸超佛越祖，离圣离凡。虚空大地，此界他方，悉在里许。试问见吗？见则是红纸黑字。闻吗？闻是语言音声。即今作怎么领会呢？'良久，一喝云：'且看山僧一手擎来，散放两边。诸人切莫错认是我。'云：'贴！'

"结制，师拈拄杖云：'结制一堂佛事，擎头大汉早知。遍地虾蟆跳舞，乌龟提笔吟诗。谓是作家语？是寻常语？大众举似看。莫谓老僧饶口舌，只缘婆面即婆心。诸人可委悉吗？'良久，卓拄杖云：'山僧拄杖子顶上安一炉灶烧火，老夫常往街头巷尾大声喊叫，忽被无鼻孔汉捉住问道："你烧哪个老夫？"被这一喊，吓得连释迦老子藏身无处。虽然如是，即今结制升座一句作么生道？烈焰腾腾炉鞲宽，尘沙法界也烧完。莫恋脚跟方寸地，着锥无处且安然。'下座。

"起七，师执香板云：'六凡从今日了，四圣在此时休。两脚踢倒虚空，一拳打翻旧路。诸佛有足难到，历祖有眼难窥。正是彻底掀扬，奋力向前猛进。不顾生，不顾死，跳过牢关正斯时。'云：'起！'

"佛成道日，师拈拄杖云：'古腊今天，山僧当时若在，一手掩蔽雪山，一手擎住古洞，看这老瞿昙在哪里！至尔直打坐冷六年，仰向长空观斗，辗转做来，却被小孙识破。试问诸人，识破个什么呢？'良久，卓拄杖云：'大千沙界海中沤，一切圣贤如电拂。重重无尽好星珠，光照十方超今古。虽然如是，即今世尊成道良辰，庆赞一句作么生道？至道无难，唯嫌拣择。成道无难，唯去明白。不然，直使弄到驴年，只多雪山一腊月。'下座。

"解七，师拈法幢云：'未悟以前，穿衣吃饭。大悟以后，放屎屙尿。即今八七将圆，辛苦已毕，试问识得穿衣者吗？若识得，不许吃饭。吃饭则有米在。虽然"如人饮水，冷暖自知"，我说还多一"自"字。大众会吗？不会，即向上殿过堂处荐取始得。'以法幢点地，云：'解！'

"除夕，师拈拄杖云：'这一挂爆竹未放以前早遍音海，既放以后，倏尔无闻。莫谓圆通大士打失耳根否？不然，耳内闻声非正行，眼内观音始是真。诸人若从这里拶入，许你好过新年。稍一大意，恶面牛头站你背后，一直拖到森罗殿上，脚忙战战，手乱就就。阎王拍案问曰："害怕的是谁？"我可怜的人，闻之胆落，答又心惊。果能相信，闲时办好急时用，过时追悔亦徒然。诸人信吗？'良久，卓拄杖云：'此时正是腊月三十，即是大众生死关头。各人大须仔细！虽然如是，即今除夕升座一句作么生道？岭梅香透未生前，春风寒来人脑后。'下座。"

一九四〇年·民国二十九年·庚辰　六十岁

在高旻寺。上堂开示，领众参修。[1]

又，时值天灾人祸，悲心恻切，直欲入海求宝，以广济苍生。不料此事罕异，难可取信诸方，故无人通融给予护照，谱主憾恨无已，负志还寺。[2]

注：

（1）《语录·法语卷四》："民国二十九年元旦日，师拈香云：'此一瓣香，戒德薰成，定力造就，供养十方佛祖、诸大菩萨，伏愿金汤永固、大地乐邦；此一瓣香，慧光遍照，智日常明，供养合郡人民、檀那护法，伏愿三多大庆、五福时临；此一瓣香，竹篦掀开，香板击破，供养本寺堂上过去诸祖老和尚及现前两序首领、合院大众，伏愿道被群生、德配尘宇。'敛衣就座，执如意云：'九层石塔，一级成功。四大殿堂，迄今未动。愧多生少遇良缘，尽半世演成故事。论佛法，置眼珠于空外，何地不平；诠世谛，塞乱瓦于目前，何途不碍。山僧岁已六十，闻塔铃而何响，开工十载，觑殿角以无砖。半是我之缺能，半因世事所致。虽非佛法，可作后铭。新年头畅叙家常，广闻大众能发无上之心，定作有成之事，庆也何如！大众迎喜神去罢。'执如意下座。

"解制，师拈拄杖云：'结制解制，本同一事。未生已生，何愚何智。大好一片心田，换得瓦石荆茨。动脚皆非，举步尤滞。衲子意下事如何？未了终须还来世，诸人可知落处吗？'良久，卓拄杖云：'南山起云，北山下雨。火里藏龙，水里藏虎。能得蓦地逢人，笑倒石狮起舞。虽然如是，即今解制升座一句作么生道？静则寂光不二，动则满面春风。喜煞雀噪鸦鸣，正是禅人受用。'下座。

"佛诞日，师拈拄杖云：'清和时，四月天，兜率陀宫这位老汉行坐不安，金团天子觅得摩耶。咄！问取未生时，面目是何颜？好像三家村里老土公说向前，笑落天，诸仁可会吗？'良久，卓拄杖云：'九龙吐水之时，金盆沐浴之际，未审悉达太子最初一脚下在何处？直饶一手指天，一手指地，早落窠臼矣。虽然如是，即今佛诞良辰，庆赞一句作么生道？佛生四月八，众生未识他。幸得云门老，一棒真报答。'下座。

"结夏，师拈拄杖云：'大虾蟆，小乌龟，长百脚，短蚰蜓，悉从心中流出。如来制戒，九旬禁足，未审是护心中之生，还是护足下之生？若护心上之生，正违度生之道。若在足下追寻，则知生又生生。试问诸人作么生领会呢？'良久，卓挂杖云：'青草不妨牛直过，比丘动则丧残生。虽然如是，即今结夏升座一句作么生道？古云：护生须用杀，杀尽好安居。高旻不然，护生更生，生杀两倾，安居之道，始畅佛心。'下座。

"解夏，师拈挂杖云：'解夏一法最古，怎奈时人不许。石狮忙得翻身，泥牛连声叫苦。大好一夏炎火，又被秋风送暑。'且道：'海藏龙，山藏虎，衲子归来还衲补。莫问针线有短长，只究未生前一处。试问诸人，是哪一处呢？'良久，卓挂杖云：'万重荆棘又重来，步步头头莫妄猜。打破一重还再进，直饶十界总难该。虽然如是，即今解夏一句作么生道？自恣之日这一年，又是禅和撒手间。回避自身终自许，谁能瞒过最后天。'下座。

"贴单，师拈单条云：'大众身住禅堂，心染觉道，号挂空中，名列壁上。未审功夫能达到东西不辨、自他不分地位吗？'良久云：'诸人各自荐取看。不然，眼见的是红纸，耳闻的是法音。与本分事毫莫交涉。咄！高着眼看。'云：'贴！'

"结制，师拈挂杖云：'水旱频仍已到冬，荒年歉（案：疑作"欠"）岁食难充。废寝忘飧无一事，红炉烈焰映寒空。衲子行道，高着眼看。任是地覆天翻，功夫加一得力处。'且道：'不分寒暑，不别自他。正恁么时，还识得当人面目吗？'良久，卓挂杖云：'凡圣同炉一火烧，诸佛吓得叫爷饶。幸得泥牛来救命，止须保得后三朝。虽然如是，即今结制开炉升座一句作么生道？黄菊枯时风送冷，小阳春后雪加霜。火烟灰烬终成幻，灼破生前石敢当。'下座。

"起七，师执香板云：'红炉不容眨眼，佛祖也须锻炼。打破漆桶再来，依旧火光满面。直许圣凡俱遣，空色绝名，踢倒最上一着，方为出格高人。'云：'起！'

"佛成道日，师拈拄杖云：'不是心，不是佛，不是物，是什么？此语明眼人前似嫌逊让，高旻不然，如有依照前话问我，即向他道："面南观北斗，无中幻诸有。辜负一天星，瞿昙扬家丑。儿孙终是儿孙，马牛自是马牛。噫！妄想作么？仔细看来，尽是一番执着。"诸人可会吗？'良久，卓拄杖云：'逢圣不言，见凡不辨。大似盲人，无见不见。虽然如是，即今如来成道良辰，庆赞一句作么生道？明星现也，诸人高着眼看。'下座。

"解七，师拈法幢云：'未起七前，大事了毕。既解七后，瞬目扬眉。正在七中，诸人作么生领会呢？'良久云：'道得出，是好手；道不出，亦是好手。汝等必讥和尚言太笼统、语似欺瞒。不然，请大众抚手抹心问问看。若也不会，洗脚过堂去罢。'以法幢点地，云：'解！'

"除夕，师拈拄杖云：'一年三百六十日，往返原来是这汉。试问这汉是谁？往返还行路吗？较古人言"拾前人涶，终成败露"。不如亲到三家村里，取得一挂鞭爆，"碰统"一声，吓得阎罗老子魂飞天外，大喊道："我的腊月三十晚上到来，随同汝等没把鼻汉，大防小鬼在。"咄！我过关，谁知关还要过关！诸人会吗？'良久，卓拄杖云：'梅开雪岭香飘远，天竹飞红映晚冬。虽然如是，即今除夕一句作么生道？大众搬起指头算算看。念佛是谁事，要紧要紧！'下座。"

（2）《自行录》："际此天灾人祸，目难忍睹，急欲设法，布施一切，聊舒己愿。思之再四，唯有学佛因中，入海求龙，赐宝回山，拯济穷苦，诚为上策。如是令众咸知，有人同发斯愿，能念众若共发大心者，曷兴乎来。不一时间，拥挤争先，跪求同去。原有计划，二十人一同入海，不料五十余人之多，食用维难，终恐危困，特检能去者，约二十人。不料去心各切，有云和尚不带我去，即扒船尾死者，有云跳海死者，有云悬梁死者。思之责任过大，特假作停止朝海，上山打七，寺事令请人公务，约三年销假。至上山后，随着人往申，急办起程手续。不料一再疏

通，徒增懊丧，与说朝海，无一人信，即向各方请求护照，一律
拒绝，伤心痛切，恨我福薄，恐无诚意，感动龙天，故不护法。
得讯后，闷绝欲死者数时。如是依旧葫芦，朝海心歇，寺责仍
负，此之大心，一发恐难再发。何以？身将老而力尤衰，志愈削
而心愈冷，此之谓也。"

案：

《自行录》中发愿朝海一事记在"此一九三九年事也"后，
为《自行录》结语之一，略述后事者也。《自行录》云："自一九
四一年至一九五一年内中自行事实未遑录出，候后再酌。"本谱按
其文理，将此注于"一九四〇年"（民国二十九年，六十岁）条下。

另，《自行录》记事止于一九三九年，其后行迹略而不述者，
或迫于上世纪五十年代初政治压力亦未可知（参见"一九五〇年"
条下注（1））。一九三九年后，谱主屡受国内外各方政治势力牵扯，
如：高旻寺曾被和平军占领，解放初又曾被征为"苏北干部疗养
院"（参见"一九四九年"条下注（3）），等等；此外，据谱主后
人刘德国回忆，谱主六十岁寿辰（1940），曾有各方政要前来祝寿，
并齐赠匾额，内有一匾题为"妙上无上道，树色大空无"者。匾
额随后由其中一方派员护送至谱主老家保存。文革抄家，诸匾故
不知所终也。

五、付法妙善至移锡沪上

一九四一年·民国三十年·辛巳 六十一岁

在高旻寺。上堂开示，领众参修。[1]

又，释妙善病愈，由谱主托付衣钵而为高旻寺临济宗

第四十七世传人。⁽²⁾

又，释密参初至高旻，住禅堂，随众坐香。⁽³⁾

注：

（1）《语录·法语卷四》："民国三十年元旦日，师拈香云：'此一瓣香，非戒非定非慧，供养十方佛祖、诸大菩萨，伏愿慈云满布、和气生财；此一瓣香，即木即烟即火，供养合郡人民、檀那护法，伏愿道高覆载、法被寰区；此一瓣香，棒喝交驰，怀中拈出，供养高旻堂上过去诸祖老和尚及现前两序首领、合院大众，伏愿化日光辉、恩隆学地。'敛衣就座，执如意云：'老僧六十一，宝塔功未毕。世事涌如潮，何时有成绩？'且道：'宗门一法系之人心，心法双非，门墙何立？仰乞诸佛龙天，策励修行禅辈，有道者赐祥，无道者赐吉，可得平等保护，其道自然不退。诸人可会吗？'良久，举如意云：'五路财神在如意顶上放光动地，请大众高举眼看。'下座。

"解制，师拈挂杖云：'山僧昨在园田见一奇事，今天向诸人道出，大众侧耳静听，不妄想，不杂话，不掉举，澄心静虑，微细正闻。'良久，卓挂杖云：'试问汝等可听清吗？如来无上法，无说即真说，无闻即真闻。说法者未开口前，语周十界；闻法者动耳根后，声障当阳。拟得此法离见闻觉知，始有相应分。虽然如是，即今解制一句作么生道？花灯结彩元宵日，天上无云分外青。'下座。

"佛诞日，师拈挂杖云：'悉达太子初降皇宫，与兜率天未离一步。既出母胎，与入涅槃未动脚跟。要知生即无生，何众生可有？灭即不灭，何诸佛可名？只为众生多喜空中之花，时爱水中之月，迟留此岸。痛感诸佛出兴于世，坐道场，演法化，直待一拳打破太虚，花之不存；一脚踢翻大地，月从何有？至是不但此岸不登，彼岸亦不愿往。试问诸人可会吗？'良久，卓挂杖云：'指天指地独称尊一语，谅对我苦恼凡夫而示。大概虚空内外，尚难穷边际之天地，独尊无上可也。虽然如是，即今世尊降诞良辰，庆赞一句作么生道？世尊出世了，各人回头看看。'下座。

"结夏，师拈拄杖云：'古德云：喂鼠常留饭，怜蛾不点灯。此语虽善，未免不足。高旻不然，乃曰：有情之鼠蛾，无情之灯饭，皆在安居之列。何以？古有比丘不踏生草及草系比丘踩路，恐防地疼。此为明证。如是禁足，足亦生灵。如是护生，护亦生灵。试问诸人作么生领会呢？'良久，卓拄杖云：'不如放开脚来，佛也踏，生也踏，虫也踏，蚁也踏。两脚踏翻大地，回头看看，佛之不存，生之焉在？虽然如是，即今结夏护生一句作么生道？步步踏着实地，头头顶戴真空。咄！好大虫！'下座。

"民国三十年古五月初一日，老和尚交替法语。师拈拄杖云：'二十三年一大梦，触着无端动地知。绿杨柳岸难留住，青山依旧是今时。今天正我卸仔肩之日，大德同时担大事之时。拨（案：疑作"泼"）天门户，在此一举。我吃高旻几十年粥饭，将来定是变牛变马还去。尚望来哲，为我忧心否？虽然如是，即今交替一句作么生道？由冀高旻，锦上添花，方达我人后先愿望。'下座。

"解夏，师拈拄杖云：'飒飒金风过祝融，梧叶初凋满地红。具眼衲僧何处去，好将衣钵挂竿中。'且道：'荚湾岸上，泯圣绝凡。道海堂中，驱佛逐祖。竟有一位无鼻孔汉，出而理楚，谓忉利天来一天人曰："高旻好大胆子！连佛祖也不顾，其他何云可救？"言毕即被山僧一棒打向东洋大海，偶被乌龟吞却。试问诸人可会吗？'良久，卓拄杖云：'会得三十棒，不会亦三十棒。再问何人吃棒？许汝参去。虽然如是，即今解夏一句又作么生？'卓拄杖云：'是事若无如是眼，宗门怎得到今时。'掷杖下座。

"贴单，师拈单条云：'未生以前，何名何相？既生以后，有佛有生。要知道本无形，执而形立，法本无相，着以相生。形相已成，迷人忘返。至是放去则弥法界，收来在我手中。试问诸人，若这里会得吗？'良久，一喝云：'不妨高着眼看。'云：'贴！'

"结制，师拈拄杖云：'寒霜肃肃偶逢冬，道海堂内火飞红。炉鞴顿开神鬼哭，直饶法界也销熔。'且道：'会中可有铜头铁额汉子出来，为高竖道个向上禅机看。不然，一任山僧拄杖成龙，草鞋成虎，一手捧住虚空，置放炉中，任烧作炭去也。试问诸人脚跟下如何委悉呢？'良久，卓拄杖云：'昨日山僧由后门归时，遇个三眼汉大声曰："佛祖也烧成灰，你在这里逍遥法外！"忽闻之，不禁叹惜，好害怕！虽然如是，即今结制一句又作么生？'卓拄杖云：'烈焰通红火内薰，六凡四圣也销魂。参禅一句难熔化，好须深处猛追行。'掷杖下座。

"起七，师执香板云：'动地惊天未足奇，奔雷掣电势尤低。虚空粉碎非关事，大地平沉功少齐。打破上头关棙子，觌体承当莫教迟。'云：'起！'

"佛成道日，师拈拄杖云：'道之一字已是落二落三，再加一成，更属无本可据。'且道：'三千年前瞿昙老汉，处大雪山，住深古洞，两膝穿芦芽，群鸟争巢树。望得明星时，置身无处住。虽然，只为苦众生，婆心真且切。灰头土面行，将星作明月。黄叶止儿啼，笑煞粉蝴蝶。试问诸仁可会吗？'良久，卓拄杖云：'识得释迦老子悟在什么处，方可把手共行去也。虽然如是，即今佛成道良辰，庆赞一句又作么生？'卓拄杖云：'打失娘生鼻孔后，长空依旧满天星。'掷杖下座。

"解七，师拈竹篦云：'四圣六凡、情与无情、山河大地藏在汝等身内。试问诸仁身安何处呢？'良久云：'猛力追寻十七终，虚空内外绝形踪。不但生佛无觅处，直饶觅者渺难容。若也不会，上殿过堂，切忌踩着脚跟！'云：'解。'

"除夕，师拈拄杖云：'世有成住坏空，空后可以再成；心有生住异灭，灭后可以再生；身有生老病死，死后可以重来。即今生时已过，死时未来，大众作么生打算超过这一关头？不然，今乃腊月三十末日到来，能不似乌龟脱壳去，许是好手。诸仁有成见吗？'良久，卓拄杖云：'旧岁新年频来去，反覆依然是这个。咄！是哪个？切莫错认好！'掷杖下座。"

（2）《妙善大师年谱》："经三年调养，'三期肺病'不药而愈。时来果和尚身体违和，爱其贤能，思托重任。五月初一日，来果和尚宣交替法语云：'二十三年一大梦，触着无端动地知。绿杨柳岸难留住，青山依旧是今时。今天正我卸仔肩之日，大德同时担大事之时。拨（案：疑作"泼"）天门户，在此一举。我吃高旻几十年粥饭，将来定是变牛变马还去。尚望来哲，为我忧心否？虽然如是，即今交替一句作么生道？由冀高旻，锦上添花，方达我人后先愿望。'并托付衣钵，接法为高旻堂上传临济正宗第四十七世。由扬州长生寺方丈可瑞和尚（台宗泰斗谛闲大师门生）送座，正式继任高旻禅寺住持。"

（3）释密参（1916—1992），字密参，法名觉励，俗姓赵，名章印，河北安新人。二十一岁在北京普德寺依瑞林和尚出家，二十四岁于北京广济寺受具足戒，受戒后曾亲近真空老禅师。二十六岁南下至扬州高旻寺亲近谱主。三十岁复从扬州南下，到广东韶关云门寺亲近虚云和尚三年。一九五二年回高旻寺，之后受谱主派遣，赴上海高旻寺下院莲花寺任监院。文革期间因莲花寺改办工厂而被编入厂内参加劳动。宗教政策落实后恢复僧籍。一九七九年冬到绍兴宝林山修建寂静茅蓬，安心养道，接引后学。一九九二年九月初一午时安详示寂，世寿七十七岁。茶毗后得舍利三百余颗，弟子为建塔于寂静寺后山，塔名寂照。

《密参禅师事略》："师父到高旻寺后，讨单进禅堂，随众参加坐香。堂内规矩与弥勒院大不相同。来公规定，凡是禅和子进了高旻寺山门，三年内不许出山门。高旻寺占地面积有一百三十亩，平原地势，四面砌高层围墙。常住僧众主要分堂内、堂外两大类，堂内僧人一天要行坐十四支长香，堂外僧人主要安排从事做饭、种菜等寺内的一些杂务，以及各寮口事务管理等。

"高旻寺每年到农历十月十五日开始，举行十个禅七法会。师父参加坐香，身心调和，用功如常。有一次到来公面前请开示，公问：'如何用功？'师父即说：'参"未生之前"话头。'来公说：'现在这个时代只有参"念佛是谁"可以得大力。'为什么呢？因为佛是十法界的最高法界、最高境界。都想成佛，都喜欢念佛。可不明白这个念佛的人，所以要参究，要寻找，现在的人参'念佛是谁'是最为契机的。师父得到来公开示后，就拼命地改参话头，要忘掉一个熟念头，提起一个陌生念头转为熟，是很不容易的，是要花很大精力才能转得过来。经过了十个禅七的勇猛精进，总算参熟了'念佛是谁'的话头。

"师父经过两个话头的参究对比，得出了两个话头初步下手的不同特点。参究本来面目的话头妄想少昏沉多，参究念佛是谁的话头妄想多昏沉少。

"高旻禅堂内有一老参师傅，用功多年，大有见地。有一天对师父说：'你下午养息后起床即参加跑香，厕所也不要去上，从起床至跑香再至坐香，一心只照顾话头。坐下来后手放在何处也不要管它，身子一点也不要动，心里只是照顾话头，这样用功，正念容易现前，能够得大受用。'师父听指教后真的依教奉行，果然不错，功夫得到快速进步。"

《高旻轶事》："[密参]他是高旻寺首座，一九九一年到高旻，就住在前面那栋楼，当时烧的是木炭，是煤气中毒还是怎么，最后送到医院，看过之后就被无锡的居士接走了，然后一直就没回高旻寺。……密首座，我们师父（案：指德林），莲开师，还有道真，都在上海静七茅蓬，因为来祖在那里。……莲开师是我们镇江金坛人，比我们师父可能还小一点。在高旻寺与密首座他们是同参，晚年在上海玉佛寺禅堂里面，最后怎么走的我也不清楚。高旻寺恢复后他陪陈鸿琛居士来过，还住过几天。他有个带养的儿子（在家叫儿子嘛，佛教叫徒弟），现在还在上海。他的骨灰原打算放在高旻，他徒弟想在高旻起个塔，因为高旻的塔不是一般什么人都可以起的，最后起到绍隆寺去了——镇江丹徒的绍隆寺。……陈老（案：指陈道谨居士）说过，来老曾……谈到密首座，说他都通的，就是行没到（即路晓得了，就是还要行）。"

案：

《密参禅师事略·序》谓禅师生于一九一六年，二十六岁到高旻，若依传统虚岁计，则释密参应于民国三十年，即公历一九四一年，来至高旻。

一九四二年·民国三十一年·壬午 六十二岁

在高旻寺。上堂开示，领众参修。[1]

冬，结制禅七。十月十五日起七，至十二月二十七日解七。除起、解二天，共计十期。[2]

又，释妙湛来至高旻，于谱主座下参禅。[3]

注：

（1）《语录·法语卷四》："民国三十一年元旦老和尚升座法语，师拈香云：'此一瓣香，根盘劫外，叶覆寰中，供养十方佛祖、诸大菩萨，伏愿佛日增辉、法轮常转；此一瓣香，三学薰炼，一法淘熔，供养合郡人民、檀那护法，伏愿各家信佛、修大乘因；此一瓣香，怀中拈出，爇在金炉，供养高旻堂上过去诸祖老和尚及现前两序头首、合院大众，伏愿福宏寿永、慧德时增。'敛衣就座，执如意云：'五大工程一未成，何能化土作黄金！值斯时世尤难进，待诸檀越慢施行。山僧因病辞退，藉栖林泉，终身谢世。现复代临法座，暂与诸仁道个新年句子，高着眼听。'良久，举如意云：'元旦启祚，万象更新。'下座迎喜神去。

"解制，师拈拄杖云：'山僧这根拄杖，任是十方法界、四圣六凡，皆在里许。三藏十二部经、一千七百公案、诸子百家亦在里许。砖石瓦块、我与汝等悉在里许。试问这挂杖子还有深浅也无？'良久，卓挂杖云：'猛然奋一着，桶底顿脱落。诸佛与众生，合掌念摩诃。虽然如是，即今解制一句又作么生？'卓挂杖云：'日月灯明光灿烂，红梅岭上送风来。'掷杖下座。

"佛诞日，师拈挂杖云：'云门痛棒，赵州猛喝，未免婆心太切。否则早成话柄。高旻不然，山僧当时若在，夺却乌藤，反问这一棒落在何处？直教云门口哑三日，骇得赵州远避七舍。幸喜净饭王宫，悉达太子放身金盆，周行七步。即今后代儿孙毕生不解。'且道：'我佛未生时，众生可有吗？'良久，卓挂杖云：'细雨金风，尚是如来说法；砖石瓦砾，不背我佛全身。虽然如是，即今佛诞良辰，祝赞一句又作么生？'卓挂杖云：'未出母胎，度人已毕。此语且置，如何是各人本生事？'云：'参！'掷杖下座。

"结夏，师拈挂杖云：'有情无情，同一佛性。不但巨细诸虫是我过去父母，至尔丛林卉木尽是未来诸佛。孝尚不及，何逆之有？敬不宜缓，岂可稍轻。故佛说戒如渡海浮囊，不舍一线，如草系比丘，不犯秋毫。如是护生，如是禁足，方许不违圣戒。内有不明戒相者，手打蚊虫，齿叮虱蚤，并云无过，实罪越弥天，忏何能灭！试问诸人，虚空未立，大地未成，汝生何处呢？'良久，卓挂杖云：'一念将迷谁是你，觉来尤带愧填胸。虽然如是，即今结夏一句又作么生？'卓挂杖云：'满目苍生空自叹，谨遵佛制莫稍疏。'掷杖下座。

"解夏，师拈挂杖云：'夏火炎炎，汗滴金乌翅里；薰风飒飒，凉生玉兔角中。一枝梧叶送秋来，大片菱花催暑去。'且道：'禅心衲子遥望宗门，要知念未动前，身非我有。毫厘间隔，面貌如斯，试问诸仁脚跟动后事，作恁么委悉呢？'良久，卓挂杖云：'此处他方休再问，高超直上后头关。儿孙只做归家事，祖父原来在路中。虽然如是，即今解夏一句又作么生？'卓拄杖云：'法堂前是道海堂，会得当人可商量。鼻孔撩地非奇事，脚跟点天也无妨。'掷杖下座。

"贴单，师拈单条云：'一堂清净，首众两序各执。诸人同观我手中物，共听我语音声，请大众急将眼睛耳朵将放衣包内，试问红纸黑墨可见吗？细语粗言可听吗？'良久，震威一咄云：'东名西相，高挂壁上。未了之人，切忌一望。'云：'贴！'

"结制，师拈拄杖云：'芙蓉一朵笑阳春，万籁声中映晓云。解得拈花微笑意，红炉点雪悟禅心。'且道：'四方衲子，云集道海堂中。仔细看来，人人无欠，各各无余，未审还有要事者吗？'良久，卓拄杖云：'一炉火遍十虚外，大方佛祖尽烧熔。脚跟下事如相委，彻底翻身处处通。虽然如是，即今结制一句又作么生？'卓拄杖云：'枯木寒岩尤带过，冷灰发焰迥难同。打破面前关椷子，亲体承当再用功。'掷杖下座。

"起七。（案：法语参见下注）

"佛成道日，师拈拄杖云：'老胡躲在雪山洞里，一坐六年，至于屙屎放尿不敢动着。动则乌雏掷下，看来也是一个小乘境界。至腊月八夜，坐时既久，拟欲起身抖擞精神，忽向天空一望，明星换却眼珠。转身俯视人间，直若无处开口。'且道：'迄今还有知恩者吗？'良久，卓拄杖云：'将骨头磨成粉子，血水和成圆子，用三千世界微尘劫数供养我佛，报不能尽！虽然如是，即今世尊成道良辰，庆赞一句又作么生？'卓拄杖云：'道本无悟复何成，石女泥郎共看经。能识满空皆是佛，有何明月又明星。'掷杖下座。

"解七。（案：法语参见下注）

"除夕，师拈拄杖云：'日暮途穷，大似腊月三十晚上，前进无路，后退无门，久站又恐捉去。如斯行处正是到家消息。'且道：'此事苦了三百六十日，成功只少这一时。试问大众是什么时呢？'良久，卓拄杖云：'爆竹一声，塞却阎罗耳朵。梅花数片，遮住小鬼眼睛。一任上天下地，管教释迦老子有眼看我不得，冥王有手捉我不得。托牛胎入马腹也可，做砖石变瓦块也可。忽来一个汉子向你要房子钱，直饶骇得躲身无处。末后牢关，大非细事。行人莫作等闲看。虽然如是，即今除夕一句又作么生？'卓拄杖云：'年去年来，非关己事。慎终慎始，莫负初心。'掷杖下座。"

（2）《来果禅师禅七开示录》（弟子道真上座手记）：

民国三十一年岁次开示于冬结制禅七期中
（夏历十月十五日——十二月二十七日）

起 七 法 语

师执香板云：

炉开大冶正斯时，万圣千贤总尽知；铁额铜头齐下炼，虚空瓦砾莫宜迟。重添炭，猛加追；太虚破后莫停椎！直待生前脱落尽，快将自己捉生回。起！

起 七 开 示

今天常住替你们起七，忙了一些人：禅堂、外寮、首领、行单，乃至寺外的人，都是很忙的。为了你们打七，不但寺内寺外的人忙，大概十方诸佛、诸大菩萨、护法龙天也是忙的，不歇地忙罢！总是为你们打七。我问你们：打七做什么事？为什么忙了这许多人呢？这还不算，连十方诸佛、诸大菩萨、护法龙天要比我们还忙，忙的是什么事呢？你们还有人知道吗？打七做什么事？大概还有人不晓得。你们心里说："平常的苦头就不得了，还又要打七！你说得好听，为我们打七，又说十方诸佛、诸大菩萨、历代祖师、护法龙天都为我们忙。忙的什么事，打七做什么事的，不过把点苦头我们吃吃就是了，还有其他什么事呢？"对罢！真是可怜！不可说的可怜！你们虽然这样子地愚迷，我还要照常住上的规矩办。你们要晓得：打七规矩是严厉的，与平常不同的。不同的在什么地方呢？就是今天你们向过去诸祖告生死假，又向我告生死假。我允许你们的生死假，你们的生死就在我两只手里抓住，要你生你就生，要你死你就死——站在这里死。在平常，色身交与常住，性命付于龙天；七期里不然，色身、性命都交在我手里。规矩严厉是怎么样呢？我把大概告诉你们听听：向后七期中，清众、行单不向维那合一个掌，亦不向班首问一个讯，亦不向我合掌、问讯。七期里佛也不拜，香也不烧。你们问讯、合掌做什么？我替你们预先说一下子：大不了的事就是一个大病，最大的事没有了。统起来说罢，就是病。一有了病，不是要向维那合掌告假吗？维那不敢准假，不是又向班首合掌吗？不行，班首就敢准你病假吗？不但病假，就是香假、经行假，乃至一切假，班首、维那大概没有这么大的胆子。什么道理呢？你告生死假，不是向班首、维那告的，是向我告的。他们就敢准我的假吗？有了病怎么办呢？没有什么办法，生也打七，死也打七，好也打七，病也打七，终归打七。就是病重了，站也不能站，怎么跑呢？你们真真达到那个不能跑的时候，就把你们身体向广单底下一抛，你病也好，生也好，死也好，直至解七后送往生。七期不送往生，三个、五个总抛到广单底下，这是有病的解决。还有，你们七期中行香、坐香、过堂，乃至大、小架房，把头掉一下子，或笑一下子，那么，我告诉你们：你的命就没有了！怎么办呢？你一进堂，班首、维那的香板一齐拥上来，一、二十块香板，不论头、脸、耳朵，一齐打，打掉了没有死，还是打七。假使打伤了，怎么办呢？也是向广单底下一丢，解七后一齐送往生。不是平常打死了就送往生，打伤了送如意寮，七期里不是这样的。那么，高旻寺打死人不算一回事？往年七期里总有几个，这是平常事，不算奇特。我再三告诉你们：交代什么规矩，就是什么样子；不徇情，不能讹错一下子的。我再总说一句：有病要死，没得病假，死了，就丢在广单底下；犯了规矩打死，也丢在广单底下。我交代得清清白白，丝毫不能讹错的。还有，平常的时候，你们静中要上架房，向维那告假，维那打六个香板，就可以开门出去。七期里不许，因为一天十二支行香，可以有二十四回上架房，你们就是屙肚子，有多少屙呢？无论哪支香，是不准开门的；你们就是屙在裤子里，或屙在垫子上，不怪你们的。垫子上屙可以，开门不可以。你们要留心！打七为什么事？大众要明了：无非是参禅悟道、了生脱死，没有其他的事。要参禅，非参"念佛是谁"不可；了生死，亦复"念佛是谁"可了。各人发起心来——参！

十月十六日开示（首七首日）

良医之门病者多。世间人有了病，都要到医生那里去，你患什么病，医生就给你什么药；他对症给药，一定可以使你药到病除，这是世间法一定的道理，出世间法也是如此。我们无量劫来，患病患到今天。尽世间人只知道色身上的痛痒，还有一种大病毫不觉知。世俗人不知有此大病，还可以说得去，因为他以迷入迷，少善根，不能怪他；你们用功办道、了生脱死的人，为什么也与他们一样？你以为比世俗人要好一点？我问你："有病没有？"你听到这话，心里头倒会不高兴了："好好的人，为什么要问有病没有？一天到晚吃几大盆饭，茶也喝，水也喝，有什么病。有病有什么好处？"对罢！真正太苦恼！这么大的病，就这样马马虎虎地过去，我看你们这个样子，心中太不忍！譬如一所大医院，有院长、院士，许多人到他院里，去的人都是看病的。医生问你："有病吗？"你说："有病。"他问你："有什么病？"你一定说："头痛，吃不下饭。"以及一切的病。医生就照你说的，及他所探的脉，把药给你。你拿了药，无论是的、非的就吃。只要病好，见了药一定要吃，吃下去终归要好的。我们这个禅堂也就如一个医院，你们来是医病的，当然要问你有什么病，你还能说没有病吗？没有病来做什么？你们当然要说："有病。"我再问你们："有什么病？"恐怕你们没有一个能答得出来的罢！有什么病，你不说出病由来，我怎么下手？你不说，我有什么办法呢？你们少许知道一点，说出一点来，我也可以给药你吃。但是，你一点不知道，我还有什么办法？师傅们！有了这种大病不知道，都是背道而驰，越跑越远。你们当中还有几位以为："说什么大病、小病，我们来，是看家风的；来，是当当参学的，加香、打七的格式看一点，知道一点就是了。"差不多好几位都是这样子想法的。因为，你们不彻底知道自己有个不得了的大病，非医不可的大病。只有在你们彻底知道有个什么大病之后，你们才能够知道这个病的厉害，非医不可，要吃药的。倘使这个病你们不知道，还说什么吃药？这个医院倒不要住了。因为，不知道自己有病便不关痛痒，不吃药好像也没有什么事，还要住医院做什么呢？现在我告诉你们：这个大病，就是"生死大病"！这个大病，一定要医，一定要吃药的！你们要晓得，今天能够到这个地方来是不容易的，是在往昔劫中培植来的。这个人身是不容易得到的，在异类中一去就是几大劫，今天好容易得到这个人身！我就把它空过了，岂不辜负了前世的培植！要晓得，人身并不是常久的，就是一百年，现在我们已过了几十年，以后的光阴有多少日子？况人生只在呼吸之间，一口气不来，下去就很苦了。现在我们既然遇到了这一种好机缘，就应当切切实实地来办一下子，才不辜负我们为人一场，才知道生死是我们的大病。这个生死大病，不同世间的病，非吃"念佛是谁"的药不可。各人提起"念佛是谁"来——参！

十月十七日开示（首七第二日）

打七做什么事？没有别的，就是一个精进。并且我说是

"真"精进。为什么打七就是"真"精进呢？平常也许你们能精进，然而终归不能恒常。由于平常打岔的事多，不能怪你们。因为：恰巧精进用功，板响了要上殿；才觉功夫稍为得力，又要过堂，以及禅堂里巡香、当值，皆是打岔。但是，现在打七便不同了，不上殿，不过堂，乃至上架房，草纸也不用你拿，可算再周到没有了。平常里一切打岔的事，终日心里忙得不得了。但，今天则把打岔的事拿得光光的，一点也没有，因此便可以完全精进了。不过，我又要问你们：既然打岔的事拿得光光的，恐怕你们心里不是光光的罢！你们能光不能光呢？大家站在这里，我问你们：光没有光？大家研究研究看！若要常住上这样地成就你们，万般放下，单单地用功，你们得到这个好机会，一切不要我们去做——空空的。就这么空空地过去，就是打七吗？这样空过，实在辜负常住，也辜负你们自己！但是，我今天还许你们辜负自己吗？你们要知道，这种空因如种下去，到了感果的那个时候，就不知怎样了！我是这么讲，你们的心里大概不是这样的罢！是怎么样呢？"正好！我进堂到今天，什么上殿、过堂，大、小规矩，忙得不得了，没有一点空闲。吃了许多辛苦学的《楞严》、《法华》，以及见到的、领会到的，还没有摸索摸索。今天打七好了，没得事，我坐下来翻翻我的老交易，不要把它忘记了。"对罢！你们坐下来心里是不是这样子？我看你们肚子里装得满满的什么《楞严》、《法华》，倒背如流。但是，今天办根本大事，你们肚子所装的许多经教，一个字也安不上的。不但一个字安不上，并且一毫头也用不着。你们还相信吗？我替你们想想，恐怕不容易相信。何以呢？你们以为："宗门下这是什么道理，一字也安不上？难道《楞严经》七处征心，十番显见，不是功夫吗？《华严经》的一真法界，为什么宗门下一字也安不上？"不是教你们难信吗？是的罢！那么，我要问你们："念佛是谁"参没有参？你们不要问"念佛是谁"是大法是小法，就把它当个烂木渣，最无用的，你把它嚼嚼看，还有什么味道？教你们嚼，你们

就嚼一下子！我们现在眼见是同的，譬如，一个红纸条上写的是
"念佛是谁"，贴在柱上，你看到，我也看到，可算同一眼见
罢！我说：你见是红的，我见是绿的。你们还相信吗？我不但见
到不是红的，乃是绿的，又连绿的都不可得，你们更不容易相
信。我要问你：这个烂木渣的"念佛是谁"，你嚼出一点味道来
没有？假若已经嚼出一点味道来了，便自然也会见到不是红的，
是绿的。再加七期一个精进，不是当下一个绿的亦不可得吗？到
了那个时候，我问你：《楞严》还在吗？《法华》还安得上吗？
以及一切见、闻、觉、知，还在否？你们研究研究看，是不是这
个样子？所以教你将一肚子学的、见的、闻的、会的丢掉，丢得
光光的，一点也不能留。大概你们还不肯丢，即使丢，也不肯丢
得清光光的。即使你们丢得光光的，宗门下还不算了事。那么，
再把肚皮也丢得空空的，可算了事吗？还不是的；宗门下的事还
要把肚子也丢掉，才算了事。若不把肚子也丢掉，则久久以后，
它还是要装起来的。各人发起心来——参！

十月十八日开示（首七第三日）

用功千日，悟在一时。要用一千日的功夫，开悟就在一时。
倘使你们能在功夫上没有丝毫的间断，用上一千日，那么，对于
开悟的事，我就能保。倘使功夫还不到这步田地，则我不敢保。
你们当中有人在此地住有三年五载的，亦有人在金山住三年五载
的，总算在金山、高旻十年、二十年的苦行，难道就没有千日的
功夫吗？既有千日的功夫，不是在此七期中一定要开悟吗？七期
里是专门讲求开悟的功夫，为什么不开悟呢？因为你们太可怜，
虽然说五年、十年、二十年的功夫没有，千日的功夫还有罢！你
们若没有千日的功夫，对于开悟的事还没有做到。我这么讲，你
们心里头以为："过夏天气太热，又是上殿、过堂，功夫有点不
恰当。等到过期头，又是大规矩、小法则，忙得不得了。乃至加

香，都不是用功的时候。打七，是要认真地用功，不能再放过它去！"对罢！大概你们都是这个样子。我看你们这一种思想，以为一年就是打七用功，过夏就是过夏，期头亦复期头，加香还是要上殿、过堂，打七才要用功，这一种人是最下劣、最下劣的大苦恼子。何以呢？打七是克期取证、一闻千悟的时节，哪里是用功的时候？用功要在平常；平常不用功，等到打七才用功，到什么时候开悟呢？悟的一句话，还有你的份吗？与你们打一个譬喻：如前清读书之人，读了十年，一遇开考，不是就去考吗？如果进了考场字还不会写，认也不认得，考期里才认真用功，这样还行吗？顶子还有你的份吗？在十年读书期中，你没有读书，就挂了一个读书的名字。平常不读书，到考场想戴顶子，恐怕做不到。我们今天打七，也等于考场期。用三年苦功，已经到家了。一到常住上就打七，马上就悟了，才对呢！你们平常担了用功的名，并没有用功，到了打七，哪里就能开悟呢？等于没有读书赶考一样。你们这个错，错得好远！不是今天才错。照这样子看来，七还要打吗？不是不打也可以吗？因为，你们没有一个人有打七的资格。你们这样子很辜负常住上的，常住上一切处替你们研究，有一点于道相违的，赶快地改革；哪里有一点动你们的念头，赶快整好。这个样子，我敢说常住上对得起天下人，宁可说你们辜负常住，常住上决没有辜负你们。若有一个人有了三、五年用功，穿衣、吃饭、上殿、过堂、上架房、睡觉，已经用成悬崖撒手、万仞峰头的功夫，今天来到高旻预备打七，就要克期取证。不料常住上不替你打七，那就是常住上辜负你了。我问你们：还有这个人吗？我再问你们：莫说过去三年、五载没有用功，错过去了。一个夏天没有提过"念佛是谁"，乃至入堂加香，不知道提没有提。就是你们现在七期中，一支香、一支香，一个七、一个七，坐、跑，提了几句"念佛是谁"？你们抚心自问，看还对得起人吗？对于任何的学业，都要谈一个进步。宗门下的进步，你还知道在哪里？上殿有进步，过堂有进步，上架房乃至一切处皆有进步。你要晓得上殿的进步在哪里：站在殿上，头没有掉一下子，身没有动一下子，这就是进步。何以呢？用功用到得力时，头怎么会掉？身子哪里会动？头一掉，不是见色，就是闻声；身子一动，不是痛，就是痒。哪里还有功夫在过堂、上殿，乃至一切处？而至上架房盖子不响，乃至扬眉瞬目、行住坐卧，皆是用功处。你们要认识宗门下平常的贵处，打七的好处。各人发起心来！

十月十九日开示（首七第四日）

禅宗一法，本来不立文字、不借语言。不立文字，则无言可说；不借语言，有什么口开？照这么说，不是不要讲话吗？为什么一天有数次的讲话呢？要晓得：宗门下的讲话是出于不得已，因为你们的心各有不同。宗门下的不立文字、语言者必须达到同一个行处。十方诸佛如是行，历代祖师亦如是行，你们现在也可以如是行，方可以不借语言。因为你们心行不同，一百人是一百条心行，要你们这一百人总归一条心行，故此要说。但是所说的话是宗门下的话。宗门下无论什么人，不许讲经典、语录、公案。你们当然有种怀疑："佛说的经典不能讲，难道祖师的语录、公案也不能讲吗？"因为讲了于你们无益，并且增加你们一百个人的心分成几千个心。这是什么道理呢？你们所行的都是要向上这一条路上去，以此"念佛是谁"是敲门瓦子、指路碑。古人虽有"父母未生前"、"狗子无佛性"乃至一千八百公案，但任何诸祖无不是在一则公案上一门深入，所以禅堂和尚、班首开口"念佛是谁"，闭口"念佛是谁"，讲话"念佛是谁"，不讲话也是"念佛是谁"，这是宗门下最要紧的。你们心里以为要等于游上海一样，今天新世界，明天大舞台，后天先施公司，才与你们相应，"今天到禅堂，为什么一天到晚、一年到头尽是一个'念佛是谁'？一点味道也没有，把人闷死了！"对罢！"次则讲话一点程序也没有，起、承、转、合的影子也没有，教人真不乐听！难怪人说：'通宗不通教，开口就乱道。'"对罢！你们真正可怜！我说：就是你不会道，假使你真会乱道，正好！何以呢？你不投机，你不要听，人家听得高兴得很。你听得好，他听就不好。因为各人的心行不同，讲话哪里能一致？至于起、承、转、合一点也没有，你们又会错了，这里不许你作文章。又不是教下讲经，依文释义，分科、判教。宗门下犹如我今天东说西说也有人听得道好，回头班首师傅讲玄讲妙也有人听得好，这就是"粗言及细语，概归第一义"，贵在你们会听话。你要晓得讲话人的一片苦心。因为你们各人的心行不同，不同者，皆是你们的"妄想执着"，所以你们有百个心，讲话的人说百个法，要教你们这百个心归成这一心是不容易的。会听话的人，今天我讲的功夫路头，你听到心里好得很，似乎还有疑情没有讲到，恰当明天就讲疑情怎么起法。你听好，疑情会起了，又站不长，后天就讲疑情发不起的缘故。一步一步地向前讲，乃至一个七一个七讲话不同：头一个七讲不晓得用功，二个七讲用功的路径，三七讲功夫的进步，四七讲功夫的消息，五七讲功夫的见处，乃至十个七。以浅入深，以远至近。今天把讲话的程序告诉你们，你们心里就有把握了。好好——参！

十月二十日开示（首七第五日）

你们都是慕道而来，因为高旻有道可办，你们人人都是这样的。但是，慕道的一句话听起来好听得很，问其实行：道，为什么要慕？你们千里万里要慕高旻寺的道，这不是向外慕道吗？如是慕道，不是向外驰求吗？哪里一定要到高旻才有道呢？道，本来没有东、西、南、北，亦没有你我之分别，直下承当就是的。承当的一句话也是多的，本来无欠无余、现现成成的。可怜我们无量劫前与十方诸佛同一面目，不但同，恐怕还有超过十方诸佛的地方。忽然得了一个幻化的色壳子，不高兴，换了一个，再不高兴，又换了一个，一个换一个地换到今天。每换一个的时候加上一点痕迹，就把我们的本来面目盖得牢牢的，一点气也不能透。虽然被它盖得牢牢的，总之没有少一点。十方诸佛也是的，菩萨、祖师乃至微细的昆虫也是的，山河大地也是的，草木、丛林、虚空里也是的，虚空外也是的，一个虚空里，乃至无量无数的虚空里都是的。你也不少，我也不少，可怜就是一个不能承当！我们假使承当一下子，恐怕就不是这么样的人罢！幸喜我们今天得了这么一个人的躯壳，在这"人"的期间想个什么办法可以承当呢？对于承当我们自己的办法，这就要你们"相信"。但是相信首先要相信自己这个色壳子不久要坏。坏过以后，路头很多的，不晓得哪一生再变一个人。前头的路茫无所知。自己的面目彻底要信的，极要这样地相信自己，非承当不可，非了我们自己不可。能相信自己，再相信"念佛是谁"的办法。"念佛是谁"是承当我们自己，"念佛是谁"是了我们自己。不是说"念佛是谁"有这么许多好处，要你们自己见到"念佛是谁"确实不错。但是教你们用，你们以为："这一句话用个什么？念佛是谁？念佛就我，还有别人替我念佛吗？"不但你们初初参禅是这个样子，我们以前也是如此。我在诸方看见贴的"念佛是谁"，见过之后，似乎与世间一切学问不同。世间学问一学就通了，这一句"念佛是谁"不容易通。以此研究"念佛是谁"就是我吗？再一回想，不对！——是我？那么，以何为我？次则，我说念佛是我，我今天就把红纸条改一下子——念佛是我，还能够吗？既不能改，即不是我。再说，念佛不是我，是佛吗？不是的。一切所有皆不是的。就这么思量分别一些时，回头才知道错了！哪个教你在思量分别上用功？你才知道念佛是谁"不晓得"。就在不晓得、不明白上去求个究竟，就是疑情。在这个疑情上久久地用，用到回过头来，这个时候，你才彻底认识你自己。

参！

十月二十一日开示（首七第六日）

佛在世时，有一个外道持花供佛，拜毕，佛说："把花放下！"外道将花放下。佛又说："把手放下！"外道就把手放下。佛又说："把身放下！"外道愣了半天，身怎么放下呢？就问："世尊，身怎么放下？"佛说："放不下，挑起去！"外道就悟了。你们大家想想看，"放下"两个字还了得起吗？我每每教你们放下，要你们放得空空的：心放下，身也放下，世界也要放下，放下也要放下。你们不但不肯放下，似乎还要多一点才好。因为一向习惯以得多为进步，以少为无进步，所以今天学《楞严》，明天学《法华》，后天学《华严》，再多更好。你们听说今天讲"念佛是谁"，明天讲"父母未生前"，后天讲"狗子无佛性"，这样地一天换一个话头，才称你们心。听得多多的，热热闹闹的才对哩！是的罢！今天教你们放下，还要放到无可放处，无可放处还要放下。从这个地方不能领会宗门下的嫡旨，不肯相信宗门下的痛切婆心，你们就要发一种误会。一个误会下去，就种了一个谤因，将来要招谤果，那个时候苦死了！你们误会的地方在哪里呢？第一、教你放下，你就放下。放下来就在鬼窟里作活计，黑洞洞的，昏暗暗的。第二、教你把听到来的、学到来的、领会到来的一齐放下，你不但不肯放下，反要大起嗔心说："宗门下开口不是说教的不是，就是说净土的不是，这不是专门谤教、谤净土吗？"你们这么一误会，差之毫厘，失之千里。因为你们不晓得宗门下是一个什么门庭，它是一个绝相、超宗、离名、离相的门庭，并非教你把经典毁掉，把净土丢掉，没有这样的罢！总教你们在这个参禅期中把一切都放下，就是教你们歇心，所以说："歇即菩提。"要教你们歇到一毫头也没有才对。若有一毫头在，这一毫头要遮太虚。我来说个譬喻：如一个人学木匠，学了三、五年，总算学成了，斧头也会拿，锯也会锯，刨也会刨。因为赚钱不多，改业学裁缝。做裁缝就要学剪学针，是的罢！你到了裁缝店里，还许你带斧头、锯子吗？斧头锯子还用得上吗？不但斧头锯子用不上，也不许有做木匠的心在，因为你手里拿针，心里做木匠，你的裁缝还学得好吗？今天你们参禅，当然要做参禅的事，参禅必须要放下，要歇。你们把学得来的、听得来的、会得来的摆在肚子里，还有用吗？禅还参得上吗？如同学裁缝，把斧头、凿子带在身上一个道理。你们仔细想想看，对不对。并不是我说就了事，要你们心里头彻底地领会说："是的！"参禅是要万念放下，如有一毫放不下，这一毫头要遮太虚。你们各人还领会吗？众生从无量劫来，就因为一个放不下，大而世界，小而身心，一生、一生已来，将来还不是一生、一生地下去？我们要返本归元的人不把身、心、世界了掉，返本归元只可说说，实事办不到。若要名实相符，首先要知道：世界哪里来的？身从何有？心以何有？能知身、心、世界从何而有，就可以从根本上一断，一了一切了，才是釜底抽薪。若不在根本上解决，都是扬汤止沸。世界以什么有的呢？要晓得：世界以身有，身以心有，心以惑有。若要了身、心、世界，以根本上首先要了惑。惑能了，心就了。心了，身就了。身了，世界当然会了。那么，了惑的法就是"念佛是谁"。这一法，了惑最如法。惑，非"念佛是谁"不能根本了。你们能把"念佛是谁"苦苦地参通之后，再行大悲救世，哪一行不好？恐怕你一生所学的不够用！要你们都要具一种正知、正见，以免好心为道反招恶。要紧！要紧！发起心来——参！

十月二十二日开示（首七第七日）

可怜我们今世的人，哪个都开口说了生、闭口说脱死！恐怕还不知道如何为生、怎么叫死。不但世间人如是，连我们用功办道的人也如此罢！拿我们今天的出家人说，一天到晚地用功，怕还不知道用功做什么。现在修何因，将来感何果，你们没有一个人晓得罢！一天到晚俱是打混空过，亦不晓得天有多高、地有多厚，为何是四圣，为何是六凡，我们今天住禅堂，修的是什么因，将来感的是什么果，无有哪一个人晓得罢！你们要是晓得，恐怕今天我不教你用功，你们还肯不用吗？你们要知道，今天住禅堂，种成佛的因，将来一定感成佛的果。古人云："如是因，如是果。种瓜得瓜，种豆得豆。"我们用功的人，只要死心塌地用去，不论三年五载也好，十年八载也好，三十年五十载也好，总而言之：彻底大悟为究竟。古人说过的："高挂钵囊，以悟为期。"一直地用去，决定以参"念佛是谁"为我的正行。纵然一生不悟，发愿再来，不问它三生五世，三十世五十世，决定不修第二个法门。你们要能有这个坚固的志愿行去，我敢保决定开悟。如是行去，若不开悟，诸佛、祖师岂不落妄语吗？赵州老人说："你们若能如是行去，若不开悟，把老僧头截去！""念佛是谁"这法是真实不虚的一法，是有情、无情本具的根本法。只在用功，不问开悟与不开悟。功夫用到，自然会悟，不用你想悟。如光想悟，不用功，哪能得悟呢？古人说："瓜熟蒂落，水到渠成。"不用想悟，只要"念佛是谁"一直参去，参到山穷水尽，"囫"的一声，到了这个地方，"如人饮水，冷暖自知"。在过去，有一位禅和子在禅堂住三年，以为堂内人多打岔，自觉功夫不能深入，就去住山。在山中住了一个茅蓬，种了一点菜，白天看守，不教野鸟吃菜，夜间虎狼争闹，昼夜不安，于自己的功夫又打闲岔。住了三年山，功夫没得深入，又不住了。想找一个关房闭闭关罢！才与功夫相应。以化小缘二、三年，遇到一位明眼的在家老婆婆。婆婆一看，这个和尚很有道德行持，就把他请到家中办点好斋。请他用过斋，谈谈心，谈得很投机，老婆婆说："大师傅，我成就你闭关罢！"禅和子一听："很好！我正想闭关。"老婆婆就送他入关。这婆婆没有别的人，只有一个姑娘，才十六岁，也是开悟的，老婆婆每天派她给这和尚送饭，一送送了三年。婆婆对她说："你送饭已经三年了，今天送饭的时候，等那和尚吃好了，你就上去把他抱住，教他道。"姑娘听了，记好，如说而行，上去抱住就教他道："道！"和尚说："枯木倚寒岩，三冬无暖气。"姑娘松手回家，对母亲一说，老婆婆听见，就呵和尚，叫他赶快起单，把茅蓬烧了。"我供养三年，才供了一个死汉子！"禅和一听，面带惭色，拿起蒲团就走，还去托钵。痛恨自己受人家三年供养，没有开悟，受她呵斥，很是惭愧。努力用功，托了三年钵，又到老婆婆这个地方来，与老婆婆谈谈功夫，还要求成就他闭关。又闭了三年关，还是教姑娘送饭给他吃。三年圆满后，姑娘照前次母亲教的办法，上去抱住说："道！道！"禅和这回开口说："天知、地知，你知、我知，莫教你家婆婆知！"姑娘回去一说，婆婆听见，心中欢喜，对和尚说："善哉！善哉！恭喜你开大悟了！"你们大家同听见了罢！你们想想看，你知我知，莫教婆婆知，要以世间人说，还有好事吗？大概你们同是这个会法。如是这样一会，就错了！教你们在本分上会，你们想想看，领会不领会？如不领会——参！

十月二十三日开示（二七首日）

了生、脱死，明心、见性，参禅一法，最为当机，也可以说是三根普被。我真相信这一法，在八万四千法门之上，任何法门都比不上这一法。但是，你们还有许多的人不以为然，以为参"念佛是谁"哪里就可以超过八万四千法门之上呢？你既不相信这么说也可以，我们就把"念佛是谁"摆下来，你们说哪一法是了生死最直接最捷径的？莫非还有不用参，也不用功，一见就可以明心见性？你们想想看，如真有一法比参禅还要来得快，我也要跟你学。因为你们"我"见太深，善根太浅，要除你们的偏见，归这一条大路，故此要给你们指出来。你们仔细地想想看，还是看经可以了生死，还是念佛、持咒可以了生死？你们大家到这里来，是为生死来的，当然要研究，不是小事，你们讨论一下子。看经，只许种一点善根，知道一点意义，要说了生死，做不到；念佛，念"阿弥陀佛"，了生死可以，要教他到涅槃山顶做不到；持咒，身心清净，可以得点神通，了生死不可以。因为看经、念佛、持咒都是向外驰求，各人的生死不从外得，不依他有，都从自己家里来的，你向外跑，越跑越远。你要知道，参"念佛是谁"就是往家里跑。什么道理呢？我说个譬喻：如孩子读书念《百家姓》，由"赵钱孙李，周吴郑王"一直念下去，不用几天就念熟了。假使念了一句"赵钱孙李"，问他什么道理、怎么讲法，这么一问，不是停住了吗？仅在"赵钱孙李"这一句上研究，"周吴郑王"不是没有了吗？达到研究的深入处，"赵钱孙李"也会没有的。你们想想，念佛不是"阿弥陀佛、阿弥陀佛"一句一句地向下念吗？今天问你：念佛的是哪一个？站在这里，不是回过头来吗？就同念"赵钱孙李"一个样子。你们仔细思量一下子，对不对？"念佛是谁"是不是回头向家跑？向家是什么？没有生，也没有死，说"明心见性"也是多余的话。到家，心不待明，本来明的；性不要见，现现成成的。这个"念佛是谁"一脚就送你到家，只要一句，就可以归家稳坐了。在你们，哪里会知道一句"念佛是谁"有这么好！在你们就是："一天到晚一提'念佛是谁'，妄想就来了，又站不长。这样子，怎么说参一句'念佛是谁'就能到家？真教人不容易了解！"对罢！你要晓得，知道有妄想，这就是功夫的进步。提起来站不长，更是进步。你要晓得，任哪一种法门都在妄想里过活，哪里会知道有妄想？所以知道有妄想，见到站不长都是好消息。你们办道实在可怜！大家站在这里，都是几十岁的人，说起来生死不得了，要办道；追究起来，一句"念佛是谁"不能通，三年五载，还是个不通。这个样子说什么办道？说什么生死不得了？尽是打混！这一个"念佛是谁"参不通，还算一个人吗？处处要面子，"念佛是谁"不通就不要面子了！有点知识的人，看你怎么对得起自己？你们还有人淌点眼泪吗？可怜！可怜！都是黑窟笼侗的。天天我教你们把眼睛闭起来，你们大家就闭起来。我问你，眼睛开了，见到我吗？眼睛闭了，你还看得见你自己吗？还不是眼睛一闭，黑洞洞的，一点也见不到什么。我再问你，就在眼睛闭了的时候，再向前动一脚，到什么地方了？你们还有把握吗？晓得这一脚动到什么地方去？

　　参！

十月二十四日开示（二七第二日）

　　初发心的人用功怕妄想，久坐的人怕昏沉。我说你们这一种人，不能用功，了生死没有你的份。何以呢？因为你们不知道妄想的范围，亦不知道昏沉的出身处。要晓得，无量劫来，上天堂也是它，下地狱也是它，变牛马也是它，今天要办道也是它，要了生脱死也是它，要成佛作祖也是它。要晓得，上至成佛，下至地狱，一切蠢动含灵都是它作主。它的力量大得很，你要怕它，必须要离开它。你要离开它，你有多大的力量？它的力量洒水不进，你的力量，在它洒水不进的当中，只有一滴水进去那么大。你们想想，你这么一点小力，怎么可以离开它那么大的妄想力呢？你一定是怕它，离又离不开它；离不开它，更怕它。有一天离不开，总是怕它，越怕它越离不开。三年五载如是想离、如是怕，直至一辈子也是想离它、怕它。你们想想，还能用功吗？既不能用功，了生死还有你的份吗？所以你们怕妄想、怕昏沉是不对的。再则，妄想怎么会离的呢？根本你整个的在妄想里。因为你的心是妄想心，身亦是妄想身，世界也是妄想，虚空里是妄想，虚空外亦是妄想，举心动念、动转施为，一切处都是一个妄想。我问你们，离了妄想，你在什么地方？离了妄想，你是一个什么人？你们仔细研究一下子，还能领会一点吗？那么，要怎么样才能用功呢？妄想再多，不要怕它。不怕它，要爱它吗？亦不可以爱它。不怕它，不以它为恶友；不爱它，不以它为良朋。你假使爱它，那么倒又要下地狱了。因为你爱它，就要随顺它，顺它就要破戒，破戒不是要下地狱吗？所以，怕也怕不得，爱也爱不得。只要将这个"念佛是谁——是哪一个"提起来审问、追究，但是追究，只许你追"念佛是谁"，究竟是谁、到底是谁。若要以"念佛是谁"的是谁、追究的又是谁，这样子不但不是追究，反倒又回过头来了，这是识神边事，不名参禅，不能了生死。那么怎么参呢？我今天告诉你们：直捷路头就在"念佛是谁"——是哪一个？不晓得。究竟是谁？也是不明白。到底是谁？还是不晓得、不明白。除此以外，丝毫的思量、卜度也没有。你们在这个地方审实一下子，看还有妄想吗？还有昏沉吗？仔细研究一下子，不是小事体。你们参禅时抽解，打过小圈，坐腿子；坐好了，没有止静，还要等一下子；三板、一钟止过静，才思量念佛是谁；提起来，妄想来了，讨厌！把妄想离掉。一离，离不掉，再离，昏沉又来了；打不开，随它去了。开静，又没得事了，跑香就跑香，大概都是这个样子。可怜！这样下去，尽未来际，还是没有了期。你们要见到生死的苦，三恶道的苦，转眼就下去，好怕！好怕！唯愿你们彻底地认识，赶紧把一个"念佛是谁"站到这里就参通了，生死没得你的份，六道轮回哪里来呢？各人发起心来——参！

十月二十五日开示（二七第三日）

"眼睛打开不做梦，心不起意不落二。"这两句话的意义略略地讲一下子：眼睛打开，就是眼睛睁得大大的不会做梦，眼睛一闭就要做梦，大概是这个样子。我说眼睛闭着做梦，眼睛睁着还做大梦。你们还相信吗？你们以为："眼睛闭着，是睡觉做梦，哪里睁着眼睛还做大梦？我倒有点不相信。"对罢！我说你们站到这里做梦，一天到晚地做梦。眼睛闭了做梦马上还可以醒，你们睁眼做梦没有醒的时间，还晓得这个梦做到什么时间可以苏？可怜！未了的人都是睁眼做梦，还不晓得是梦！要晓得这个梦几时苏，非开悟不可。开了悟，就同睡觉做梦忽然苏过来一样子。我问你们，这个梦还有苏的期限吗？再说"心不起意"，意就是念。心能可以善念、恶念。一切念头不起就是"不落二"，大概是这样子。其实不然，必须圣不可得、凡不可得，念不可得、心亦不可得。说不落二，更不落三。连一也不可得，才许与宗门下有点相应。宗门下正要打破睁眼做梦，扫除一切邪念。梦不能醒，生死不能了；邪念不除，妄生枝节；枝节一妄，善因招恶果。你以为不错，其实谤佛、谤祖、谤禅堂、谤大法轮，这一种因种下去不得了！要堕阿鼻地狱。每每地有人说："宗门下讲起来好得很，有玄有妙。行起来似乎有点不对，每每坐下来睡觉，还要打呼。"你心里就生一种轻慢，你这么一来，谤因就种下去了。何以呢？过去古人有个榜样，告诉你们听听：四祖老人走到南京牛头山，见有紫气，祖云："山中必定有道人。"因此上山，看是懒融禅师，有虎在旁，四祖作怕势，融云："你还有这个在！"四祖心中云："这是个道人。"走至茅蓬座位上写一"佛"字，融不敢坐，四祖便说："你有这个在！"识得同是有道。夜间融让祖睡床，四祖就睡。祖睡一夜，尽打呼。第二天，融云："你太不知愧！打一夜的呼，教我坐不住。"四祖云："你打我的岔，你把虱子掉在地下，腿打断，叫跳不了，一夜没睡得安宁！"后人有两句话："懒融未见四祖前如何？见四祖后如何？"未见以前，天人送供，猿猴献果；见祖以后，供亦不送，果也不献。你们参参看是什么道理?再讲：我在金山用功得力的时候，在广单上听到嘈闹，我下去一看，无人，大众一齐睡觉，没有一人讲话。我在广单底下一看，原来两个虱子相咬打架。我把它们送到如意寮去，给点东西它们吃吃。你们想想看，还可以妄加分别吗？我讲的是我亲自行到的。今天我说我的行处，恐怕你们还有点怀疑。等到你的功夫用到这步田地，你就会知道。等到你知道，再后悔以前所造的谤因，那就迟了！所以我今天特为你们指出。最要紧的，各人发起心来——参！

十月二十六日开示（二七第四日）

参禅用功贵乎一个"行"字，能行，才算是参禅；不行，口说参禅，不能算了事。宗门下行之一字最为重要。不但近世人对于这个行字误会，乃至自古以来，误会的亦不少。都以为见到就算了事，或者领会到这一件事，人人本具，不假修证，当体全是，要行什么？以为行是多余的。宗门贵乎行者，实行，不致误会。要知宗门之门是无上之门，宗门之行是无上之行。要达到目的，首先要知道，我们从无量劫前到今天，是行到来的，并不是凭空而有，亦不是人家送你来的。上天堂也是你行去，下地狱也是你走下去，到牛胎、马肚里也是你行去，今天为这么一个人也是你行来的，大概总是如此。不见得人家送你上天堂，也不见得人家拖你下地狱，以此类推，凡有生死的众生皆是此理。我们既然知道一切都是自己行到的，难道今天返本归元说说就是到家吗？领会的就是的吗？来的时候跑了无数的年代，来到这么远，今天要返本归元，当然要旧路归家。再则，在你们各人的心行上都知道烦恼不好，妄想是坏东西，业障翻不得。那么，既然知道烦恼不好，去掉它；妄想坏东西，去掉它。事实上，还能可以去得掉吗？假若去得掉，站在这里就去掉，很好的。你说去掉就去掉，大概你有天大的本事。恐怕不能这样如说做到罢！既然不能做到，不能就这么了事的，照这样子地研究一下子，"行"之一字当然不可少。但是，对我们中、下根机的人讲，这个行犹如走路一样，从多远跑来的，还要走这么多远才能回到原处。譬如：从一千里外走来的，今天回去，还要走这一千里路。一天走百里，要走十天才能走完。假若少走一天或少走一里，都不能到家，这个理由一定的。对于你们有点根机的人，再加我们宗门下的嫡旨，不是这个样的。宗门的行处是什么样子的？你一千里跑来的，今天不但不要你走一千里就能到家，连这一千里路的名词也不可得。名词尚不可得，还要你走吗？回头就是的，脚跟都不要动，一转就是了。你们想想，这一法还直接罢！上等根机的人要晓得不是生来的上根，也是从我们中、下根机的人做来的。以下根做到中根，以中根做到上根，到了上根，那是一闻千悟。念佛是谁？——参！

十月二十七日开示（二七第五日）

参禅这一法是救世的大法，救身的正法，救心的妙法。这一个禅字是当人必要的关头。参禅的，并不是把禅参上就算了事，真实地得到参禅一点意味，那么你是忙得不得了，教你休息一下子，你也不肯。真能达到禅的目的，成佛是现成的。此佛无有此土、他方，无有众生、诸佛。要成那个三大阿僧祇劫经过的佛，还要舍头目、脑髓、心肝、五脏，结大地众生的缘，直至缘结好，因缘成熟，示迹降生，苦行，成佛坐道场，一代圣教。但是这一种果地佛乃是因地佛来的。果地佛一成功，就是一个世界的教主。你们参禅的人，要你们个个达到禅的目的。不但你们禅堂里这几个人，乃至大地或僧或俗、或男或女，均要达到禅的目的。既然达到禅的目的，当然有一番事体。但愿你们还多出几个人没得事，在这里冲眩。何以呢？一个世界一个教主，无量的世界乃至虚空的微尘，一微尘一个世界，虚空微尘数的世界，都有教主。还多出几个没有世界容他去教化众生的，这就是我对于你们的希望。那么，不但我希望你们，即是十方诸佛在常寂光中见到你们有这样参禅的知识，当然也是破颜大笑。诸大菩萨乃至护法龙天都是合掌欢喜护持你们，不但护持，叩头也可以。因此住到这个道场，再加这个克期取证的时间，必须认真地努力，把一切一切都放下来，放得空空的——参！

十月二十八日开示（二七第六日）

　　住宗门下的人要行宗门下的事。你们要晓得，宗门下行的是什么事。若不明了，纵许你住一辈子禅堂，还是一个门外汉。我今天告诉你们一下子：宗门下的事，没有别的事，就是一个参禅悟道、了生脱死的事。然参禅是参自己的禅，了生死是了自己的生死，并不是替别人办的。你有天大的本事，替别人也替不来。还有人住禅堂，以为替人家住的，乃至做一切事，是替别人做的。须知，一切事，哪一件不是自己的事呢？你们有点知识的人，不待我说，早已会归自己。差不多的人以为住高旻寺的禅堂，用功是与高旻寺用功。你们这样的人，还能说是办宗门下事的人？参禅悟道、了生脱死还有你的份吗？所以要你们打起点眼目来！然而，参禅悟道、了生脱死两句话并起来，就是参禅两字。由参禅就可以悟道，悟了道，哪有生死不了的理？总之就是参禅。对于参禅的事——如何是禅，如何是参，你们应当要知道。参禅意义很广很广的，我略略地指导你们一个确确实实的下手处，要你们一听就能领会，一直地行去，就会到家。首先要知道，从无量劫前，由一念不觉，都是向外跑路，跑到今天还不知不觉，甚至都不知道有家。这么一来，才说是众生。要知道，向外是什么、向内是什么。你们要知道：向外，就是六道往返，生死不定；向内，就是一个诸佛同体的本来面目。教你们参"念佛是谁"就是教你们向内。参"念佛是谁"即是参禅，参禅就是向内。总之，要见本来面目，非向内不可。不向内就是生死。为什么说参"念佛是谁"就是向内？大概你们不明白。我讲一个譬喻给你们听：你们大家坐在这里，我问你们："看见佛龛子吗？"你们当然说："看见。"我再问你："佛龛上有什么？"你们一定说："里头有毗卢佛及一切物。"我再问你："看见佛龛的是哪一个？"你们当然回过头来，向自己看罢！在这时间，不见有佛，连凳子也没有了，别的东西还有吗？不但无有，回过头来，倒又向自己的念头上审问去了。你们试试看，看见佛凳就是向外，不见佛凳子，在念头上"追"，即是向内。把这个譬喻会到"念佛是谁"上是一样的。念佛，有佛可念，是向外；参"念佛是谁"，在念头上审问，是向内。向内就是参禅。今天把参禅的譬喻讲到你们听过了，你们再不能说不会参禅，不晓得参"念佛是谁"。我今天明明白白交代你们过了，发起心来——参！

十月二十九日开示（二七第七日）

根机利一点的人用起功来不算一回事，不假修证，当体本真无欠无余、清净光明，不从他得，皆自本有。唯在你们不能如是行去！病在哪里？就是一个"障"字。我们本来没有迷，因障而有迷，障去即悟。生死因障而有，若无障，生死亦无。倘若把障去了，我们的本来面目自然会现前的。既然这个障是用功人要紧的关头，你们还晓得吗？倘能知道这个障，当然有办法去掉它。倘不知道障是什么，以何为障，还说什么去障的办法？哪里安得上？在普通的人，以为："生死是障，生死以此岸故障，彼岸即是涅槃，涅槃即不是障；迷是障，悟即非障；尘劳是障，清净是究竟；众生是障，佛是很好的。"大概是这样的。宗门即不然：生死是障，涅槃亦是障；迷是障，悟亦是障；众生是障，佛亦是障；身是障，心亦是障；山河大地是障，虚空也是障。你们还相信吗？你们以为："生死是苦，当然是障；涅槃是乐，为什么是障？众生是障，佛哪里是障？山河是障，虚空为什么也是障？照这样说，我还用功做什么？宗门下的事真难办！"对罢！你们这样地狐疑，我要替你们指导一下子，要领你们上宗门下这条路。但是，我指导你们、领导你们，还要你们自己行。自己不行，我不能替你们行。为什么宗门下要说生死、涅槃、众生、诸佛、此岸、彼岸、清净、烦恼、迷、悟、身、心、虚空、大地皆是障的呢？当知一切障不离心。有生死是心，证涅槃亦是心；有众生是心，要成佛亦是心，乃至一切虚空大地全是心。这个心是一个根本障。根本是障，哪里不是障呢？你们要了这个障，是怎么了法呢？若要说："生死苦是障，了掉；涅槃的乐是障，把乐也了掉；此岸不住，彼岸不住；烦恼不住，清净亦不住，乃至虚空不住。总之，身外世界上一切的尘劳了光，身上的痛痒了掉，心上如沙的妄想了掉。"这样的了法，错是不错！宗门下不是这样的，什么道理呢？若要如是一条一条地了，没有了期。这边了，那边就生。水上撇葫芦是不容易的。到家，才可以把它的根子一下子了掉。说个譬喻：日月星辰，山河大地，种种的色相虽然多，总不出一个虚空。我要了日月山河，不是很多很多的吗？若要一样一样地了掉，恐怕没有这么大的本事！我们假使有力量一拳把虚空打破，还有个什么？了障亦如是。日月星辰及一切物就如我们种种的障，虚空就等于我们的心。若能把心了掉，不是一齐都了掉了吗？了心的一法就是"念佛是谁"。将这一法摆在念头上审问追究，久久地，就会心也了、妄也了，人法双亡。那一个时候，你们才认识高旻寺，才晓得"念佛是谁"禅堂的利益！但是，你们现前的用心必须将"念佛是谁"时时刻刻地追究，不问动静、行住坐卧，念念提撕，自有打破虚空之日。

参！

十月三十日开示（三七首日）

法轮未转食先行。常住在此万分的困难中、万分的逼迫中尽力地维持，替师傅们起七。总算师傅们道心恳切，能可感动龙天护法，几位诸方长老发大慈悲，痛念常住上的清苦，关心你们的道念，因此特送供油、盐、柴、米，令到常住上无累，师傅们安心办道。这几位长老向任常住上的首座和尚、西堂师傅及堂主师傅，一向把这边清苦道场放在心里。但是他们并不与大富长者可比，皆是省吃俭用二、三元，聚集自己衣钵之资而有，很不容易的。那么你们吃了是怎样消斋呢？不能说就这么跑跑坐坐就算消斋罢！你们假使这样，没有其他的事，那么，不容易与你们算这笔饭债！古人讲过："寸香能消斗金"，为什么一天到晚地坐香还不能消饭债呢？对罢！我要问你：一天到晚，哪一寸香能消斗金？哪一寸香不能消斗金？你们大家研究一下子，不是小事。我看你们对于"寸香消斗金"大概还没做到。对于消饭债，我可许你们，不但许你们，我还可以担保。我担保在什么地方呢？要你们对于"念佛是谁"，不知道是谁；究竟是谁，不晓得；到底是谁，还是不晓得；一天到晚，前念是"念佛是谁"、究竟是谁、到底是谁，后念亦是这样子的。一天到晚都是这样。在你自己是这样地行，我就能保你能消饭债。我要问你们："参禅，参没有参？"你们当然要回答我："一天到晚'念佛是谁'，一点也没有间断！"我再问你们："'念佛是谁'、'念佛是谁'，念了未断，你身上还穿的是衣服吗？过堂还吃的是米饭吗？"你们回答我，是怎么答法？若要穿的是衣服、吃的是米饭，那就不对了！我就不能保了！除此外，你们答个什么？大家研究一下子，穿衣不是穿衣，吃饭不是吃饭，所谓"终日穿衣，没有挂着一缕纱；终日吃饭，没有咬着一粒米"。你们这样子的参禅就是我可以担保的铁证。否则，不但我不能担保，释迦老子再来也不能担保。要紧！要紧！各人发起心来——参！

十一月初一日开示（三七第二日）

参禅这件事，不是等闲事。今天到了七期的时候不应再讲功夫的路头，若要讲功夫的路头，倒不是打七了。何以呢？功夫要在平常用好，到了打七，加一个精进就悟了。若要七期讲路头，那么路多得很：妄想、昏沉，不知道参禅、不知道起疑情，烦恼、无明……多得很。照这样，还是打七吗？打七要开悟，譬如从前赶考一样，考期不是读书的，要在平常把书读好，一到考场就要得功名的。假若在考场内字不识的，还要去求人问字，这就对了吗？打七也是这样。七期里不晓得用功，又不知道妄想与参禅同不同、疑情起起来是什么样子的。这就是打七吗？你们太可怜，不得不讲！若要不讲，不但深处见不到，连浅处也见不到，故此要替你们讲参禅起疑情是怎么样子。当知，念佛是谁？不明白；究竟是谁？不晓得是谁；到底是谁？还不知道是谁。不明白，不知道，颟顸、笼统，就是疑情。妄想与参禅同是一个妄想，同一路径。我这么一讲，你们听了以为："参禅也是妄想，还要参禅做什么？妄想就是六道轮回，参禅也是妄想，不是轮回吗？"要晓得，参禅的妄想与妄想的妄想，不同的地方在哪里呢？妄想是随业转，参禅是随心转。随业转，业在前头走，你在后头走；随心转，就是心在前头走，你在心后头走。业是专门向六道轮回里走，所以打妄想是随业转，随业转尽是生死。参禅随心转，心，是个什么东西呢？还是肉团心是你们的心？还是以什么东西是你们的心？心，还是在里头？还是在外头？还是在中间及一切处？可怜！你们太无知识！我说举足下足、行住坐卧、出入往返，一切处没有离开丝毫，哪里不是的？就是不能承当。我今天双手捧到你面前，恐怕你们还不识得！还有人能可以承当吗？我敢说你们一个人也没有。那么，"念佛是谁"待你们参究到得力处，要你们自己认识一下子。我说怎么样子，你们也可以相信；不到这个地方，我说再好，也不容易相信。但是，这一句"念佛是谁"说是真如亦可以，说是佛性也可以，说是法身亦可以，说是心亦可以，它的范围很大的。你们太可怜！对于心是绝对不知道。我今天教你们就以"念佛是谁"为心罢！"念佛是谁"到哪里，你就到哪里；"念佛是谁"在前头走，你就在后头走。总之，以"念佛是谁"审我的心、问我的心、究我的心。久之，可以明我们的心。这就是：妄想随业转，即是生死；妄想随心转，结果就是明心。你们各人彻底见到我讲得对不对，讲得是，是我的，与你们不相干。要你们功夫用到那里，自己见到，你才有受用。假使我讲的，你们对于自己本分不闻不问，那真正是可怜！可怜！要晓得，这一个色壳子光阴是有限的，站在这里一倒，前途不堪设想！要紧！要紧！

参！

十一月初二日开示（三七第三日）

用功的人，谓"一人与万人敌"。这一句话在古人最好，在今人则不行。何以呢？古人道心充足，百折不回，一勇可以超过去；今人道心不坚，一折就回，一勇再勇，也超不出去。不但超不出去，不勇不敌还好，一勇一敌，反过来要降他了，不降不得过。这是什么道理？因为我们一个人力量是有限的，他们一万人个个都是力量很大的。万人是什么？是贪、嗔、痴、慢、疑，种种的烦恼无明。这一万个念头是一向纯熟的，不要你去近它，它会自然地随顺你。这一种自然随顺的一个念头有无量的力量，万个念头，力量更大到不得了。今天用功的一个念头是向来没有见过、又没有做过，它哪里会随顺你？不但不随顺你，还要你去寻它、顺它，可见一个寻它的念头极小极生疏，力量很小。譬如一个家庭，儿女孙侄以及眷属，都是自然团结一致的。忽然外面来了一个生人说："你们出去！这个家是我的。"你们看，这一家人还肯让他吗？不是要敌他吗？你一人向他们要，他们一家人向你敌，你还敌得过他们吗？我们这一念敌一万个念头也是如此，一万个妄想是熟的，是家里现成的；这一念用功是生的，是才有的，与它们不同伙。你们想想，如同一个人要他的家，他一家人跟你拼命，你一人还敌得过他一家人吗？同是一理。那么敌不过，又是怎么办法呢？不能随顺它去就罢了！办法是有，先要你们明了不能敌它的原因在什么地方。明白了这个地方当然才有办法，因为你一人要与万人敌，你早已有了敌的念头——就是敌的心。心既有敌，念头的形色自然是一个敌的形状。你这有了敌的形状表示，当然是因敌人而有的，敌人见你要敌他，他当然要敌你。譬如：一个人预备与人打仗，一定手上要拿刀，头上戴盔，身上穿甲，站在一个宽大的地方。你有了这个预备，不是对方一万个人也就要来与你相打？他们各人不是也要拿刀拿枪？这一万个人的刀枪汹涌地来了，你一见还敢打吗？不是一见就要降他吗？次则，你能预备拿刀拿枪打人，不但一万人要来与你打，就是一个人、两个人看见也要与你打。何以呢？你与他是对头，他当然视你也是对头，岂有不打之理？对吗？这都是譬喻，我们要合喻法。你们以为妄想来了，赶快把"念佛是谁"打开，把眉竖起来，念佛是谁、念佛是谁……就这么与它敌，三敌两敌，不知不觉随妄想去了。半天知道了，以为："奇怪！我参'念佛是谁'降伏妄想，怎么打了半天妄想，还不知道呢？"再来参"念佛是谁"。一刻业障翻起来了，你还照前敌它，三敌五敌，不知不觉又随业障去了，还是翻了半天才知道。你们照这样一天到晚与它敌，不知不觉随顺它，这就是你们用功"一人与万人敌"。实在今世人不能用。要怎么样使这一万人化恶为善、一律投诚呢？我们单单的"念佛是谁"？不明白；究竟是谁？还不知道到底是哪一个。妄想来了，我不问它；业障来了，我也不问。总之不离"念佛是谁"，佛是哪一个念的？任它情来、爱来，种种的不得了，来得再多，我也不问，我还是"念佛是哪一个"。清清爽爽的，历历明明的，不慌、不忙、不急、不缓地参。正是你打你的妄想，我参我的"念佛是谁"，各人做各人的事。你打妄想也好，你不打也好，我的"念佛是什么人"，不知道，总是参。它们的妄想打够了，打到不打了，看看我还是这样参，挠也挠不动。久久地，它不是要向我投降吗？令它至心投诚，不是返妄归真吗？譬如我穿一件破衲袍，搭一顶衣，头上戴一顶合掌尖的帽子，我是站着或盘腿子坐在路旁，任是千军万马、拿刀拿枪走经我这里，有什么关系？不是他走他的？因为我不是他的敌人，他哪里会打我？久久地，久久地，他跑来跑去跑熟了，他还来请教，请教我谈谈心，很友好的，还不是归顺我吗？你们大家想想，对不对？我与他为敌，他就与我拼命；我不与他为敌，他就亲近我，照常随顺我。你们想想，我单单一个"念佛是谁？不明白"，任什么妄想一概不问，不以它为恶友，亦不以它为良朋；不去近它，亦不远它。这样子参禅用功，何等好！足见得这一句"念佛是谁"认真参究，不与一切妄想、业障为侣，不与天人、修罗为侣，亦不与诸佛、菩萨、历代祖师为侣。你们恐怕又有一点疑问："说'念佛是谁'不与妄想、业障为侣还可以，不与诸佛、菩萨为侣我倒有点不相信！"对罢！不相信不怪你，我要问你："念佛是谁"你参没有参？假使没有参，你信我的话，参参"念佛是谁"到底是谁、究竟是谁。你这么一天到晚不断，一下子、一点空当子也没有，正在疑情得力的时候，你打开眼睛来望一望：还有佛在，还有祖在吗？这，就要你们自己行到那里才可见到。

参！

十一月初三日开示（三七第四日）

参禅的程度大概以多心而至少心，由少心而至一心，以后渐渐达到了无心、了心。你们的多心现在一定不会有。多心是什么？总是外面的境界，或上海、北平，或苏州、南京，而至一切处，这都是多心。多心既无，还有少心。少心就是堂里的见色闻声。至于这一个少心，大概有的。今天讲"念佛是谁"，明天也讲"念佛是谁"，久久地自会由少心至一心。一心，就是"念佛是谁"一个心，其他什么也没有。行、住、坐、卧也是此一心，穿衣吃饭也是此一心。此一心纯熟，对于无心、了心就可以接续达到。这就是宗门下用功参禅的程序。并不是教下的六识、七识、八识，尘沙无明，宗门就是从多而至少，从少而至无。至多讲粗、讲细，这就是方便之极。再说，"念佛是谁"这一句话，你们实在听得不乐听。"天天讲，太多了，讨厌得很！有什么讲头！四个字，一点味道也没有。"你不乐听，为什么我还要讲这一句无义味的话？那么我要问你，要参禅不要参禅？你们是做什么的人？若是要参禅而了生死的人，那么，生死是要了，禅是一定要参。多心是人人有的，你用什么方法可以使多心成少心，使少心成一心，乃至无心、了心？参禅的程序非经过这一条路不可。"念佛是谁"这一法，是恰恰当当收多心成少心、由少心而至一心、无心、了心。这一法你不相信，你相信哪一法可以做到？你们实在不相信、不要听，我也不要讲。"念佛是谁"也无什么大范围，它的地方是很小的，一寸大也没有，一分大也没有。方便说可以说很小很小的，把它摆在手上可以，把它踏在脚下也可以，再把它安到眉毛尖上亦可以，你们看得以为不算一回事。可怜！我们都在它这个小房间里头，你也在里头，我也在里头，十方诸佛、历代祖师都在里头。你们还有一个人不在这里头吗？还能出这一个小小的范围？我问你们，能不能出？不能出，牛肚子也从这里去，马肚子也从这里去。你们还有一个人站出来说："我不在里头，我已经在外头了！"你们还有人敢出来讲吗？大概你们没有这么一个人。即使你有一个人说："我已经在外头了！"还不对——你在外头、我在里头——还要把里头、外头抛去才对。若不把里外抛去，终不算了事。"念佛是谁"不乐听，没的义味，弄到末了，还在它肚子里，不能出它的范围一步，通天的本事也不能奈它何，你们还要信它吗？不信它，你有什么本事出它的圈套？"为什么要说'念佛是谁'把我一齐圈到里头去呢？"因为这一句"念佛的是哪个"总是不明白，被它一关，关得牢牢的。这一关不能打破，当然是天堂地狱、牛胎马腹不能打破，终归被它关住。若要打开这一关，还要"念佛是谁"。

参!

十一月初四日开示（三七第五日）

"生处转熟，熟处转生。"大概世间、出世间法都是这样的。譬如有人住金山的房屋，你是通通知道的，不但房屋知道，椽子、落地砖你都数过的，可算熟透了。今天来到高旻，一处也不通，什么也不晓得，完全是生的。这就是普通的道理，大家可以见到。高旻虽然是生的，金山是熟的，你能在高旻住一天，当然就会熟一天。初初的人虽在高旻，心仍然在金山。等到住一年，就会熟一年，二十年、三十年住下来，当然高旻也是熟透了。高旻熟一天，金山生一天；高旻熟一年，金山生一年。三十年，高旻熟透了，金山也生透了。这就是普通的恒情。对于我们用功也是如此："念佛是谁"从无量劫来一向没有见过，又没有做过。打妄想、翻业障倒是熟透了，从无量劫到今天，没有丝毫的空当子离开它。妄想里过够了，再翻业障；业障翻够了，再弄一个情爱；情爱弄够了，又到嗔恚里去过过。如此一天到晚，一年到头，这一生又到那一生，这一劫又到那一劫，没有一刻间断，这一切都熟透了。今天要你们参"念佛是谁"，一点影子也没有。一句"念佛是谁"才提起，妄想马上就把它拉去；亡起命来提一句二句，心仍然在妄想上。你想要一天到晚不离"念佛是谁"，终归被妄想业障牵去。这是什么道理呢？就是妄想业障熟透了，"念佛是谁"完全生的，如同金山熟高旻生一样的。假若你有妄想也是"念佛是谁"，没有妄想也是"念佛是谁"，翻业障也是"念佛是谁"，不翻业障更是"念佛是谁"，提起来也是"念佛是谁"，提不起来也是"念佛是谁"，生也"念佛是谁"，熟也"念佛是谁"——终归不吃饭可以，不睡觉可以，没有"念佛是谁"不可以。今天也是生，明天也是生，久久地当然会熟，乃至一年比一年熟，三十年、二十年决定可以熟透了。

"念佛是谁"由生渐渐地转熟，妄想业障由熟渐渐地转生。"念佛是谁"熟透了，妄想、业障、世事也就生透了。如高旻熟透、金山生透一样。你们少许有点知识的，我这么一讲，你就会晓得生熟关系，是不是要苦苦地参究？要久久地参究？参不上，没有其他的病，因为太生，妄想业障打不开、放不下。要得生转熟、熟转生，当然要将"念佛是谁"苦苦地参，久久终有一天做成功的。功夫用不上，就是"念佛是谁"这一法你不肯彻底相信。为什么？因为"念佛是谁"提起来犹如银山铁壁一样，教你行，你向哪里下脚？不但没得路走，连站脚的地方都没有。打开眼睛来看看，又看不到东西；打开耳朵听听，又听不到声音。眼看不到，耳听不到，下脚的地方也没有，教你行，你怎么会行？你不会行，你还相信吗？一定是不信，因为无量劫来所走的地方都是有色可见、有声可闻、有路可走的。今天教你参"念佛是谁"，这个地方与它们不同：看不到，又听不到，脚又没处下，似乎难死人。你以为："一向什么地方都到过，这个'念佛是谁'的地方没头没尾，无东西南北，无四维上下，不但无人，连我也不可得，这个地方是没有到过，怎教我相信？相信什么东西？有个东西把我看一看，有个音声把我听一听，是真好的，我才可以相信。譬如有个姑娘，身上穿得红的绿的，面貌好得很，讲起话来声音好听得很，你教我相信，我一定是相信，因为看到红的绿的，听到细软的音声，自己眼见耳闻当然相信。今天弄个'念佛是谁'，空空洞洞的，什么也看不到，还教人不得了地相信，真是把人难死了！"如同教你向虚空里跑路一样，不跑，还不得过；要跑，又跑不到。不跑，是逼得不得了，今天也逼，明天也逼，逼得没有办法，把"念佛是谁"提起来，下不得脚，也下它一脚。看不到东西，听不到音声，不管它，就在这个地方向前跑跑看。等到你跑了一脚，似乎有点下脚处。不管它，再跑一步。咦！可以走。久久地，一点一点地向前去，照常可以跑出一个明明朗朗的路来。就等于教你向虚空里跑，没下脚处，要逼你走。

今天也是逼，明天也是逼，逼得没有办法，一点一点向前去。久久地，虚空也可以走走。跑惯了，也不以为然。一打滚，翻个身，也就可以听你自由。这是什么道理呢？没有别的，就一个生、熟的关系。生的是不动，熟了，什么都可以做。"念佛是谁"弄熟了，还有用功用不上的道理吗？

参！

十一月初五日开示（三七第六日）

想了生死的人忙用功，不知道有生死的人忙辛苦。对于住丛林的人，恒情都是这个样子。少许有点道心的人知道生死两个字的厉害，当然非了不可。天下事可以停一步，生死是急不容缓的。要办道，这一种人见到打七，他就抖起精神，欢喜无量，因为平常打闲岔的事多。虽然做事是培福，在各人本分事上说培福可以，说是打闲岔亦未尝不可。在此七期里头，什么事也没有，用起功夫才恰当。一支香与一支香，自己考审：这一支香功夫还得力，那一支香或半支香得力、半支香不得力，一切的自己考自己，自己逼自己。上一支香不到底，下一支香有大半得力，再一支香就可以完全得力。一步进一步地向前。要了生死的人尽忙这许多事。至于一点道心没有的人："不好了！平常还有点事做做，消消闲。似乎昏够了，还可以借做事打打岔，还好解着闷。今天打七，坏了！一点事没有，真要把人闷死了！一天到晚就是跑跑坐坐在堂里，上架房、小圊也在止静门里。除过堂以外，看也看不到外面的境界，真教人难住，辛苦死了！一刻工夫也没有。"这是什么道理呢？因为你们的心一刹那、一刹那不落空的。你平常除打妄想以外，做做事，做了，翻翻业障；业障翻够了，冲冲盹睡觉；睁开眼睛，又打妄想。今天打七，事没有得做，睡觉又不许。打妄想就不能奈你何！不但我不能奈你何，释迦老子亦不能奈你何！许你打妄想，但系单打妄想还不高兴。除打妄想以外，心没有个东西可依，忙心辛苦，忙香太长，忙开梆又不晓得吃什么菜，或是监香的香板打得太重，还有别的事，都在这些地方忙。你们这样的人还不少，大多数都是这个样子的。你们若果不改换面目，我要与你们不客气地讲一句老实话：你们这种人算是一个"罪人"。你们以为："没有犯法，为什么算一个罪人呢？"对罢！你要晓得，常住上内外一切护法檀越都是为了你们用功办道、了生脱死，哪个教你打混？你这样不用功、不办道，不是罪人吗？我说：你们大多数的人没有用功是罪人，我还是优待你们，还相信吗？你们一天到晚三茶、四饭、两开水，现成受用，没有用功，当然是罪人。"这个罪人既是我们要承当，为什么又说优待我们？"我说优待你们为什么？当知"毫厘系念，三途业因"。你们大家想想，何止毫厘？一天到晚上千、上万的念头也有。一毫之念就是三途业因，将来就要感三途的果。有因，当然决定有果。三途的果是什么？地狱、饿鬼、畜生。有一毫的念头在，就有这许多的果报。念头不休不息是怎么说呢？我是优待你们罢！但是我的希望：人人都要将"念佛是谁"参通了才好！要得它通，首先要把功夫用上，什么是功夫用上的地方？我要问你："有参'念佛是谁'没有？"你说："有。"我再问你："疑情还得力吗？"你说："得力。"我又问你："得力的时候，善念、恶念还有没有？成佛的念头还有没有？度众生的念头还有没有？以及一切杂乱纷飞的念头还有没有？"既皆没有，连没有的一句话都不知道。照这么讲，能行了！要你们自己行到这个地方才有受用。你们真有这样的功夫，回过头来，"念佛是谁"哪有不能开口的道理？今天我问你念佛是谁，没得口开。我再问，你的脸倒红了，不能再问，再问就不对了。这样就是功夫吗？一个人被人家一问，没得口开，再问，更不能开口，这就是你们的为人。有点知识的人当然要把最好的学问一齐地放下来，单单的的把个"念佛是谁"死也不放松——要我的头也可以，把"念佛是谁"放下来不可以。职事上招呼垫子摆好，我不晓得垫不垫，"念佛是谁"要紧，大不了，你打几个香板就罢，终归教我放下"念佛是谁"去理垫子做不到，愿挨香板。我们以前用功是这样的，宁可犯规矩打香板，教我把"念佛是谁"放下来不可以。你们没有一个人说功夫要紧罢！"犯规矩打香板不算一回事，有功夫用就罢了！"还有这样一个人吗？我敢说没有。你们是怎么样子呢？要鼻子外面顾得好好的，深怕倒架子，挨香板难为情。这一种狗屎烂粪臭面子，要它作什么？把你的臭面子是要顾好，不能怠慢它，把你的最贵最贵的一个本来面目不闻不问。"不要紧！人家又不见到，只要把一个臭面子顾好就罢了！"这样岂不可怜！可悯！你们就甘愿做这种没有用的人？你还知道你苦恼吗？今天有缘我替你们讲讲，你们还不容易多听呢！各人好好地珍重！

参！

十一月初六日开示（三七第七日）

用功的人在平常用起功来还好，虽打妄想，"念佛是谁"一提，妄想就没有，功夫也有得用，静中可以用，动中也可以用，念念似乎不空过。"今天打七，反过来，不对了！'念佛是谁'提不起，妄想也打不起，清清净净。要想把'念佛是谁'提起来用，一提提不起，再提也不行，三提五提把心气提痛了也是提不起，似乎打七打坏了。平常很好，为什么打七反不能用功？罢了！摆下来罢！"另一种人到了这个地方以为："好得很！清清净净，功夫虽然提不起，妄想是没有。既是无有妄想，大概就是这个样子，不要再用功，再用功岂不多事？就在这个清清净净、光光堂堂的地方歇下来，住一住罢！"少许有点道心的人，在功夫上摸索摸索的人，一定是会有这一回事实。何以呢？这个地方是用功必经之地，你要用功，总要依这条路走。走过这条路，不算什么奇特事，用功人必由之路。虽然必由之路，你们这两种人的知识不对：一个是提不起，再提，还是提不起，三提五提摆下来了。一个是不要提，以为到家。这条路与你的本分事远之远矣！如天地悬隔。两者都是错的！为什么呢？提不起、不要提皆是你们没有见得透这一种功夫的理由。倘若见到彻底，自然不会有提不起就不提住下的道理。用功的人为什么有这种路头？要晓得在平常时候用功，都在声、色上用功，不是眼见色，就是耳闻声。在那个时候，虽然提起"念佛是谁"来得用，仍在见色、闻声的一个大粗心上用。这个粗心，妄想也有，昏沉也有，业障也有，时常发现，因为粗心就是这个样子。今天打七，外面一切声、色不得到你面前，总算不要你除声色，声色自然没有。内里因无外面的声色，则无分别思想，可算外无声色，内无攀缘。因声色而起攀缘，因攀缘分别而说声色，因声色攀缘互见而说一个粗心。今天声色既无，攀缘哪里会有？攀缘、声色俱无，粗心当然也没有。粗心一无，一切当然会歇下来。提又提不起，用又用不上，妄想也打不起。清清净净，光光堂堂，就是这个地方。也是粗心歇下来了。宗门是这样讲，并不是教下说前五识，什么见、思惑。宗门下就是声色粗心。粗心歇下来，不是没有事，还要向前走才对。既然"念佛是谁"提不起，怎么走？有没有这一种办法？有！这办法对那两种知见的人都可以合用。提不起摆下来的人也是这一个办法，不要提以为就是到家的人，也是要这个办法。什么办法呢？就是在你们提不起的地方想出办法来，这是："念佛是谁？参！""你未讲，我已经说过：提不起，怎么参？"那么，提，放下来，念一句"念佛是谁"，大家都可以念罢！既然念了一句，就在念的地方参！照这样子，在提不起的地方，不要提，念一句"念佛是谁"，即从能念的地方再下手参，这一下手再起疑情来。我告诉你：你不要参，它不由你，疑情涌涌的，好得很！但是，我讲，好歹是我的。要你们行到这个地方，你们才晓得真实不虚。我在金山住的时候，功夫用到这个地方，也是你们这个样子，提又提不起，妄想更不用说，当然打不起。因为我的功夫与你不同，在那里，我最初用功，自己与自己一支香一支香地考究。每逢一支香开静，必先审问自己：这一支香功夫怎么样？还有昏沉？还有妄想？若要有一点昏沉或一寸香的妄想，当下自己打自己的耳巴子。下一支香跳起脚来克责自己，非办到昏沉、妄想一点也没有，"念佛是谁"单单的的、明明白白，我才把它放过。用到了这个地方，虽是提不起，我是不与人同，对于这里我是不住，知道不是好境界。即是好境界，我亦不住，总要参究才是。没有办法，找个最热的妄想打打。刚刚的找到，还没有打就没有了——说上海大舞台好得很，去打它的妄想罢！不行，还是打不起。后来慢慢地念一句"念佛是谁"，想想念的这一句从什么地方来的。既然能念，为什么不能参？就从这里下手。歇的倒有二天，后来从这个地方再一参，好像三天没有吃饭，见了饭没命地要吃一样，才觉好用，再向前。那种情形是多得很，要你们用到了这个地方，我再与你商量。

　　参！

十一月初七日开示（四七首日）

　　从前孚上座打六天七开悟，赵州老人打一个七开悟，中峰国师打两个七开悟，本寺天慧彻祖打四个七开悟。你们今天打了几个七还晓得吗？我虽是这么问，你们还有人说："我起七以来，什么早晨、夜晚都不分，今天明天、初一十五更不晓得，只晓得一个'念佛是谁'，哪里知道几个七呢？"有这一种人，我是很赞仰他！我告诉你：今天第三个七已经完了。古人一个七、二个七开悟，你们已经三个七，对于开悟一件事还没有一点消息。你们问问自己：即使无有一点消息，只要不知道有解七的日子，大众倒下来，你也倒下来，睡不睡，不晓得，"念佛是谁"明明白白的。人家坐，我也坐，人家行，我也行，但是坐行都不晓得。大家向斋堂里跑，我也去，去是去了，做什么事，我还不知。人家吃饭，你盆筷也不晓得拿。你们有这样的用心力，三个七不悟，五个七、六个七，我可以担保你决定开悟，我但要你有这个功夫。若没有这样的功夫，开悟的一句话安不上。但是了生死的开悟的心当然是人人有的，人人有希望的。对于功夫用到随缘起倒而不知道有起倒，跟人家到斋堂，不晓得拿盆筷。你们恐怕还有点疑惑："一定是骗人的，哪有这样的道理？"对罢！别人的行处，你不相信，因为没有看到。今天，我把我的行处告诉你们听听，不能再不相信，是我亲自走过来的，你们一定会相信。不是空教你们相信，还有一点事实在这里：斋堂不许打耳巴子，就是我用功吃苦过来的。我在金山住的时候，功夫用到极紧的那个时间，疑情涌涌的，你不参，它也不容你，绵绵密密的。打七的时间，开梆过堂，我也随大家跑到斋堂去，坐下来，疑情得力得很，人家吃饭，我不知道拿盆筷；人家吃得差不多了，我打开眼睛看看，饭菜装得好好的，我就将盆筷移拢来。后又一想：不能把功夫放下来，吃饭还要提好功夫。又把"念佛是谁"一追，菜饭不晓得往嘴里扒，呆呆地坐在那里。忽然手一松，饭盆一掉，把菜盆打破了。僧值师跑来一个大耳巴子，打得我瞿然一冲，饭盆又掉在地下打破。僧值师又连打三五个耳巴子，打得我头昏脑闷。一想：打虽打了，功夫还要照顾好，不能因为挨打，就把功夫放下。因此凡我所住的地方，斋堂不许打耳巴子。加之这边常住上住的人都是道人，所以只许大吼，不许打耳巴子。你们恐怕不是这样子，一挨打，马上就退步了！这个事本不容易办——顾到这头，失那头，顾到规矩，功夫一定顾不到，就因此退下。故此，我任它外面再怎么样，我的生死未了，终归功夫不肯丢。你们要开悟，必须要功夫用上。用到行不知行、睡不知睡、小圈不知道扯裤子，这样功夫不是骇你们的，是我行过来的。我有一次在打抽解尿子时不知道向哪里走，这正是功夫吃紧的时候。大家出堂，我也跟出堂来，于是乎跑到韦驮殿来了，也不知道做什么事。班首见了就是一吼，我也不知道什么事。后来有某西堂见到我，他即指点我说："大概是功夫恰当，忘其所以然了罢！此时是打抽解小圈啊，你向西去！"给他一说，我才知道。我在功夫得力的时候，好多次均蒙这位西堂师傅照应，到今天我还感谢他。这都是我经验过来的。所以我希望你们亦行到这样功夫，不是欺骗你们的。

再讲警策：你们同在这一个禅堂，同参一法，而感果则有千差万别，各各不同：天上、人间，牛胎、马腹。念佛是谁？

参！

十一月初八日开示（四七第二日）

有人问赵州："云何是大道？"州云："平常心是道。"又问："我不是问这个道，我是问大道。"州云："大道通长安。"问话的这位当下猛省，就悟了。古人悟道有这么直接，你们今天也这么问，我也这么答，你们还也猛省悟道吗？恐怕你们办不到咧！若说古人是菩萨转世、罗汉再来，这是欺人的。要晓得，古人的行履与你们的不同，如天地之隔。古人用功不分寒暑，没有昼夜，一切处不论，还说什么打七不打七？他是二六时中不肯刹那离开功夫，所以他们一有机缘，一言半句，当下就悟道。你们不能悟是什么道理？是"临渴掘井"一种大错误。在平常丝毫没有用功，总以为平常不要用功，加香打七才可以用功。又以为过夏天气热得很，又要上殿普佛，下期头上规矩要紧，这许多的时间，随随众众而已。加香打七那个时间才要认真用功。大概你们被这恶知恶见错误光阴不少，错误的人也不少。你们想想，临渴掘井，人渴死了，井还没掘成，还有益吗？世界上百工技艺都要三年五载以后才可混得一个饭碗，况我们这个出世间无上妙法，哪里这么容易？你们有点知识的人当然要不分严冬天冷与夏暑天热，总把"念佛是谁"不明白处苦苦参究，恒常不断。任它再热，我有"念佛是谁"，当然清凉自在。任是再冷，我亦有"念佛是谁"，也不晓得有冷。就这么苦苦地参，三年五载要开悟，当然现成事。若要以加香打七用功，平常不用功，一年计算，要荒废九个月，只有三个月用功。你们想想，对不对？还算一个用功的人吗？我今天对打七前的事、解七后的事全盘托出，能有心了生死的人，当然会照这么做。并不是我单独要你们这样做，我是这样做过来的。我行过来的事，说到你们听，你们有知识超过我的人，则以我为戒；或有不如我的人，则要跟我学。我以前住金山的时候，用起功来，什么人情，什么应酬，我是一概不顾。我只顾"念佛是谁"，历历明明，毫不间断。任是得罪何人，虽系职事，我是不管的。每每跑路只顾功夫，见了知客，我也不知道合掌让路，当路一撞，把知客撞退多远，他即时一顿一大吼。那时我想想：不对！如此冲撞，于人情上有关系，把功夫放下来，应酬应酬罢！再复一想：咄！不可以的！我为什么出家？我既为生死出家，今天生死还没有了，竟把功夫放下来应酬人情吗？胡说！若要这样，不如不出家罢！还是我的功夫要紧，任他吼，就是打，我亦欢喜。好！他不打我，我还要请他打我几下，试试我的功夫如何。假使几个耳巴子打下来，我的功夫还是照应如常咧，这是好得很的；若是一个耳巴子打下来，"念佛是谁"跟耳巴子跑了，我这个人还算一个用功的人吗？所以立定主宰，任何人再吼我、骂我、打我，终归"念佛是谁"不能丢，这就是我的为人处。老是这样跑路，很常一撞再撞，人家当然不高兴。到了期头，大家都出堂，知客问班首："堂里有个湖北佬，走没有走？"班首说："没有走。"知客摇头道："这个湖北佬坏得很！什么大老官出家？跑起路来，鲁莽得很，不撞倒这个，便撞退那个。真是'天上九头鸟，地下湖北佬'！这厮还不走，实在讨厌！"这些话是我亲耳听到的。总之，我的生死未了，这些闲事哪会管它！还有一天，点心后小圈回堂，走到路上，有西单某师挡住问我："大殿上是男菩萨是女菩萨？"我被他一问，使我茫然，没得口开，我说："不晓得。"他又问："当中的菩萨有胡子没有？"我又没得口开，只好再回他一个"不晓得"。实际上，我住金山二、三年，上殿没有抬过头，哪里会知道是男菩萨是女菩萨，有胡子没有胡子。你们今天还有这一个人吗？我有如是行处，到今天还是一个业障的人。你们的行处呢？不能开悟，还能了生死吗？各人发起心来，问问自己看！

参！

十一月初九日开示（四七第三日）

每每有人说："用功站不长，对于'念佛是谁'提也会提，疑情也会起，得力与不得力都清楚，就是站不长。"这句话讲的人很多。要知道它的原因，恐怕不容易知道。再则，站不长这种人，如果有点知识，必须要它站得长。想点法子，把站不长决定做到站得长。你们还有这样的知识吗？要晓得，用功站不长，不是今天站不长，你们从无始劫来都在"站不长"里头打滚！你们还晓得你们一向所修是站不长的因，今天哪里就可以站得长？但是，过去所种站不长的因，今天当然感站不长的果，这是一定的理。难道就随它去？随它去，当然还是牛胎马腹也随它去，一切都随它。随它去还有别的事吗？无非六道里转！你们有点道心的人还愿意在这里转吗？若不愿意，当然要想个办法，非要它站得长不可！你们还有这么一个人吗？各人自己问问心看！要说使功夫站得长的办法，古人指这条路教我们走，实在对我们中、下根机的人不得已而讲，本分上哪里还要走路？掉头就是，脚一转就归家稳坐。要说一条路可走，倒又向外跑了！因为你们不能直下承当，现前走的路又太多，所以设一个方便，指这一条路教你们走，可以去掉那一切的路。譬如头上一把头发一根不少，你们走的路比这把头发还要多，我当然想替你们把这一把头发多的路一下子抛到九霄云外去，教你们当下可以见到本来面目，才满我愿。然而不能做到，十方诸佛也不能做到，一切菩萨、历代祖师更不能。若十方诸佛可以替做得到的，大家可以不要用功。佛若替我们做得到，哪里还有众生？能够不能够？十方诸佛只可以指这一条路，你们能依这条路上走，可以去掉那一切的路。这一条路走到尽头，亦复归家。所以十方诸佛只可以指路教你们走。你能走，一切的路当然会去掉，十方诸佛不能替你走。你若不走，十方诸佛亦不能奈你何！这一条路就是：念佛是谁——我今天指你们的路。佛及菩萨、祖师亦是指这一条路。你们走的那么多的路是什么路？就是站不长的路。无始劫来都是在这个站不长的路上走，今天站到这个地方，就要它站得长，当然不能做到。站不长的路虽多，总逃不出身、心、世界。因有身心世并成一处，才变化出无量的路来。你能走这个"念佛是谁"的一条路，可以去掉那身、心、世的一切站不长的路。为什么要说身、心、世是站不长的呢？你们要明了这个站不长，在教下的人，对于名词大概容易知道。宗门下只说站不长，不讲其他的。在教下讲，站不长是个什么？就是生、住、异、灭。生，也是站不长；住，也是站不长；异，也是站不长；灭，也是站不长。我要问你们："还有心吗？"你们当然要说："有心。"我又问你们："以什么为心？"你们当然会说："以能知能觉为心。"那么能知能觉是你的心，这个知觉有多长？这知觉是不是生住异灭？各人思想思想看！生，马上就生起来。一生起来，就是住。还能住好久吗？马上又换异。一异，这一念就灭。灭后的事又如何？你们研究研究，答我一句。可怜！我们灭后又是生、住、异、灭。因有知觉说心，知觉当然是生住异灭，生住异灭，就是站不长。你们想想，这个心的站不长还是今天有的？过去有的？源头还摸得到吗？乃至到尽未际的边际，还能测量吗？我们现在的身四尺多高，将来还要减到一、二尺高。最高有四十丈。现在的寿有六七十岁，未来还要减到十岁。最长有四万八千岁。你们想想，身高有几十丈、寿有八万四千岁，于其中不能离开生老病死。身体从生而有，无论未来的十岁、现在的六七十岁乃至八万四千岁，总有老的一天。老后总有病，病后当然是死。死后的事又是如何呢？当然又是生老病死。这生老病死的站不长辗转不断，还有了期吗？身、心、世的样子亦复如是。身心世站不长还是略说，若广说太多。你们有心用功的人当然要想个办法，使这一切的站不长能可以站得长。只可以"念佛是谁"，这一法是直达心源的一法。心虽站不长，而心源是永长的。譬如水流一样，水是流转，水源是不流转的。水源若是流转，当然流去就没有了。因为源不流，所以长流不息。我们必须达到心源，方可以站得长。然而这个心源离我们有多远？我略说你们听一下：譬如那天开梆，你在静中听到罢！今天开梆，又听到。乃至明天、后天开梆，也听到。我问你，昨天的听、今天的听乃至明天后天的听，是一个还是二个？若是一个，是长还是不长？大家仔细研究一下子！要领会一点才好！在教下说这个常住真心，一天到晚没有离开一步。我们截流归源，则要苦苦地在"念佛是谁"上认真下一番死功夫，不怕它站不长，总可以由这个不长达到一个真常。

参！

十一月初十日开示（四七第四日）

"三学兼修，一真具备。"三学就是戒定慧。教下对于这个三学，修持极为要紧。为什么要说兼修？就是先要持戒，由戒而定，定后可以发慧。戒有大小，定有正偏，慧要由智而慧，单说慧，其慧未广，智慧具足，才可说圆慧。在教下必须经过若干时期方可以达到。宗下不然：一句"念佛是谁"，三学具备。何以每每有人说："宗门下'戒'的一字向不闻问。"因为他们没有见到宗门下的持戒。宗门下持的戒并不是普通人的大乘小乘，是持的"无着圣戒"。这是什么道理？你们把"念佛是谁"提起来，不明白。就在不明白处追究、审问。我问你，还有身去杀人放火吗？究竟是谁？还是不明白。你还有心去两舌妄语吗？一句

"念佛是谁"，身不可得；究竟是谁，心亦不可得；到底是谁，不可得也无。身不可得，哪里还有犯杀人放火的事？心不可得，哪里有持戒之心？不可得亦不可得，就是十方诸佛圣戒等持。持、犯俱不可得的这一种无着圣戒，还说什么大乘小乘？宗门下不持的一句话还安得上吗？教下一个"定"字呢，身坐在一个地方，心里万缘不动，制止身心俱不动。心不动不容易做到，必须作观。观不住，要用照。照再照不住，必须想出一个方法把它制住。由此渐渐地制久就会定。定到哪一步的功夫发哪一步的慧。大概是这个样子。宗门下彻底相反，不是那个定，是动中的定。何以？跑香是动，盘腿子、搬垫子是动，一天到晚是动。虽然是这么动，在这个动中，"念佛是谁"历历明明，丝毫不间断。这一个动中定，任是一切动不能动这一个定，因为它是一个动做成的，全定是动，全动亦是定。为什么一切动不能动这个定？你们一提"念佛是谁"，不明白处一得力，"上海最好"也没有；"到底是谁"，任是最好的女人到你面前，也没有心去想她。"上海"既没有，就是上海的动不能动它；与无心去想女人，女人的动亦不能动它。这二种最易动的动都不能动它，还有什么可以动它？能可以达到这个定，智慧就易如反掌，当下就可以具足。到了这个地方，真正一参具备。（警策从略）

　　参！

十一月十一日开示（四七第五日）

　　参究这件事要念念分明，心心清澈。念念分明则无妄想，心心清澈则无昏沉。只要分明，妄想不除而自除；只要清澈，昏沉不去而自去。如何是分明？"念佛是谁"四个字提起来一个字一个字清清爽爽的，念佛是哪一个呢？这个疑情下去，历历明明，没有一毫厘的含糊，妄想从哪里有？怎么是清澈呢？"念佛是谁"四个字提起来要诚诚恳恳，"念佛"两个字一出口，把那个念本师释迦牟尼佛这一种的念头就在其中。"是谁"就是哪一个人呢。这一问，就要他答我一样。虽然没有人答，我就等于大声问人的话一样："念佛的是哪一个？"字字分明，想念清澈。并不是糊糊涂涂地把"念佛是谁"这四个字，似有而似无，走口内一过而已。起初倒是想要用功，但四个字一出，又打妄想去了，或是没得精神一般，疲疲倦倦的，"念佛是谁"也没得什么疑情。无疑情，一句就算了。这一句还没有念了，眼睛闭起来了，似睡非睡。再念一句"念佛是谁"，冲起盹来了。这就是不分明、不清澈。你假使抖擞精神，好像担一百二十斤担子一样，又如有滋有味地食东西，念佛是哪个呢？清清亮亮的，疑情是明明白白的。不知道是谁，恳恳切切地再问一句：究竟是谁？还是打不通到底是哪一个。你能有这样子念念分明、心心清澈，不给它有丝毫的空当，我问你，妄想从什么地方来？昏沉从哪里出？因为不分明，一笼统，就是妄想入处。稍有含糊，昏沉早已上身。功夫与妄想本来没有两个，功夫念念分明就是没有妄想；打妄想，功夫当然没有。并不是你要用功，它拼命地要打妄想；你不用功，它还歇一下子；你一用功，它就要打妄想，这不是有两个？岂有此理？一定没有这种道理的。譬如猴子一样，它在树上东跳西奔，一时桃树，一会李树，像有十个八个一样。只要定静一看，实在就是一个，桃树上有，李树上则无。妄想亦是如此，一天到晚似乎上千上万的，其实只有一个。这"一个"，为我们中、下根机的人不得已而讲。若要再不方便讲这一个，教你们更没处下手。所说上千上万的妄想，其实只有一个。这一个在妄想上打，就没有功夫；若在功夫上，就不会打妄想。犹如猴子在此树不在彼树一样。若要这里用功那里打妄想，不是有两个吗？没有此理！要你自己见到，不是我说就是了事的。若光要我说，与你们不关痛痒，那就苦死了！你们也有人听到我说念念分明、心心清澈，就把"念佛是谁、念佛是谁"一句接一句地念，又不对了！如此地念，不久心气要痛。要一句、一句，不缓不急，分分明明，清清亮亮的。急则会伤身，缓则容易起妄想。念不明白不清亮，容易睡觉。你们各人能以绵绵密密地、分分明明地下去，把"念佛是哪个"提起来自己看，还有一点漏洞儿吗？若要马虎一点，"念佛是谁"似有似无，好大的一个洞！文殊普贤也从这里跑进跑出，猪羊牛马也从这里跑进跑出。你们大家想想，还是小事吗？能可以分分明明的，不就是把这个洞塞住了？文殊普贤也不能进出，牛马猪羊也永断了。何等不好？这个洞子虽然塞住，终归要把"念佛是谁"参通，一定要把念佛是谁、是哪个找到才对。明明有念佛的人，把他笼统地过去就算吗？你要晓得，无始以来，被这一个身、心、世缚得紧紧的，你要想少许离开，丝毫也不能够！因此六道往返，亦不得离开一方寸。今天要参念佛是哪一个，到底是什么人？究竟是谁？你们这样一参究，一审追，我问你：身还有吗？身一定会没有。身既没有，心亦没处安。身心既没有，世界还安在哪里？你们在这身心世界俱没有的地方，我问你：念佛是谁？你就在这个地方答我一句。若要答不出来，必须就在这个答不出来的地方提起"念佛是谁"来猛追！猛省！将来总有一个消息。我这么讲无非两句粗话，亦复你们粗心听。要想到细的地方去，必须从这句粗话上做到细处去。

参！

十一月十二日开示（四七第六日）

打七的人大概都晓得说"用功办道"。说是许你们晓得说，若要问你：为什么要用功办道？恐怕大多数的不能彻底了解，因为都是听到人家说"住丛林要用功办道"，自己不曾有个满盘计划。你们要知道，生死未了，只一口气不来，前程路途很险很险！要有这种满盘计划，必须要知道无量劫以前，最初一念未动时，与十方诸佛同、一切菩萨祖师同，无二无别。我们于此觉海上静风一动而生一念，由此一念生，觉海变成苦海。虽名苦海，因我们一念不觉而有，其实并未离觉海。直至今天，虽有十世古今，百世千世万世，我们现前一念不隔分毫。为什么做众生？要晓得，虽然做众生，然而本有的佛性与诸佛的佛性亦无有差别。所差别者，由一念不觉造成无量生死。乃至到了现在，仍是心心造生死，念念造生死。生死是什么东西？你们大家要听好！虚空大地是生死，我们这个身是生死，心亦是生死。总说有三：就是身、心、世的生死。有了我的身，有了我的心，有了我们住的这个虚空大地，这就是我们轮转不息的生死根本。但是这个世界与身心仍是一念不觉造成的。假若你们返妄归真，脱苦海而证觉海，虚空、世界、身心皆在我这一念中，这一念若觉，身心世界俱不可得。我们现在不但不能觉，还是继续造无量生死。是怎么造法？因为有这一个虚空大地的世界，就有我们的身体住在这个世上。有了身，决定有心。这个心就是造生死的家具。一念之间造就十法界的生死。现前一刹那一刹那念念不息，就是念念造十法界生死的因。因既造成，将来感果丝毫不差。种瓜一定得瓜，种豆一定得豆。你若种的佛因，当然感成佛的果。若是种修罗、地狱因，一定要去受修罗、地狱的果报。这就是念什么就种什么因。当人现前这一念，念众生苦、发菩提心，即是向上修佛因。这一念造杀盗淫，即是向下做地狱饿鬼畜生因。如是有十种的因，感果就是十种法界。若要明了十种法界的名目，就是上四界：佛界，菩萨界，缘觉界，声闻界。名四圣界。下六界即：天界，人界，修罗界，地狱界，饿鬼界，畜生界。名六凡界。四圣、六凡总称十法界。这十种法界的因就在我们当前一念造成。就以我讲话为个譬喻：我在这里讲话，你们站在这里听。我一个人讲，你一百个人听，各有会处不同。有的听了我一句话，心里非常地清净，信从为实，毫无疑惑，当下就要立定志向，非做到不可，这就是成佛的因。有的听了心中欢喜踊跃："我将来把生死了过，还要度一切众生。"这就是菩萨因。还有人听了，心里想把功夫用上，住住山，住住洞，世界上苦得很，这是缘觉、声闻因。还有人听了，心里以为："你倒说得好听，哪里会行得到？我们还是持持戒，求求福罢！"这是天、人因。再有，或是听了，心里大为不然说："讨厌得很！天天都是这一句话，听了不乐听！说点新时话我们听听倒还好！"既是讨厌，就是嗔因，嗔因就是修罗因。其余破戒、悭、贪、邪淫，种种之恶，就是三途因。如是合成这十法界的因。就在我一句话，你一百人听了各有思想不同，就是各人所种的因不同。十法界因就是十法界的生死。你们想想，一天到晚东打一个妄想，西打一个妄想，欢喜的，嗔恚的，一切烦恼无明，种种的因种下去，生死还有了期吗？还有出头的日子吗？连气也透不出来！你们研究研究，是不是这个样子？那么，生死有这么多，要怎样子才能了？念佛可以了吗？我说可以。但是念佛只可收一切念，"念佛是谁"它能离一切念。譬如你们正在那里打妄想、造生死，忙得不得了。一个"念佛是谁"马上替你们把造生死的念头就离开了。你们大家想想，"念佛是谁"的力量还大吗？我说它的力量大。再说得大，要你们相信，似不容易。你们自己试验一下子，就会知道了。你们找一个妄想打一下子，正在打的时间把"念佛是谁"明明白白地提一下，到底是谁？究竟是谁？这么一参，妄想的影子还有吗？你看它的力量是多么地大啦！你们能可以心心这么参，念念这么参，后来的事我与你商量。

参！

十一月十三日双解七考功开示（四七第七日）

已经打了四个七，你们的功夫当然有了深入处。第一个七不知用功，第二个七知道用功，第三个七功夫就用上了，第四个七当然会有深入。在此起七中忙了一些人：堂里的班首师傅时时刻刻照应你们，讲话多了，恐怕你们动念头，减了又减，深怕多讲一句，动师傅们的念头。讲开示、公案、典章不带一句经典语录，乃至外面任何境况都不与你们讲一句。为什么呢？因为你们参的是"念佛是谁"，其他一切言句都不合适这一法。这是他们的苦心。及至看见你们这里也不对，那里也不对，心里挨不过，要说，要讲。说出来，又怕师傅们动念，只好自己放下来。此亦复是成就师傅们的道念。维那师傅堂里堂外地照应，乃至跑香长，深怕师傅们伤气；跑短，又怕师傅们精神不足，坐起香来容易睡觉。催起香来，深怕打着师傅们的耳朵，或打伤了，退师傅们的道心。一天到晚在你们身上用心，一副精神完全用在你们身上。一切监香师傅、香灯师、司水、悦众，内外护七。外寮、库房、客堂，都是为你们用功办道，成就你们打七。今天打了四个七，还说功夫没有深入！考功的规矩与上次同，一考就要答。但是答出来要天摇地动。不然，不是火葬就是水埋。交代在先！（考功、解七从略）

十一月十五日开示（五七第二日）

前四个七的讲话都是教你们用功。最初是不知道用功做什么，又不晓得什么叫做用功。渐渐知道要用功，又不晓得怎么用法，从什么地方下手。再则，初初地知道一个"念佛是谁"，又不深信。这都是你们过去的程序，所以一向讲的为什么要用功。但功夫下手的路途岔路多得很，故此要领你们走这一条正路。路上的荆棘又替你们打扫得光光的。这条路教你们走，不教有一点障碍，一层一层地说给你们听。今天四个七打下来，你们不知道也知道，不用功也要用功，不肯向这条路上走的人也向这条路来了。大家都上了路，不能再说未上路的话，要替你们讲讲功夫话了。但在你们当中还有好几位连"念佛是谁"尚没有相信，怎么参、怎么起疑情，一回也没有做一下子。人家跑，你也跟到跑；人家坐，你也跟到坐，根本没有动一脚，哪里说得上已经走上了正路的话？若要以你们这个样子看，功夫话还要说吗？说还

有什么用呢？本来是没有口开，而又不能不讲，大概有一、二位
又需要我讲功夫程度的。即使一个人也没有，我又不能因没有而
不讲。你们以为我没得口开是你们功夫用到了没口开的地方。你
们真用到没得口开的地方，我走三个空圈子，我是不言之言，你
是不听之听。不言之言是真言，不听之听是真听，那是很好的！
恐怕不是这个没得口开罢！是因为你们功夫的程度一点也没有。
能可我讲的话在前，你们就跟我的话行在后。譬如行路，我在前
一里路，你在后一里路，你也看到我，我也看你，这样才对。今
天光得我在前头讲，你在后头行不上，我倒讲了十里八里下去，
你一里路还没有走。你也看不到我，我也看不到你。我讲向南，
你倒向北，还能对吗？我的话讲来，还能言行相应吗？既不能相
应，不是不要开口吗？我是这样没得口开，并不是功夫上没得口
开。或者有人说："你这样讲恐怕委屈人。"也许你委屈人。但
是，宁可我委屈你，是很好的。恐怕不委屈。你以为："你哪里
知道人家心里的事？"虽然你的心在你肚子里，你的人站在这
里，我把你一看，望到对过清清爽爽的，如一个琉璃瓶一样，里
头心肝五脏，看到一点也不差。你心上的事我还看不到？我还委
屈你吗？宗门下的事不是说说就了，也不是付于来日的。教下开
座讲经可以下座睡睡觉，外面跑一跑，因为今天讲过就付于来
日。宗门下不是：要今天说的今天行，明日说的明日行。我说的
就是你们行的。你们行的也就是我说的。言行要相应。倘若言行
不相应，不是宗门事。你们有不少的人未进禅堂以前以为禅堂了
不起，十方诸佛、菩萨、诸祖师出身之所，禅宗一法极玄而妙，
是很相信。今天住到禅堂，反过头来："不好了！外面说禅堂怎
么好，而今进堂以来，七也打过三、四个，没有什么了不得，不
过就是这样子罢！在外面听到人家的话恐怕是人家骗我的！我倒
要想过旁的事干干才好！"你们这一种人可怜！可悯！真是不可
说！我亦要替你们把这一种病源指出来，使你们知道是病，可以
向前走走。这一种人，"念佛是谁"影子也没有。我问你"念佛

是谁"，你还有点影子吗？不但没有，还以为："不好了！我所学来的、会到来的，很多很多的，以前提一个题，似乎涌涌的言句就可以说出来。今天把禅堂一住，七一打，反过来文章想不起，一句也想不出来。一想再想，终归想不起。好像肚子里空了，似乎不相应，七不能再打了！再打恐怕将我费了许多辛苦学得来的《楞严》、《法华》都忘去了！恐怕空费许多的经济，空费多少困苦。这样子，七不愿意打了！把肚子打得空空的！"你还是这一种心理。我说：你们不要弄错了！这是好事，不是坏事，你们还相信吗？我说你们学到来的忘掉、会到来的忘掉不算事，还要你们连学的是什么人还要忘掉！连会的是什么人也要忘掉！你们大家领会一下子，还要深一层，把我问你们学来的忘掉，学的人忘掉了没有？可怜！可怜！学到来的还是满满一肚，哪里肯把它忘了！天天坐下来还要摸索摸索，深怕忘了，学的人忘掉哪里说得上！宗门下首先要你空！要你忘！空了忘了，那个时候我自然会再与你商量。你为什么不肯空？不肯忘？世界上什么事都要讲求进步，就是你们学教亦复要进步。你们今天住禅堂，为生死大事求成佛作祖的，为什么不讲进步？学来的会来的少许忘了一点还不愿意，你们自己想想，可怜不可怜？所以要你们大家认识，能可以把我能学、所学忘得光光的，这是好事。不忘，还要勇猛忘了才是。那么你不用功的人，光打七觉得很好的，坐坐跑跑，睡就睡，一下子倒也不怕，很受用。用功的人反过来倒是五心烦躁，身心不安。为什么呢？因为用功的人他知道生死非了不可。我的生死是苦，大地众生的生死更苦。若要令他们离苦，必须我先离苦，而后再度他们的苦。我要离苦，非用功不可。我要度众生离苦，亦非用功不可。所以一天到晚，刻刻用功。时时研究功夫，深怕功夫打失，总要功夫成片。因不得成片，总是自己克责自己。因为大事未明，是这样地不安。但是，你们大家在这里还有一半人是这样？或者三分之一是这样？恐怕也没有！假使有一个、两个，也是好的！还算是一个道场！若要一个也没有，这一句话是怎么讲法？教我开口讲话，还有味道吗？你们想想看！我看你们都不是这样，是什么样呢？"常住上真是向我们要命！八个七打了就罢了！为什么又添两个七？这不是与我们为难吗？还说得好听，成就我们！真实不要你成就，早点解七吧！让我们睡睡觉，休息休息。似乎现在去睡才好！"哪里还有精进、勇猛的一句话！想快活快活、适意适意，才对呢！对吗？你们自己想想看，这样，还是一个办道的人吗？师傅们！要认真吃一番苦，这样快活、适意不能算事的。还得把"念佛是谁"提起来，参去！才有受用。

参！

十一月十六日开示（五七第三日）

"一念不觉生三细，境缘才动成六祖。"宗门下的事，不讲根尘、五识、六七八识，一概不讲。只讲粗细。对于"念佛是谁"当然要讲，因为这一法是发明我们本有的一法。虽然，它可以发明本有，不说也不能使人行这一法。或者有人说："既然有说、有讲，莫非是教宗吗？因为有言、有说。"你们错会了！宗门下所讲、所说，不与教同，亦不与宗同。反过来，也与教同，亦与宗同，与佛同，与祖同，一同一切同。今天与你们讲粗。本来，宗门下细亦不可得，说什么粗？实在是方便之方便，替你们中、下根的人，不得不讲。上根利智的人，是一超直入，不假说粗、说细。什么是中、下根的人？因为与上根的人比稍次一点，故此说是中、下根人。恐怕还是与你们客气。何以说？这个粗，你们还知道吗？是个什么东西？是大、是小？是圆、是方？你们还晓得吗？你们能可以晓得，出来告诉我。你们有这么一个人，我就许你是一个中、下根的人。恐怕你们没有一个人知道，连这一个粗的影子都不晓得，哪里还说得上是中、下根人？下下根人还是勉强，说是中、下根人，是客气罢！那么，究竟这个粗，还是个什么样子？有多大呢？恐怕还不容易知道。我就告诉你们，恐怕也不容易晓得。略说一点你们听听：你们今天用功用不上是粗，不相信用功亦是粗；不信"念佛是谁"是粗，疑情发不起亦是粗；怕吃苦是粗，要快活亦是粗。你说它有多大呢？有情，最大是金翅鸟，还没有它大！无情，大山、大海，亦没有它大！它既然有这么大，为什么不见呢？因为我们整个的在粗里头。譬如，果日当空，虽然有白云遮盖，还有少分光明。假使一阵黑云整个地盖过来，便伸手不见掌。假使有一个人，一辈子都是在这黑地方过日子，一脚泥巴，一脚狗屎，问到他："脚下是泥巴吗？"他说："是的。"再问他："还有狗屎没有？"他说："没有，是泥巴。"狗屎当泥巴踏在脚下是不知道。究竟问他泥巴是什么样，他倒没得口开。何以呢？向来没有看到过，哪里会知道是什么呢？就等于我们这一件事，如果日当空，因为被业障一遮，就似一点云雾，今天也造业，明天也是造业，久久地，就如黑云一样，把一个本来的光明遮得牢牢的。今天问到你："粗是什么东西？"没得口开，因为没有见过，哪里会知道！就如黑地里见泥巴一样。你们想想，被这一个粗障，把你们本有的光明障得气也不透。今天住在这里头，还以为："好得很！"一向你都住在障里头，连这一个障都不晓得，哪里说粗不粗！粗里、粗外这句话，还安得上吗？今天，教你们：天下的事不要相信，要相信一个自己。你们为什么不相信自己？是被粗障障住了！任何法门不要你相信，"念佛是谁"这一法要你们相信，你还是不肯相信，何以呢？亦是粗障障住了！你们若有一个人有点向上的知识，一个了生死的坚决心，说："天下人被它障住可以，我是不能被它障的。若我被它障住，我还算一个人吗？"自己与自己商量计划，并不是什么奇特事，又不是什么难事。就是不相信自己，不相信"念佛是谁"。今天，我非相信不可，任你障得最牢，我总要打破它。没有其他，只要相信"念佛是谁"，就能打破障。被它障住了，就是不相信。不被障，就会相信。这是很明显的。我这么一讲，你们有心于道的人，当然有个领会处。我说：你们不相信"念佛是谁"，你就把"念佛是谁"相信一下子，提起来参一参。等到你知道一点味道，恐怕就不同了！何以呢？你若把"念佛是谁"参一下子，不明白，就在这里追究：是哪个？到底是谁？咦！似乎有个东西，大概就是我自己罢！再一参究，不错！是我自己！虽然不十分相信，终归被我见到一点。就如果日当空黑云遮住，忽然黑云退了，还有点白云遮住一样。那么，白云遮日，总还有点看到。我们的本来面目被障遮盖满了，今天把障少许去一点，当然要看到一点。不十分清爽，就如一点白云相似。自己见到以后，那是很好的。无量劫来没有见到，你今天把"我"见到了！我再问你："相信'念佛是谁'吗？"你一定说："不相信。我见到自己就罢了！还要相信'念佛是谁'做什么？"你倒又错了。你见到你自己，怎么会见到的呢？你要晓得："念佛是谁"很吃了一番苦，今天也是磨，明天也是擦。你的自己，是"念佛是谁"苦中得来的。你若不相信它，不是忘了本吗？你们想想，对不对？可见到"念佛是谁"是去我们粗障的一法，是明我们本来面目的一法。若要发明本有，了生脱死，非"念佛是谁"不可。各人发起心来——参！

十一月十七日开示（五七第四日）

生前的事，各人都知道，都相信。生后的事，什么人都不知道，不相信。因为生前的事，都亲自眼见，不能不相信。生后的事，因为未见到，所以不相信。你们以为："这个肉壳子的我，是很好的，非要爱惜它，非要宝贵它不可！将来有七、八十年的受用。"这是你们最相信的。"生后的事，我又没有见到，你教我相信个什么？"大概人人都是这一个知见。你们以为七、八十年是很长的。你要晓得，生后的果报，与你七、八十年的长比较，生后一弹指的工夫，就有你七、八十年长。你还相信吗？还说一天、一月、一年？他过一天，我们要过几大劫！考究到这一点，我来比较一下子：可算这七、八十年的工夫，似石火、电光的一瞬间。但，那一个长里头的生活，就是在我们这个石火、电光中造成的。造的什么生活，就问我们现前这一念是个什么念头。念头固然多得很，我们不要讲多，就说一个念头吧。这一念感什么果？古人云："毫厘系念，三途业因。"三途是什么？地狱、饿鬼、畜生。你们想想，一毫厘的念头，就要招这么大的报，还要说一天到晚打妄想、翻业识？这样的感果，我真不要讲！次则，你们想过七、八十年，阎王老子他还不由你，他一叫你去，你赶快跑，一刻也不能迟。就等于一根绳子这头拴在你鼻子上，那头就在阎王手里，他把绳子一拉，你就跑。这是没得客气的，恐怕比我们拉牛还要厉害十倍！他把你拉去，叫你变牛，就去变牛，马上牛皮就到身上来了，角就安在头上了，尾巴也安上了。你还有多大的本事把牛皮、牛角去掉？恐怕不由你！叫你去，你就去，少停一刻不行。要想不去，更做不到。可怜！我们那个时候，吃苦不能由己。那么，变牛一次还不算了，恐怕变了一个又一个，骨头堆起如山一样，牛形脱后，才可换一个其他东西去变变。它的期限很长很长的，不是我说来吓你们的！在过去，有一位老比丘诵《金刚经》，念的音声不好听。这位老比丘已证四果，年老音声当然不好听。有一位年轻比丘在旁说："你诵经的音声，好像狗子吠声一样。"老比丘当下就说："你讲这一句话，你将来不得了！堕了地狱，还要去变狗子。"那位年轻比丘听了，大吃一惊，赶快求忏悔，痛哭得不得了。老比丘说："你有这样的忏悔，地狱可免，狗子身不可免。"过七日后，年轻比丘死了，阎王老子叫他变狗子去，他还问阎王："我为什么变狗子？"这一句话还未问了，狗子的皮和尾巴早已安好。后来，变狗一个一个的骨头，堆起来有须弥山那么高大。你们想想，这一句话的果报，有这么厉害！这不是我说的，是古人典章证明的，你们不能不信。你们大家想想，阎王老子这一根绳子拴在我们的鼻子上，还厉害吗？任你有天大的本事，还能逃得了吗？你们真要逃避他，决定不到阎王老子那里去，也不算一回事。要不去，就可以不去！极容易的事，恐怕你们又有一点不相信："阎王老子那么厉害，翻天的本事，也逃不了他的手。你还说容易，不算一回事。我哪里相信？"我要说个铁证你们听听，就知道了。以前，有个金璧峰，他的本事好得很，夏天到清凉山过夏，冬天到南方来过冬，很好的。有一天，阎王叫小鬼来拴他，费了许多功夫才把他抓住。他是有本事的人，就问小鬼："你捉我做什么？"小鬼说："阎王老子叫我来捉你的。"他说："你还能慈悲慈悲，让我七天？你再来，我跟你去。"小鬼说："不行！"再三恳求，小鬼也有慈悲，说："好！容你七日可以，你去，我七天再来。"他见小鬼去了，他就把"念佛是谁"一提，拳头一捏，牙关一咬，"究竟是谁？""到底是谁？"这一来，拌命也不放松。到第七天，小鬼来了，什么地方都找过，天上、人间，虚空里、虚空外，都找过，也找不到。他在虚空中说："阎王拿我金璧峰，犹如铁链锁虚空；铁链锁得虚空住，方可拿我金璧峰。"很好的。你们想想，你们的本事再大，天上还躲得住？地下更不要说。虚空里躲不住，虚空外也躲不住。唯有一个"念佛是谁"能躲得住。躲在"念佛是谁"里，任他阎王老子本事再大，亦不能奈你何！释迦老子也不能奈你何！"念佛是谁"还要紧吗？

参！

十一月十八日开示（五七第五日）

初发心用功时，怕妄想。功夫用久，怕昏沉。这是什么道理呢？因为你们全在昏沉、妄想里做活计，说怕妄想、怕昏沉，"怕"的那个东西亦是昏沉、妄想做的。怕妄想，不打妄想，还是妄想；怕昏沉，不落昏沉，还是昏沉。你们还晓得吗？大概不容易！虽可以说你们现在打七用功超过平常几倍，一个七要超过平常三年。但是，用功的一句话，有种种差别。其中有身精进、心不精进，有心精进、身不精进，有身、心俱精进，有身心俱不精进，四种差别。如何是身精进？就是行香、坐香不同：行香，飞跑；坐香，外面好得很，心里还是昏沉、妄想。心精进者，就是一天到晚，心上"念佛是谁"历历明明的；外面行香、坐香平平常常的。身、心俱不精进这种人，无须多说，六道轮回是他的好窠臼。如何是身、心俱精进？这一种人，行香、坐香是有精神；心地上清清楚楚的，"念佛是谁"时刻不离。若有这一种功夫一天到晚地用，一个七打下来，决定超过平常三年。这么讲，不是超过心精进、身不精进的一种人？假使光对那身精进的人讲，超过三十年还要多！再说身、心俱不精进的人，更安不上。我虽是这么讲，要你们从自己心行上讨论一下子，在七期里是哪一种的精进？不是小事！凡是有心用功的人，应当检讨的。你们平常一年三百六十日，天天俱是身、心精进，莫说一个七、十个七，再多也不能超过你这一种人。大家要研究一下子，不是马马虎虎的，莫说平常，就是打七也然。但是，现在你们七打了五个下来，身上的精进早已放下来了。跑起香来，两只脚拖不动；坐起香来，腰一弯，爬下来了。一天到晚挨命似的。问到你们"念佛是谁"？倒要说："参够了！"弄不出一个名堂来。起疑情，更够了，一起，起不起，再起，还是起不起。够了！于身、于心、于"念佛是谁"、于疑情，总是一个够了。功夫是完全抛得光光的。这也是好事。但是，要光才好，恐怕你这头抛得光光的，那头倒又堆满了，哪里得光？终归有一头，不在这头，就在那头。究竟那头堆满的是什么东西？无非是打妄想，翻业障。七打了五个下来，你把"念佛是谁"抛掉，不顾用功，这个妄想，那个业障，多得很！十年、二十年以前，乃至做小孩的事，通通翻出来，紧翻紧翻，翻得很有味道。你们站在这里，听我讲得对不对？你们这样的人，精进两个字还安得上吗？功夫用不上，有什么事？当然要打妄想，翻翻业障。你这一种妄想同业障翻起来，连你本形都忘了！上海、南京，红的、绿的，男的、女的，尽气魄、尽力量地去打。未打七以前，似乎还有一点把握，在用功时，心里起妄想来还有点底止。不谈开悟，对于功夫丝毫的名堂也没有，这个妄想还有底止吗？你们若是这个样子下去，我替你们真可惜！可惜到淌眼泪！未用功以前，业障高如须弥山，厚如大地。现在把"念佛是谁"今天也擦，明天也磨，似乎少了一点。今天忽然大翻一下子，这一来，恐怕比从前还高、还厚一点。譬如，一个人老欠人的债，今天也想法还，明天也想法还，还了多时，还得差不多了。忽然把钱一赌，输了一笔，倒比以前债还多。对不对？妄想、业障还能由它翻吗？功夫用不上，还能随它去吗？但是，你们现在忘形、忘体地翻起业障来，也可以有回头的一天。你久久地打，久久地翻，有一天翻够了，回过头来，才知道我是一个出家人，是住高旻禅堂的！一个人到了那个时候，太迟了。所以要你们早点觉悟才好，债拉多了要多还，业障翻多了要多加生死。还有什么别的话讲？再则，妄想、业障在这个时候不许翻，将来到了一个时候，还要你们翻，非翻不可。现在翻，有罪过，那个时候翻没得罪过，还有功。这是什么道理？是你们功夫上的程序，行到那里，是那里的事。什么时候可以打妄想？要你做到功夫落堂自在。那个时候，你不翻还要你翻，非翻不可。假若不翻，又不对，非宗门事了。什么道理？你功夫用到那个时候，若不翻，反被功夫障住了。你还晓得吗？那落堂的功夫，是什么境界？就是把"念佛是谁"做到与现在打妄想一样。现在一天到晚在妄想里，不打妄想也在妄想里。到了功夫落堂的时候，抬起头来"念佛是谁"，动起脚来"念佛是谁"，举心是"念佛是谁"，动念亦是"念佛是谁"……总之，要起一个别的念头，是做不到的。了不可得。功夫到了这个地方，妄想想打，打不起；业障要翻，翻不起。任是天翻地覆，要想离"念佛是谁"不可以。若就住在这个地方又不对，必须还要向前走。"怎么向前呢？天翻地覆，要想动个念头了不可得，再向前走？"若是没处走，不要你走。此时才许你们打妄想，翻业障，紧打紧翻，越多越好。何以呢？这个时候，打一个妄想，少一个妄想；翻一个业障，少一个业障。妄想、业障若要不打、不翻，又被功夫盖住了，终归不行。打了，翻了，才算了事。譬如，一窝大盗，有五、六个人，一年到头都是偷人家的东西。今天偷一个茶壶，放在家里；明天偷一个酒壶，放在家里；你偷雨伞，他偷帽子，一齐地在窝里藏得满满的。偷久了，有一天被人家降住了。降了以后，很好的，很太平的。好虽好，还有赃在，还有窝子在。若不把赃翻出去，窝子打破，不久，强盗又要住进来。你把他的赃也翻了，窝子放火烧了，强盗再来，住什么地方？岂不是永远太平？功夫亦如剿匪一样。强盗是什么？就是你们的眼、耳、鼻、舌、身、意，偷的东西就是妄想、业障，剿匪的人就是"念佛是谁"。今天也参，明天也参。首先是外境界、内妄想力量大得很，眼一动，"念佛是谁"丢了；耳一动，丢了；乃至身、意等亦复动即丢了。久久地用功，眼再动，"念佛是谁"亦在；耳再动，"念佛是谁"亦在；乃至身、意等再动，"念佛是谁"还在。又如强盗降了，功夫落堂自在。虽然功夫落堂，强盗已降，赃还在，窝子还在。所以要你再打妄想，翻业障，翻一个少一个。就如把赃物一件一件向外拿，把它拿了，就可以把窝子打破。破了这个时候，是真太平。但是，我要问你们：太平以后还有事吗？恐怕倒又不晓得了！那么，落堂的功夫你还没有用到，窝破、赃尽的事更没有用到，再向后的事说也无用。等你们功夫用到了这里，我再与你们讲。现在，回过头来再与你们说：现在的功夫，就是功夫用不上，妄想非打不可，业障翻了还要翻。"念佛是谁"降也降不住，一降再降，更降不住，没得办法。因为你要降它，这一个要降它的心一起，更是妄上加妄、业上加业，哪里会降得住？你就是一个不睬它、不理它、不降它、不压它，终归我的"念佛是谁"可以参，不断地追究，自然会上路。这是正要紧！要紧！发起心来——参！

十一月十九日开示（五七第六日）

功夫的程序大概有三种：第一"极生"，第二"极熟"，第三"非凡非圣"。这三个题目，把你们用功的程序，一概包尽。任你功夫用到什么样，不出此三种。极生的功夫，大家都可以见到："念佛是谁"摆不进，你要参，"念佛是谁"被妄想挡得牢牢的。再提一句，妄想奋勇起来，被它一勇，一支香、二支香，没有断头。照常，一天、半天不得断头。忽然想起来，再提一句、二句，昏沉又来了，睡了半天才知道。再提，业障、音声、色相，身上的痛痒……乃至一切处，都是打失"念佛是谁"的一种对境。什么道理？因为它们熟透了，功夫生透了。并没有什么奥妙，只要久提、久参。现在，七打了五个下来，不能说是极生，一定有点进步。虽还没有到极熟的地方，总是这么用，任是再生，提起来就不放松。久久地，一天有半天功夫，这半天虽还是声色、妄想的打岔，但那半天把得住。在这个功夫上，再考究一个得力不得力，念佛的是什么人？不晓得。再问：到底是谁呢？这一追问，不明白不行，总要问过明白才放手。就在这个地方紧问，不交代我明白总不放手。这么老问，回过头来一看，功夫有点力。再检点一下子，我这身还在吗？似乎身上的事、身外的事都没交涉，仔细一参究，身体似乎没有了，我这一个身体既然没有，音声、色相、痛痒，安到哪里？功夫慢慢地用，一时半刻身虽没有，似乎还有一个、二个妄想、业障还突突地要出来的样子。这是什么？心还没有去掉，还要"念佛是谁"不放松地参。久久地，妄想打不起来了，业障的影子都没有了。只有一个"念佛是谁"不明白处，到了这里，心亦不可得了。身忘了，心亦忘了，身心俱忘，任你再好的色、再好的音，没有身，它在什么地方落脚？不怕情爱再深再厚，没有心，它在什么处安身？身心俱不可得，可算功夫现前，亦是功夫极熟。极生是凡夫，极熟是圣人，亦不是非凡非圣的功夫。功夫现前，是个什么境界？要你们自己走到这个地方，自己会见到。我与你讲到，你不行到，也是白讲！因为你们太可怜！对于用功的前途，没有一点把握，不能不替你们略讲一下子。功夫现前，就是"念佛是谁"现前。任你行住坐卧、打妄想、翻业障，俱是"念佛是谁"，就如你们极生的时候打妄想一样：行住坐卧在妄想里，举心动念在妄想里，穿衣吃饭在妄想里，提"念佛是谁"亦是妄想，怕妄想、除妄想更是妄想。今天功夫现前，一切处皆是功夫，任是打妄想、翻业障，俱是功夫。这样就是功夫现前，亦是极熟。不能就算了事，还要生不可得、熟也不可得、生熟俱不可得，才算到了非凡非圣处。那么，在功夫现前的时候，就是个"念佛是谁"吗？你们不要会错了，到了这个地方，只有"念佛是谁"不明白处，还只许一个不明白，不许有思量处，亦不是糊糊涂涂的不明白，亦不是马马虎虎的不明白。这才是功夫现前。什么道理呢？赵州老人讲："老僧三十年不杂用心，穿衣吃饭是杂用心处。天下人在明白处，只有老僧一人在不明白处。"这就是一个铁证。那么，到了这里，可算到家吗？没有，可说生死的轮子停住了。就等于停住的车盘一样，不转就是，还不能算了事。再进一步，到了那个时候，我们谈谈家常话，说说家里的事。现在说的、讲的不是家里事，是路上的事，是指路碑。你们还不晓得吧！宗门下的事，转凡夫成圣人，不是究竟事，不是宗门下的特长处。何以呢？圣人地位是途中事，到家的事仍隔一程。你们还能领会一点吗？若能行到这里，方许是宗门下的事，是宗门下的特长。这一句话只许宗门下讲，其他一切法门不许讲。这是极熟以后，一层一层的事。虽然说到你们听，大概不容易领会，就是由生转熟，善根少的人还有点滞碍。我再说个譬喻你们听听：我们一堂的人住久了，行香坐香毫无奇特。忽然来了一个红头洋人，鼻子很高，眼眶很深，块头很大，一切与众不同。你们大家的眼睛向他望，他的眼睛也向你们望。你看他是奇特，他看你也是奇特。跟进跟出，你又不能向他讲话，他亦不能向你讲话。他一个人坐也不敢坐，吃饭更不敢吃。久了，你望他一笑，他也向你一笑。再久了，说一两句话。再久，熟了，不奇特了，彼此都熟了。再久，打同参。再久，不对了！他倒欺负我们了，每一举动要听他指挥。再久，反过头来，向他磕头了。你们大家想想，世间上的事是不是这个样子？今人的常情亦是这个样子，功夫下手亦是如此。一堂的人犹如妄想业障，一向的习气熟得很。红头洋人即"念佛是谁"，是生的。下手用功的时间，是不是提起"念佛是谁"来，妄想就涌起来？就如你们大家看见洋人一齐将眼望到他身上一样。久久熟了，当然也可以参参。再久，参也好、不参也好，妄想打也好、不打也好，打同参了。再久，妄想站不住了，"念佛是谁"为主了，为王了。是不是世界上有这个道理？用功亦是如此。你们真可怜！太苦恼！一个"念佛是谁"到今天还有人不相信，是不是苦恼？大家都是明白人，我劝你在"念佛是谁"上多吃一番苦，多受一点委屈，与办道才有点相应。

参！

十一月二十日开示（五七第七日）

"一念错过，万事皆非。"这两句话是说我们念头一错，一百件事皆错，大概是这一个样子。我说一念错，不但百事皆非，千事万事悉是皆非。何以呢？我们的根一错，枝末哪里会是的？根，就是我们现前一念。这一念若真，千事万事皆真。这一念若非，千事万事皆非。六祖大师讲："自心不离假，无真何处真？"足可见得证明我们现前一念可真可非。如果我们这一念非下去，是没有底止的。当知从无量劫来非到现在，很难得！很难得！今天得到这一个肉壳的身子。在过去，苦吃了多少？若把眼睛打开一看，真是要痛哭一场！四生中的躯壳哪一种没背过？皆因一念非之故。现在再不把这个非字解决一下子，师傅们！尽未来际，日子很长很长的。眼睛闭着，一脚高，一脚低，这条路不容易走，遥遥无期的！恐怕连遥遥无期这一句话都安不上。何以呢？你能知道这条路是遥遥无期的才可以说遥遥无期。根本这条路还没知道，遥遥的一句话，哪里安得上？那么，这个非字是不好的，你们回过头来就"是"的。因为非的不好，一定要了它。没有什么味道，找个"是"的做做，大概是好的。是的！因为"是"的好。大概这一个"是"字你们还不容易知道，才有这么测度。我问问你们，何以说"是"这一个字是好事？宗门下不然。虽然不然，还是必经的一条路。宗门下何以说不然？非，虽不是好事，是，乃对非而说以为好的。宗门下不许以非为是，亦不以是为是。是、非俱不住才是宗门下的事。既然是、非不住，以后还有事没有？有无要你自己领会，我说不行。何以呢？我说有事，你们倒又向"有"上用功。我说无事，你们又向无事上过活。正如古人说："如人饮水，冷暖自知。"那么，为这么一个人，究竟是什么人呢？这一个人，我可以替你们指出来：你的功夫用到这里很清高，可以说"不与万法为侣"的。一个人不与有情为侣，亦不与无情为侣，这样行履，从哪里做到来的呢？是现前一念。这一念是，全体是；这一念非，全体非。这个你们恐怕还没有明了，那么我要告诉你们一下子：天下事都不是！只有一个"念佛是谁"真是的。何以要说"念佛是谁"真是的？不但我敢说，我还敢担保。你们恐怕有点不相信。我既敢说敢保，不是空说，当然要有评论的。世上人不足论。譬如释迦老子、过去诸佛请到来罢！任谁与我对谈，我问："释迦老子，'念佛是谁'还'是'的吗？"他说——我代他说："不是的，这四个字哪里能说'是'的？"我再问："释迦老子，我说'念佛是谁'是的，还是对是的人说？还是对非的人说？还是对离是离非的人说？"我这一问，释迦老子恐怕没得口开。何以呢？观机设教，不得不如是。若要对家里人讲，我问释迦老子，他当然有得答。

若要释迦老子问我，我亦有得答。那么释迦老子没得口开，什么人还能呢？不是的！虽然不是的，还要你们念念有，心心有，才能算"是"的。"是"的一句话我们就此告一段落。我们虽说念念有得参，心心有得参，要参到什么样子，才能说念念有、心心有呢？能可以把"念佛是谁"摆在心头上，老是一个不明白，总是不放手。忽然人家坐香，你竟不晓得坐。打抽解，人家去小圆，你不知向什么地方跑。这就是行不知行，坐不知坐。你这个不知，不是糊涂不明白的不知。心里明明白白的：念佛的不晓得是哪一个，一直地参去。总是"念佛是谁"，佛是哪个念的？到底是谁？究竟是哪一个？总在不明白处。以大悟为了期。不悟，总是参。各人发起心来——参！

十一月二十一日开示（六七首日）

用功人以为自己的功夫很好，能可以把得住，坐下来身心轻安，功夫是清清爽爽的。自己心里以为："好了！我的功夫把得住。"在我来说，太苦恼了！梦还没有梦到！对于有功夫用的人，还可以说是得少为足。但，你要行到得少的地方，才可这么说。少的地方还没有到，哪能为足？你这一种行处，尚不能说是一个用功的人，说什么为足？那么，要怎样才是用功的人？要静中有功夫，动中亦有功夫，动静均有功夫。这一种的行，是怎样的呢？若要静中的功夫做好，回头再做动中的功夫。这样做，三十年、五十年也做不好。何以呢？你将动静分成两个，哪里会做得好？静了时候，动转的时间，关头的中间，要将功夫把得住，才可以说动静都不碍你，你亦不被动静所碍。若不是在这个地方把持得住，静中用则被静转，动中用则被动转。能在动静关头功夫不走失，可以说：动也动不到你，静也静不到你。任是红的绿的、男的女的，悉皆不被它转，才许你动静一如。虽然有这样的功夫，还要考究一下子，一天二十四小时，还能完全如是用吗？假使不能完全如是用，且问你，有几个时辰不如是用？有几个时辰如是用？若要二十四小时内有三、两个时辰不在功夫上用，我不敢保你了生死，亦不能说你有开悟的希望。不但我不敢保，释迦老子也不敢保。就是释迦老子站在这里，你们问他："功夫还要一天二十四小时不间断地用吗？"假使他说："不要，一天有十个钟头，或二十个钟头用功就够了！要有五、六个小时的休息休息、谈谈说说。"很对的！我要问他："二十个小时用功，是种的什么因？五、六个小时谈谈、说说，是种的什么因？"释迦老子有什么口开？故此，我说功夫要这么用，释迦老子一定也说这么用才是的。那么，二六时中不间断地用，这一种功夫可以说算到家了？还没有，早得很！十分才有一分。我这么一讲，你们倒又以为："宗门下的事太难，功夫用到这个地方，还说只有一分功夫，太难！太难！"对罢！因为你没有用功的知识，所以说难。若要有点知识的人，当然不说难，应当这么用。为什么应当这么用？为什么说十分还只有一分呢？因为，二六时中，就算你的功夫恰当得很，但一经有病，那就坏了！你们想想，有病的时候用过功夫没有？功夫还恰当吗？病，大家都害怕的。当害病的时候，用过功没有？恐怕连影子都没有！我们研究研究：有病的时间，要用功不要用功？若说病来不要用功，你们讲可以，我是不敢讲。在我说，你们要用功。病中功夫用来，还要比平常恰当些才好。为什么要恰当些？痛不知痛，苦不知苦，死，我不晓得，功夫明明白白。热来、冷来虽是要命，我一丝也不知道，只晓得功夫比平常还要好。平常虽好，没有痛苦，功夫便没有这么得力。如是，可以说：动不到你，静不到你，害病也害不到你，才是好！这种功夫到了极顶吧！还没有，还只有十分二。这么一来，弄到哪里去了？真把人弄昏了，太难！我要告诉你们，要你们见到才对：任是动静一如，病也病不到你，你还睡觉吗？睡熟了，做起梦来，功夫如何？你们大家想：还恰当吗？我并不是说来难你们！梦，大家都会有的，若要睡下觉来，做起梦来，不要用功。我告诉你们，古人说："业识茫茫，无本可据。"这两句话怎么说？照这样说，睡梦一定要用功。若能在睡觉的时候，不知有睡觉，还会做梦吗？梦，也是"念佛是谁"。无论睡与不睡，一概不离功夫，才许你有相当的把握，还不能说是十分。何以呢？古人云："静中功夫十分，动中功夫一分；动中功夫十分，睡梦中只有一分；睡梦中有十分，八苦交煎，生死临头，又只有一分。"这不是我讲的。功夫，必须用到临末关头有十分的把握，了生脱死才有你的份。生前的功夫不用到死后，死后的功夫不用在生前；用，不能一直一个。我这么讲，你们觉得宗门下的事太难，太难，都要摇头，似乎办不到。太难了！我说不然，你看到它这多么深，只要我们一个"念佛是谁"就行了！一个"念佛是谁"，哪里能有这么大的力量？我们试验一下子看："念佛是谁"提起来——在；歇下来就——不在。你们这么做看看，"念佛是谁"提起来不放它，在这个时候，你们研究一下子，审核一下子：动还能碍它？静还能碍它？不论是有病，是睡梦，还有它的份吗？八苦交煎怕什么？这一个"念佛是谁"就送你到家。这就是"一超直入"。虽然这么容易，这么直接，终归要你们"念佛是谁"做到：提起来在，放下来也在。用到这个地方才对。

　　参！

十一月二十二日开示（六七第二日）

　　动转施为中，功夫要把得住。昼夜六时中，功夫要把得住。若有如是的功夫，与你们的本分事才有点相应。为什么要这么用呢？要晓得，功夫上有一点放下来，就是一点空当子。这一个空当子，就是一个洞，我们的生死就从这个洞里冒出来；这一个空当子，就是发生六道轮回的根据地。你们想想，功夫上有这一点丝毫的空当子，就是生死轮回的生处。那么，岂有白天用功，夜里就不用功的道理？坐香是用功，行香就不用功，再说，睡觉更安不上。这样知见的人还不少，这就是你们的大误会处。这一种误会，误的人不少！误的时间也不少！我看你们这样地误下去，到哪一天为止？你们现在打七是精进用功，班首师傅、维那师傅是助你们的精进，是助你们的奋勇的。你把行香的事倒不放在心上，跑起来如是，催起香来还是如是。这就是你们的精进！这个七还要打吗？若要行香如是不在乎地跑，催起香来还是这样。那么，和尚、班首、维那不是无用？照这样，我还答应你们吗？规矩：招呼行，就要行；招呼催香，就要飞跑。不得讹错一个字的！我指导你们用功，你们用与不用，我还可以原谅一点。但是，我的规矩，你不能讹错一个字的。照你们这样，招呼你行，你不行，你的命还要吗？你这个色躯还想在禅堂住几天？我今天告诉你们：向后执事上招呼你们行，就要行；一听催香，就飞跑。讹错一点，我看了，就是三个香板，把你骨头打断，有命没有命，我不管。你们好好地当心！我不讲到你们听，香板打下来，你要怪我："太无道理！犯这一点小规矩，哪里要打这么重的香板？太厉害！你的规矩没讲到我听，你若讲过，我们听过，知道规矩的厉害，当然要听招呼，我就飞起来跑，不算什么事。"对罢！你们是要这样子怪我。今天我交代过了，你们留心记好！为什么要这样呢？要晓得，你们一年到头企望七期里了生死。七期里用功，全仗一个精进。精进勇猛的尚且不能了，懈懈怠怠的还能有用吗？平常指望七期里，七期里这样，还指望什么时候？我把你打死，还有罪吗？但是，叫你飞跑，不是跑着玩的，还要步步不离功夫，念念不离功夫。若是空跑，倒不如不跑！大家要留心记好！现在用功的人，都要考究一个纯熟。犹如山中野牛一样，要这野牛做事，必先把它教纯熟，而后才可以用。你看，初初把它拴住的时候，东奔西跳，一点不上轨道。今天也教，明天也打，渐渐可以上路了。再久，就可以跟着你跑。纯熟以后，不用拴绳，它还可以在你前走。用功亦是如此。初初的一个"念佛是谁"与野牛一样，你要用功，它不随你用，不是这里打岔，就是那里打岔。久久地，就好用了。再久，纯熟了，只有一个"念佛是谁"向前用去。以前，"念佛是谁"用不上，尽是打妄想；现在，妄想打不起，尽是"念佛是谁"。白天、黑夜尽是功夫，想打一个妄想不可得。能这样地用，就可以说纯熟了。为什么要这样用？我们的功夫要想成团，必须要上这条路，从这条路走过去，才可得到成团的功夫。若不从这条路上走一下子，功夫不得成团。如何是功夫不成团？如何是功夫成团？这两种路上的功夫，你们要彻底见到，用起功来才对。成团，并不是有个什么东西，是泥巴团子或木头团子。若要这样会，是弄错了！是着相。这个团，是"念佛是谁"得力的时候，心是"念佛是谁"，打妄想也是"念佛是谁"，翻业障概是"念佛是谁"。身上是"念佛是谁"，脚下也是"念佛是谁"，手里是的，眼、耳、鼻、舌等均是的。站在这里，站的地方也是"念佛是谁"，抬起头来看天，天也是"念佛是谁"。如是心，如是身，如是虚空、世界，通通共成一个"念佛是谁"。就是这么一团，并不是木头、泥巴的团。"念佛是谁"这一个团子，滚到哪里也是这一个。你要想把它打破，用木头、榔头打它一下，木头、榔头也成了"念佛是谁"。用个石头打它一下，石头也成了"念佛是谁"。我这么说，是一个譬喻，你们心里要有点领会才对！这样的功夫，就是成团的功夫。对于成片的功夫："念佛是谁"提起来，疑情得力，到了这时，疑情也是"念佛是谁"，"念佛是谁"也是疑情。山河大地就是我自身，自身就是心，心亦是身，身亦是山河大地。假如给砖头、木头打一下子，一点动静也没有。能可以如是用，成片的功夫就容易到家。我这么讲，你们的功夫用到这里没有？不要你们说，我晓得你们没有。既然你们没有用到，就不要讲才对。要是不讲，见到你们太苦恼，前途用功一点知识也没有！你虽没有用到，我在前慢慢地领到这里，你们也可以跟到这里。即是不能用到，也可以种一点道种。你们有志向的人，这个功夫也不难做到。只要认识二六时中不论行香、坐香、睡觉，都要把功夫照顾好，不许它一点落空。行起来，要认真行，步步不离"念佛是谁"；坐下来，孤迥迥的，疑情历历明明的。将来可以达到成团、成片的功夫。

　　参！

十一月二十三日开示（六七第三日）

　　用功之人，似乎静中用功好用，坐下来用，功夫就现前。要说动中用功，不容易！功夫恰当的时候，似乎不能动，一动，功夫就没有。还要说动中、静中疑成一团，打成一片，真是不容易办到。对罢！那么，老实说一句：动中功夫不容易用，何以呢？"一动再动"，这一动还未了，那一动又来了，后头节节跟上来，一向是这样："一动再动，再再动。"就如你们坐香，功夫好得很，遇着开静，不是动了吗？开静后，就要放腿子。起过香，就要小圜。这许多事，可以说：开静，放腿子，是一动再动；起香，小圜，是再再动。你们想想，这样子念念不停地动，以及又没有在动上用过心，今天要你们动中用功，一下手，哪里会做到？现在我们五、六个七打下来，静中的功夫大家当然已用好了。你们现在要做动中的功夫，不容易用，是什么道理？因为你们一向没有留心。你要晓得，静中的功夫虽然得力，那小许有一点动作，马上就丢了。倘若你在动中能把功夫用上，任是一切的动也不能动你的功夫。因为你的功夫从动中得来的，哪里还怕动呢？你们以为动中难，我说不难。第一，要你们有这一种知识，要了生死，必须要将功夫在动中用上，能可以把功夫用好，自然就可以动静一如。生死的长期，生死的厉害，生死苦恼，非要动静一如功夫不能了。这就是第一个知识。次则，要知道功夫是要用的，无论动中、静中，功夫是不能离开的。要了生死，必须功夫用到成团、成片。这就是你们第二个知识。有这二个知识，立定志向，非办到不可。若不把功夫办好，我就不算一个人！任是行、住、坐、卧，不问动静，终归把一个"念佛是谁"抱得牢牢的，死也不放松。你有这样的一个决志，还怕办不好吗？但是，决志还要会巧，不会巧就弄成拙。怎么是会巧呢？首先要知道，生死不是一天造下来的。今天要了生死，也不是急事。要怎样呢？三年、五载功夫用不到家，我总是用，三十年、五十年，乃至此生。此生办不好，来世再办，来世办不好，我亦不改初志，终归以办了为期。久也好，快也好，快、久与我不关心，宽宽大大的，毫无一点疑意。这样去做就是会巧。不会巧的人，三天一用，没有味道。或是静中用，动中不要用。他看没得味道，要用、不要用，还要紧吗？这是不会巧。你们大多数的人，还有这一种知识吗？现在的功夫，我问问你："动静中的功夫如何？"你一定讲："早板香，静中还可以。午板香，有昏沉。养息香，上半支香还好。"恐怕你们众口同音。这么说来，静中还没有完全做好，哪里还说动中？没有一个说："我支支香把得住，就是动中老不得力。"还有这么一个人吗？再者，"静中也有功夫用，动中也有功夫用，就是一个抽解鱼子一打，把我的功夫打掉了！"你们还有这么一个人吗？有这么一个人，也是好的。你们不能做到的病在哪里？就是在一个面子上。一天到晚怕碰人，怕碍人，对于做事不能讹错一点，若错一点，马上就是香板。面子上不好看，难为情！你们想想看，是不是一天到晚就在人、我上留心？因为"我"要面子，不能犯人家规矩。这一关就把你关得牢牢的！还有哪一个人说："我不管规矩不规矩！规矩是第二，我的'念佛是谁'有丝毫不在，我就没得命了。就是哪里讹错，把我打一下子，哩啦一下子，我的功夫是不能打失的！"你真有这一种功夫，香板打到你身上，不知疼痛。哩啦，我也不晓得难为情。打骂都不晓得，哪里还知道要面子？不是把这个难关安然过去？并不是说不要规矩，不要规矩，你倒又放逸了。真实有功夫的人，功夫越恰当，规矩越守得好。你们以为："功夫最难处，是'念佛是谁'用到了极难的地方，怎么得过去呢？"你真用到为难处，要想把这难处过去，本来是不容易的事。譬如，"念佛是谁"用起来不能向前，又不能退后，左之，右之，都不可走，站在这里又不对。等如，前头一个人拿一把刀，你向前，他就是一刀。后头一个人拿一根枪，你退后，他就是一枪。左面是大火，右面是大水。四围都是险地，动步就是伤身失命！站到这里不动，四面又逼来，亦复伤身失命。我问你们：从哪里走？这一关怎么打得过去？大家静下来领会一下子，这是譬喻，你们就把这个譬喻的意义摆在心里体会一下子，把"念佛是谁"来证明一下子，看是怎么样的过去。这不是小事！大家心里答我一句。若能答出这个前有刀、后有枪，左火、右水的地方过得去，任是剑树、刀山亦过得去，锅汤、炉炭也过得去，不把这个地逃过去，一处也免不了！我倒多多地与你们讨论一下子：前面拿刀的人很凶勇地跑来，刀离头只二寸；后面的枪就要刺到身上；左面烈火炎炎，右面万马奔腾的大水。到了这个时候，你的身命还要吗？要，就要走过去才对。你们有什么办法过去？心里想一下子。你们若是没有办法，还能算一个用功了生死的人吗？可怜！你们恐怕没有办法，你们哪个有胆子说过得去？这一关我要替你们过一下子，不然你们总是不得过。这一关口过不去，用功了生死没得你的份。你们各人把功夫提起来！我再问你：你正在这个不得过的时候，怕得不得了的时候，你再问：念佛是谁？究竟是谁？到底是什么人念的呢？这么一问，我再问：你的身在什么处？心在什么处？你们研究一下子：这么一问，当然身心俱不在，身心既不在，你还有个怕刀、怕枪在吗？水、火的相貌还有没有？任它再恶的境界，我把功夫一追究，当下不是就冰消瓦解、灭迹潜踪了吗？这一关过得去，任何一切的境界都可以过去。这一关我替你们过去了，向后的事，就要你们自己去。譬如，南京到北京，再远，中国与外国，不怕隔山、隔水，我今天乘飞机，一下子就过去了，可是极容易吧？发起心来——参！

十一月二十四日开示（六七第四日）

"行亦禅，坐亦禅，语默动静体安然。"这几句话，是说用功人一天到晚心行上的事。见得要你们动静一如。不分昼夜，用功是要这样的。为什么要这样？不可以歇歇吗？要晓得，你有这样真切的功夫，将来才有真切的悟处。如果你有一处没做到，将来的悟处就有一处不到。真悟是一悟一切悟。若有一点未悟，就不能说真悟。所以要你们现在的行真，将来的悟一定会真。但是，这个悟，并不是求悟，亦不是想悟，也不是信口说悟。要得真悟，必要真行。行到，它自己会悟。可是，要你们抱定一个"念佛是谁"，行也参，坐也参，功夫恰当也参，不恰当也参，有妄想也参，有昏沉也参。你有这样耐苦亲切的参，真实不虚的功夫，还要开悟做什么？我说不悟也可以。何以呢？你有这样耐苦亲切的参，真实不虚的做，怕什么三灾、八难？怕什么四生六道、生死轮回？一切都不怕！这样不是不开悟也可以吗？你的功夫用到了家，哪有不悟的理？譬如，到镇江瓜州一条路，出山门一直向南跑，把眼一闭，放开脚来跑，路上有人我也不问，到与不到也不问，跑了一天就会到了。既到瓜州，还能说不是瓜州吗？或者，教你一直向南跑，你跑就是了。但，你才上了路，东张一下子，西望一下子，找一个人说说、谈谈，坐下来吃杯茶，问问："到没有到？还有多远？"你们这样。还能到吗？用功亦如跑路一样，教你"念佛是谁"一直参去，得力也参，不得力也参。开悟，我也不问；不开悟，我也不问。终归我行到那里，不要开悟也不由我。你的功夫没有行到，想开悟也不由你。犹如跑路一样，到了瓜州，你说不是瓜州，不由你！未到瓜州，你说是瓜州，也不由你！你们有好多人，教你一直用功，你是不肯用。就如那跑路的人一样，东张张，西望望，这就是妄想、昏沉。问问此地是瓜州不是，差不多是的！你用功也是这样："我已经悟了吗？"见神见鬼，妄自穿凿，空自卜度，思量分别，自己误自己，怪哪个？你以为骗骗人就罢了，骗人可以，骗自己，到了那受报的时候，你叫苦也是无用！因为你的因地不真，当然要受报。所以教你们不要求悟，你把求悟的心拿来用功多么好呢！"念佛是谁"这一句话，你不用到行不知行、坐不知坐的地方，要想有点受用，是靠不住的。不是三天、五天，三月、五月，就能到家的。要你不问日月，把一个"念佛是谁"一直参下去，二、三十年还没有悟，我要教你歇下来。我问你：念佛是谁？念佛是哪一个？你们没有一个有口开。天下人都被这一关关住，你们哪一个说："天下人关在里头，可以，我不被它关在里头！"还有吗？那么，你三十年的功夫用下来，我问到你"念佛是谁"，你必有话了。我一问，你随时就有得答。你们想想看：天下人都被它关住，不能出口气，就因为念佛是哪个，不能答话。到了那个时候，我问你，你就有得答。还有，你们的功夫还没有用上，禅又不会参，开起口来要假面子："我悟了，我知道了，我领会了！"你这样子做光影门头的门外汉！徒托空言的掠虚汉！有什么好处？你骗人家可以，你骗你自己，可是苦恼之甚！从今天起，向后请开示，无论到我哪里，或班首师傅察房，不许讲别的话。一去就道"念佛是谁"。从前请开示，是你问我。今天我要改规矩，不许你开口。你一到，我就问你：念佛是哪个？你就道。道不出，我就是一顿香板。或者，你不敢开口，心想不去。我查到了哪一个人不去，我就进堂催香，起码三、五块香板。因为功夫非逼不可，不逼，不能进步。但是，我问你，你如果一定要答，假若答错了，不是的，我告诉你：我的香板打下来你吃不消。倘若自己没有把握，不开口，吃两个香板还好。开口乱道，我不答应你的。各人发起心来——参！

十一月二十五日开示（六七第五日）

宗门下的人，不乱开一个口。假使说错一句话，就要丧身失命。你的身子丧了，命失了，还算小事。如何是大事呢？妄答一字，就要堕阿鼻地狱。你看这个事还小吗？何以有这么厉害？不是我讲的，佛的金口说："未证谓证，未得谓得，未明谓明，未悟谓悟，大妄语成阿鼻地狱。"此是佛说的，不能说错的。谓证的是什么？没有证到初、二、三、四果，已说已证。谓得者，没有得到三明、六通、八解脱者，自己言得。谓明者，没有天耳明、天眼明，已说已明。念佛是哪个不知道，就是未明。能答一句，就是已明。本来不能答，随口答一句，就是已说已明。谓悟者，对于十方诸佛的百千三昧，一切祖师的无量妙义，一点未悟，已言已悟。"念佛是谁"悟过来，尘说、刹说无穷无尽。此一句未悟，口也没得开。如要信口答一句，就是已说。依你来说，是不是答错一句就要下阿鼻地狱？大叫唤、小叫唤，都有你的份。又如秤砣落水，一直到底。你这一位今天信吹，随便答了这么一句，你不在意。因为你不晓得这一种因最厉害。我把你一看太可怜！可怜！这一句话不是说了就了事的！古人答错一句话，堕五百世的狐身——前百丈与后百丈公案一则。你们真把"念佛是谁"参通，安然有得口开，并不是老没口开。你行到那个时候，不但口能讲话，耳朵也能讲，鼻子也可以讲。古人不是说："尽大地都是我的口。"比虚空还要大？我再问你："虚空，你一口吞下去还可以吗？"你当然答："我已吞下去了！"我再问你："把虚空吞下去，身放在什么地方？"要屙出来吧！你再答我一句，不能没得口开！

　　参！

十一月二十六日开示（六七第六日）

　　参禅人功夫用到深入，自然会身心俱失，动静全忘。所以教你们动中如是用，静中亦如是用。静中的功夫是怎样做法？动中的功夫是怎样用法？分动、分静，实在是对你们初用功的人不得已而讲。本来只要一个"念佛是谁"提起来不明白，认真地把住，不教它有丝毫的间断。你真能这样真实不虚地用，你打开眼睛来望望，心安在什么地方？当然心不可得。既然心不可得，身亦当然不可得。何以呢？心因住身，身由心有。有心就有身，有身亦复有心，身与心是跟到来的。今天，功夫恰当，心不可得，身亦不可得，这个不是身心俱失功夫。动要身去动，静亦要心去静。身心上有动静，必要分别才知。你的功夫身心不可得，拿什么分别？有了分别，不是有了心吗？心既有，一切皆有，说什么功夫？有功夫无这样的心。既没有心，决定没有分别。既无分别，动静的相更不可得。故此动静全忘。因为你们五、六个七打下来，功夫还没有到这里。你的功夫若不用到这个田地，这个七期里要想得点消息，想得一知半解，没有你的份！再说了生脱死，更没你的份。照这样，不是白吃了一番辛苦？或千山万水，或一年到头，全望七期了生脱死，桶底脱落的。我见你们一个人也办不到，故此要助你们一下子，把你摆在堂里，要你们真用功，不准有一点放逸。若有一点懈怠，马上就要催香。这个香催下来，你的命就靠不住了！教你去寮房，要你道，道不出来，就是一顿乱香板。怎么叫乱香板？打香板的规矩：二、五、八，三、六、九，这是上规矩的。乱香板就是尽我的力量打，不问十个、八个，这就叫乱香板。要晓得，这个乱香板打下来，是丢面子的。打了乱香板，面子是不好看的！你们还有人不在乎什么乱香板，丢面子也不问，只要混过这一时就罢了。你心里又说："催香的香板太重了！不如到寮房去一下子，打一顿香板就没事了。只要混过就算了，其他还有什么？"你们的用心都在这些地方。或者，"还有某班首师傅寮房没有到，不对，要去吧！应酬一下子。不去，恐怕他不高兴"。你们都在这些地方用功。还有没有一个说："不对！到寮房挨一顿乱香板，太无味道！天下人被打可以，我不肯为这么一个人。我要去，不但不打，还要说说家常话，还要恭敬我。哪里不是人做到的？"要你们道，不是骗你们好听的，没得开口，是你功夫没有到这里。你的功夫用到了，自然会道的。我在金山的时候，并没有住好久，只住一年多。但是，"念佛是谁"早已相信。在家的时候，就用这一法，但没有深入。及至金山住了一年，粗妄歇了。二十天，细妄歇了。七、八天下来，那一种的境界仍是一样，并不算奇特。何以呢？此是功夫上应有的境界。你们的功夫用到那里，也会有的。十方诸佛，历代祖师，也从这条路上走过去的，所以不算奇特。粗妄歇下来是什么样，细妄歇下来是甚境界，我自己见到，说到你们听也是惘然！徒增你们的妄想。你们只要真实恳切，抱定一个"念佛是谁"，死也不放松地用，你行到这里，自己会见到。我那个时间，粗妄、细妄歇下来将近一个月，那天正是光绪三十四年九月二十六日，夜晚六支香，一下鱼子打下来，好像半虚空里翻筋斗，地下翻到空中，空中翻到地下，有这么一回事。自此以后，举止动静与平常不同。对于悟，有没有悟，我不敢讲。但是，在这一鱼子打下来的时候，似觉到要叹两口冷气。为什么呢？这件事不隔毫厘，为什么还要我吃这一番苦呢？一点不隔，为什么把我埋到今天？真是冤枉！冤枉！还又好笑！笑个什么？其他也没有什么好处，将来说生天，我高兴生，我就去，不高兴，就不去。假使下地狱，我愿意去，我就去，不愿意，就不去。这个我可以做得到。对于悟，是没有悟。由那次向后，有一位首座和尚，这位老人家本分事是很好的，他看见我的行止不同，他把我叫到去，就问我："念佛是谁？"教我道。他这么一问，我心里明白，你问到我家里来了！譬如，你问我禅堂里的事，我还不晓得吗？两张广单，一个佛龛，后面有维那龛，当然是现成事。家里有什么？破布烂草鞋，坏伽蓝裯子。他教道，破草鞋一手就丢出去。再问，伽蓝裯子也抛出去，这都是现成事。假使没有进过山门，有人问你禅堂内的事，你哪里晓得？也许你听到人家说门向南，再问里面还有什么东西，一定不晓得。彼此一问一答，他说："你悟了！"我说："没有悟。"他说："没有悟，是学来的？"我说："学也没有学。"那时，由这么一来，轰动了大家，他们都赞叹不止。当时我觉得不对，搭衣持具去请他不要如此。我说："我还没有深入堂奥，请你们诸位老人家原谅倒还好！"后来，有一位西堂师傅慈本老人，这位老人本分事也很好，他欢喜以活句子接后人。活，就是机锋转语。我一向不愿意用活句。因为，今时的人根性不同古人。教他抱住这一句"念佛是谁"死参，尚且死不下来。再用活句子，更死不下来。所以不愿意。偏偏这位西堂师傅，他要与我谈谈。有一天，他正要洗脸，将手巾提起来问我："这是什么？"我说："放下来！"他说："我要洗脸。"我说："还要放下来！"他倒弄得没有口开。这许多话，你们听了并不是教你们学的，莫要弄错了！是说到你们听听，要你们知道这件事是有口开，并不是老不开口的，大家要听清。那么，我当时并非要与他争胜负，总想教活句子丢掉。今世人不可用，是这个用意。他仍是不改。又一天，到他寮房里吃茶，他把一个桂圆掰开，肉子给我吃，壳子拿在手里说："尽十方虚空都在这一个壳子里。道一句！"我讲："尽十方虚空都在这壳子里，你在什么地方？请道一句！"他又弄得不能下台。大家都是道人，还有什么人、我？你们想想：哪里会没有开口的呢？所以我逼你们一下子：在堂里不去寮房，是不行。道不出来，又不行。逼到你们首先这身没有处放。放到无可放的时候，心也没处安。直至逼到你身心放到无可放的时候，还要逼到你山穷水尽。到了那个时候，你不能开口，我当然还要你的命！各人留心记好！

参！

十一月二十七日开示（六七第七日）

有道无道，自己知道。再说：有道无道，人家知道。现在要你们天天到寮房里去道这个念佛是什么人，你自己的功夫用到了什么地方，能道不能道，道出来是的、不是的，自己岂有不知道的道理？果真不知道，还是你的功夫没有用到。假使你功夫还没有用到，要假面子，东卜西度，古人的言句找一、二句，拿来以为自己的。人家听你一开口，是的，不是的，人家还不知道吗？为什么知道呢？任你怎么道，不出乎四种，就是：意到句不到，句到意不到，意句俱到，意句俱不到。大概任你卜度再好，一点也没有用，终归不出这四种言说。还要机锋相扣，函盖相投。就算你所说是的，与我的问处不扣，或者少许停思一下子，都不是的。这是什么道理？古人不是有的？高旻寺中兴第一代天慧彻祖见雍正，同是一样话，有是，有不是。这一个公案说与你们听听，但是，说他打了四个七，又给一把上方剑，那许多，都是传说，没有典章可考，我是不说的。何以呢？你问我在哪个典章上，我答不出，所以我不讲，光说有典可考的。前清雍正皇帝，治政十年后，专看内典，想起世祖的事，拜了一个出家人为师。这个出家人有什么特长能为帝师？他就找玉琳国师语录看，看过之后，才知玉琳国师足可为国之师。那么，有其师必有其徒，即派钦差大臣四方寻找，后来在磬山找到天慧彻祖。天祖那时在这里当书记。虽然功夫有得用，口头禅也学到一点，但脚跟还未点地。当时不敢去，后经诸山的劝导，乃同钦差进京。当时雍正皇帝要会出家人，特起一所花园，名曰：圆明园。他见皇帝后问答的意义，你们听好！皇帝问："父母未生前，如何是你本来面目？"天祖当时似乎稍微思索，随即把拳头一竖。你们还领会吗？我今天照这样问你们，你们还有人答我吗？也把拳头一竖，这么一竖，不对！你们还知道吗？恐怕不知道。皇帝见他少许有点思索即不许。亦知天祖脚跟未点地，所以不许。何以呢？"少一停迟，白云万里。"就是说，停一下子，白云就障蔽了万里的天。要怎么才是的？问你的话讲了，你就把拳头竖起来，就是的。稍一停，就不是的。雍正见天祖是个法器，有心成就他，便说："你来问我，我答。"天祖就问："请问万岁，父母未生前，如何是你本来面目？"雍正把拳一竖，天祖就悟了。雍正回过头来又问天祖："父母未生前，如何是你本来面目？"天祖说了四句偈："拳头不唤作拳头，唤作时人眼内眸；一切圣贤如电拂，大千沙界海中沤。"雍正当下就说："这回如意！这回如意！"说了两句，当时就赐了两把如意。诏令奉旨回山，赐衣、钵、锡杖等物。你们想想，答出来一句话，稍迟一点就未悟。同是一样话，不迟就的。你们今天能可以答出一句来，虽没有奉旨那么荣耀，声望总是有的。这一句话多么贵重！答不出来，任你功夫再好，也是枉然！这一句话道出来，知道你的功夫是的、非的，可以说"言前见道"。一句话一出口，你就悟了，这就是"句下承当"。故此，要你们把一句"念佛是谁"认真参究，行住坐卧、吃饭睡觉，都不离这一句。有此一句，就是有功夫。没此一句，就是没有功夫。你现在用的是这一句，将来明的也是这一句，悟也是悟这一句，了也是了这一句。终归生死未了，这一句未了。心地不明，这一句不明。要得明，要得悟，要得了，必须以这一句"念佛是谁"参究去。

参！

十二月初一日开示（七七第三日）

案：

原作缺七七第一、二日开示。

宗门下的悟处有二种：一种大疑大悟，一种小疑小悟。不疑不能说悟。这二种大小的悟处，必先借个譬喻说一下子，你们就会明了大悟是怎样，小悟是怎样，大小悟的程序都要明白一点。小悟譬如老鼠钻牛角，大悟就如狗子爬墙头。你们知道吗？再说个譬喻：犹如从前读书一样，小悟如读书三年进了学，大悟如读书三十年才进学，就是这么个道理。读了三年就能够进学，他因一种精进力。但他的书实在没有读完，虽然进了学，还有书他不懂的。那个读了三十年的人，五经四书、诸子百家，什么都晓得。这二人虽然是同一个秀才，学问当然不同。读三十年书的人，他肚里什么也有，就算没有进学，也要超过他。这么一比较，更显明大悟小悟的程序。我比小悟如老鼠钻牛角，告诉你们是怎样钻法的呢？你看，那牛角是很大的，老鼠初初进去的地方是很大的。角里有一层一层的肉，那些老鼠啃了一层又一层，啃得很有味道，大小一齐进去，一层一层地啃。虽很有味道，但再啃的地方小了！

小是小了，越啃越有味道。虽然地方小，很有味道的，不肯舍去。再则，大小老鼠都要吃，不能不啃，地方越小越要啃。啃到临末，要转身也转不来，再啃又啃不动了。大的小的还要吃，心急如焚得不得了，忘起命来啃。你看角的壳子又厚又硬，啃又啃不动，不啃又不得过，非啃不可。前先，嘴啃；次则，前脚爬；再则，用后脚爬。忽然把地方啃大了一点，转过身来，它以为啃通了，大大的路好走了，好了！通了！开小悟就是这样的。念佛是谁？不晓得。又追，到底是谁？还不明白究竟是谁，似乎有点味道。再追，又有点味道。既然尝着点味道，当然不把它放手。又追，到底是谁？抖擞精神，不追通不放松。老是这么样用下来，三天五天、一月半载下来，当然有个回头处。古人不是讲过的"用到山穷水尽时，自然有个转身处"？这一个身转过来，就不同了！虽然走也是走这条路，现在回头来，还是这条路。虽然是一条路，路上的行处不同，可以说是本来面目找到了。这是一种小悟开了。有一种人以为无事："这个地方很好的，歇下来罢！在这个地方住住罢！"这就是小悟的程序。他以为路已经走了，任是山路水路，都走尽了。世界上不是山路就是水路，走得山路穷了、水路尽了，还有什么路走？他不是当然要歇下来吗？以为："本来面目我也找到了，还有什么事？"是的罢！他这种悟是由他的身心精进、一种奋勇力而悟的。就如那个读了三年书，并不是读得很多进学的，是他精进力进学的一样。他这一种功夫是粗细俱有。何以呢？他由身体的勇猛、心里功夫上的精微，心上功夫精微就是细，身上勇猛即是粗，他是粗细兼用而悟。这一种悟还对吗？不对！没有到家。何以并不是对呢？在教下说"得少为足"，宗下就是"认贼作子"，这两句话比较，很对的。何以呢？因为他这种悟本来没有到家，他以为这个面目就是的。这种小悟是方便权巧，彻底说就是得少为足。宗下为什么说这是认贼作子呢？虽然是小悟，不能说是贼罢！因为他才有少分受用就歇下来，这一个少分虽然是的，就在这里住下来，以为自己无苦处，以此少分为他的快乐，所以佛呵曰："焦芽败种。"这样的谷芽将来还有什么收获？你要以此小悟就歇下来，孤凋解脱，上不求佛道可成，下不思众生要度，认此为是，岂不是认贼作子？小悟既不好，还要悟不要悟呢？当然要悟！何以呢？大悟小悟，其理则一，其事有别。大悟小悟体没有两个，小悟悟了，与大悟的体同，事上则不同。大悟的事，以众生的苦为己苦，众生的颠倒邪见是招苦之根，要替他拔掉。逐类随形，同尘接物，这就是大悟的事。小悟的事，厌恶生死，怕诸污染，所以深山修道，远离生死世间。视生死如冤家，观世界如牢狱，这是小悟的事。大小悟的体既同，为什么事上有这一种分别？因未悟以前功夫上的功行不同。就如那个人读三十年书方进学，这个人读三年书也进学，此二人同是秀才，对于做事，心量当然不同。何以呢？读书多，任你怎么问他，天南地北，他都知道；读书少，就不能如他问答周到。秀才是同，做事不同。大小悟的事有别就是这个道理。为什么说小悟还要悟呢？因为小悟以后的事行虽比未悟的人好得多，比如行路，未悟的人跑起路来，一脚高也不知道，一脚低也不知道，狗屎里一脚，粪坑里一脚，全是不晓得的，横冲直撞，就如瞎子那样走。开小悟的人不同，因他眼睛睁开，虽没有大明，路的影子总看得到，狗屎粪坑也不会践着，行起路来比未悟的加几倍快。但比大悟的人就不同，犹如一个人在平地看山河大地，一个人在须弥山顶看山河大地，这两个人所见当然不同。故此小悟的人还要悟。开大悟的人为什么叫狗子爬墙头的呢？那个狗子关在一个院子里，四面是墙，很高的，狗子不会爬得出的。你把它关在里头，它当然要吃。老不给它吃，不是要饿死了吗？它当然要爬，爬不出也要爬，出去才有命，爬不出去就无命。老爬老爬不是也可以爬出去吗？但是大悟的人未悟以前用功的行是怎么行？他是"念佛是谁"提起来也是疑情，不提也是疑情，当然在疑情上用。不用，歇下来，还歇在疑情上。他的知识晓得要这一种纯一不杂的大疑。从这个大疑疑下去，久久地，会尘尽光生。到了那个时节，或者不悟，一悟就是彻天彻地。这一种行是什么用法呢？要晓得，"念佛是谁"这一句话他不是用人家的言句。我告诉你们，这一句"念佛是谁"是我讲的，他用功不是从我的这一句上用来的，是由他自己家里出来的。他自己心上知道"念佛是谁"要会归自己，要从自己心上发出"念佛是谁"，由这个地方发生一个疑情。疑，不晓得念佛是哪个，终归这一"疑"不放松。首先光是你不放它，用久了，你预备放下来歇歇，它倒不肯放。你若不用，身上诸多不适意。要用，身心才好。他从这里放下，也是功夫；用功，更有功夫。行住坐卧、穿衣吃饭，总一无二的功夫。这么样地用就是他有开大悟的知识，非如是用不可。功到自然成，瓜熟蒂落，水到渠成，不是要借勇猛力的，所以他的功夫是纯细无粗的。他有了这一种知识，他就一直向这一条路上走，当然有个结果。功夫用到这地方，磕着碰着就开大悟。犹如狗子老在那里想爬，想久了，四只脚、眼睛、鼻子、耳朵，全身全心都是要爬。一爬再爬再再爬，就可以爬过去。大悟也是这样的，因为他的功夫用到这里，自然会悟。那么，小悟就如老鼠钻牛角，回过头来，路虽是大，还有路在。有路，就有人，故此还有人有路。大悟如狗子爬墙头，能可以爬出去就是了。但是，爬过去的事我慢慢再给你们讲。

参！

十二月初二日开示（七七第四日）

"恰恰用心时，恰恰无心用；无心恰恰用，常用恰恰无。"这四句话是永嘉大师讲的。用功的人对于这几句话的功夫还要领会。你还晓得这几句话的功夫到了什么地方？安在什么处？大家都是用功的人，难道这几句功夫话还不能领会？恐怕还真不知道，替你们解释一下子："念佛是谁"恰恰当正在用心的时候，回过头来一看，恰恰没得心用；没有心时，恰恰得用；用久了，恰恰也无。这么一说，你们大概明白些。但是我这么说，还要你们功夫用到这里才可以领会。不然听我说，你领会，或学来的领会，都是无用的。何以呢？人家的于你有什么关系？譬如出山门去扬州，路上有龙王庙、土地祠，有桥有坝等等，走过的人还不晓得吗？学来的，听人家说的，总不能一一实答。脚跟未着地那一种功夫的行处与你们讲一下子：恰恰有心用，恰恰无心知，总不出乎有心用无心用。如何有心用？如何无心用？首先要知道我参的"念佛是谁"须是自己的。若是从人家来的，有心无心都安不上。何以呢？"念佛是谁"是人家的句子，不是这一种功夫，对于有心无心太远太远！所以说安不上。要怎样子才相应呢？首先要从自己心上发出一个不知道念佛是哪个人，假若不把念佛的那个人找到，仍是苦海无边。能可以把这个人找到，才可以出这个苦海。有这一种恳切、非办不可的念头，"念佛是谁"在这个地方当然就有得用。这一个不明白念念有得用，心心有得用，均是由自己心里头发出来，这就是自己行到的功夫，就是有了深入的功夫。若要听到讲，或者听班首师傅讲："念佛是谁、是什么人要参，把它参通，找到这个人，苦海就可以出；参不通，这个人找不到，苦海不得出。"你以为："是的，我们就参参罢！"就在这么的外面问问。这样的参不是昏沉就是妄想，因为你在外面用人家的，自己没有事做，它当然要打妄想。心里头既无恳切的用、要紧的用，用外面的，哪里会站得长呢？所以，不是从自己心上发出来的就是人家的。假若是你自己心上发出来的，当然有得用，还用不了。犹如借钱用一样：自己没有钱，要向人家借。自己有了钱，当然就不向人家借。自己有钱用是个什么境况？借人家的钱是个什么境况？故此说用人家的"念佛是谁"不能算功夫，要用自己家里的才算功夫。所以说毫厘之差会有天地之悬隔。那么，自己的功夫已经有得用，你还肯放手？当然一直向前用去，用的时间久了，你不是要歇一下子吗？不由你歇下来，还是"念佛是谁"。要想放，放不掉，不要你去找它，它自己会念念不歇地追究，放也放不下来，提也不要提，功夫是一点不会间断。有心也是用，无心也是用，完全不要你有心。能可以有这样的功夫，才算你到无心用的时候。这一种无心以何为验呢？就在我们日用中，功夫恰当时间，还有心去行坐吗？就如打抽解上架房去，正去的时候，跑起路来还有功夫，未揭盖子还有功夫，拉裤子没有功夫了！坐下来笼而统之，一齐下去了！你还晓得吗？若要知道笼而统之下去，你是什么东西？知道的！你这一知，还许你是无心吗？无心，不许知道的。何以呢？"不可以智知，不可以识识。"倘若揭盖子你知道有"念佛是谁"，这样就是有心。倘若揭盖子不知道盖子，"念佛是谁"有的没的也不晓得，这就是无心。这么一说，你们倒又不知是有心好、无心好。何以呢？有心，还知道"念佛是谁"；无心，连"念佛是谁"也不知道。但是，这种有心无心以何为铁证呢？要从你们心行上找出一个铁证来，大家容易明了。如：你们从各人自己心里提起一个"念佛是谁"来，这一提，功夫永远现前，不要再提。或三十年二十年，都是这一个，不曾有第二个。用久了，要想放下来歇一下子吗？放下来要问你放在什么地方，还找得到吗？若要放下来，不知放在什么地方，没有了。想再提，提起来，又有了，这就是有心。有心是什么功夫？放下来，没有，就是灭了；提起来，又有，就是生起来了；再放下，又灭了。原来这就是一个生灭心，一向直说有心就是生灭心。若无心用呢？就要你"念佛是谁"这一提，十年二十年没有第二个"念佛是谁"。要想放下来歇一下子，放下来还没有离这个"念佛是谁"，歇下来还是这个"念佛是谁"。说再提起来同不要提，现成的。放与不放、歇与不歇概在这个"念佛是谁"上，可以说是无心的。无心以后的事慢慢与你们讲。

参！

十二月初三日开示（七七第五日）

"有心用到无心处，无心不许有心知。"这两句功夫话你们能可以行到。对于这种功夫确实见到，那可算是到家的消息就快了，这一条路差不多到了尽头。用功未到这里，当然要说心。心，还是总名，略说还有三种，就是散乱心、有心、无心。大概用功人不出此三种心，任你怎么说，不能离开的。怎么叫个散乱心呢？就是我们未用功以前，什么贪、嗔、痴、疑、人我、业识、烦恼……这一切的心总称一个散乱心。但是你在这个散乱中的时候，不许你知道这许多散乱心，这一种心太多了，不能团结起来，犹如散沙一般，你看那些沙一个不结一个，就如我们的念头似沙般本来散的，要捏成一团是不容易的罢？容易！要久久地把它捏，捏不起也捏，非捏不可。你有这一种决志，就可以捏成功的。成了一团以后，一切的散沙收归这一团。这是一个譬喻，会归到我的功夫上：最初不会用功，亦不晓得用功，无非在这个杂念纷飞中过日子。这一种杂念不须说，无非业识尘劳、善恶幻化，这许多杂念都是世间业、生死业、天堂地狱业。今天参"念佛是谁"，想把这个世间业、生死业的念头歇下来，单单地用这一个出世间离生死的"念佛是谁"。初初不容易做到，如那散沙想捏成一团一样。久久参，久久用，散乱的杂念就会少了，再久，就会没有，只有一个"念佛是谁"，就如散沙被捏成一团一样。那许多散乱心收归这一个"念佛是谁"，这一个"念佛是谁"就是有心。有心，向前见到散乱心，向后见不到无心。何以呢？你要是没有用功，当然不知道有心，散乱不散乱一概由"有"。今天要用功，提起"念佛是谁"来，妄想就来了。照这样看来，用功时才知道以前那样的散乱念头。今天见到以前散乱的境况，就是这一个"念佛是谁"的有心见到的散乱心，现在的有心亦复看见。譬如一个人在强盗窝里，出身就是强盗，只知道想法子抢人家、盗人家，他不会回头想想："我是一个强盗。"没有这句话。一定要教他离开强盗窝子，他才晓得："不对！我以前是做强盗的。"以后当然不肯再作抢盗事。就等于未用功以前，不知是散乱心。"念佛是谁"用一下子，才知道从前的散乱心不好，一定要用功。为什么说有心不许见无心呢？犹如这个强盗知道不好，不去再做，还要离开他们的窝子远远的才行，何以呢？若要不离开他们，你想做好人，不行！因为给从前同是做强盗的看见，还要你去做。你不去，人情不得来，他也不由你。你能离开他们远远的，这一班强盗见不到你，当然无事。假使你被他们见到，你这个好人不能做。能可以离开强盗不见，你才可以为好人。那么，无心犹如好人，若要知道他是好人，你这个能知道的又是强盗，所以无心不许有心知。如有心知，就不许你是无心。那么，你们现在大家都是有心的时候，无心的功夫大概没有到，亦不能说是散乱心，这是实际上的话。若要说你们还是散乱心，那就是委屈你们。纵有一位二位是散乱心，不要去说他。我们单说现在这个有心："念佛是谁"提起来，妄想又翻出来，已经有了妄想，当然就有妄想的相貌——翻上海的妄想，上海就现出来了。今天教你们参念佛是谁、是什么人，要你们反问为什么有一切相？空相，实相，非空非实相，亦空亦实相，概皆没有。教下的言句，或真如或一真法界等等。宗下不言这一种，"念佛是谁"无一切相。我再说点你们听听，要你们容易知道这一种功夫的程序：以前"念佛是谁"提起来，妄想也有，业障也有。渐渐地，妄想也没有了，业障也不出来了，功夫是不断地有得用。再纯熟，再成片，就可以落堂自在。你到这时，我教你把功夫放下来打个妄想，你说："好的！你教我放，我就放下来。"打妄想，打了半天打不起来。那么我教你，若是上海南京太远，高旻寺的妄想打打也好——宝塔未成功、大殿太小了，这是最近的，你试想想！但，总是想不起，纯是"念佛是谁"一个静念，绵绵密密的，其他的念头想也想不起，攀也攀不上，这当然一日千里。为什么想不起的呢？我刚才讲的：强盗在强盗之中，自己不见到自己是强盗。自己在好人里，还知道是好人吗？那么，静念现前的时候当然一切相无，不但鬼神见不到，阎王老子他更见不到。阎王老子既然见不到，生死在哪里？恐怕释迦老子也见不到。若要释迦老子见到，不但有生死，还有涅槃呢！我们的静念现前，生死不住，涅槃也不住。各人发起心来——参！

十二月初四日开示（七七第六日）

"莫谓无心便是道，无心更差一程路。"这些话同你们讲实在没有什么讲头，在你们还以为不十分要听，因为各人的心行上差得太远。我亦不能不尽我的天职，只好一层一层讲下去。用功的人对于世间上名利、荣耀、冤亲、贪爱、嗔恚等等——总名世间事，必须要死，还要死得一点不许存。古人讲："大死大活，小死小活。"就是此理。怎么叫小死？这是别名，就是小悟。大活亦是别名，就是大悟。如何是小死呢？身死就是小死，身上的痛痒一概不知，与一个活死人差不多。身虽死，心没有死，心还是活活泼泼，就是小死。大死呢？就是身心俱死。心死，只许"念佛是谁"心心用、念念用、忙忙地用。虽然这么用，还不许知道是在这么用。若要知道有"念佛是谁"、有忙忙地用，心就没有死。那么，以何为铁证呢？你的心大死了。我要问你：你叫什么名字？你能答我，你就没有死。要你答不出名字，不晓得叫什么名字，才许你的心是死了。我问你：大死没有？现在七个七打下来，功夫不用到大死，怎么可以大活呢？大家站这里抚心自问，看死到了什么程度。但是这许多话不是我信口开河的，我是从这条路上行过来的。古人的话你们不相信，我也不相信。何以呢？没有看见，怎么会相信呢？我自己行过来的，说到你们听，大概要相信。我在金山住的时候，四个人共一个位子。刚巧地，四人名字都是妙字，妙某妙某，内中有我师弟叫妙丰。维那常常讲："人家三藐三菩提，你们四藐四菩提。倒好玩！"我是一个人独在地下，他们觉得难为情，常说："妙师傅，你坐位置罢！"我也不理他叫不叫我，我照常坐在地下。我那师弟老要与我讲话，我也不理他。他说："你是湖北人不是？"我说："念佛是谁？"他说："你叫妙树，法号净如吗？"我说："念佛到底是谁？"他说："你大概是我师兄！"我说："念佛究竟是谁？"他弄得没有办法。一个冬好几次这样问，我皆如是答他。他要我讲一句话，了不可得。到了正月期头，他回小庙，师父问到他说："你师兄在金山住，你知道不知道？"他说："我是知道，我与他讲话，他总不答我，我也不知道究竟是不是的。"师父讲："快去把他带回来！"他就来金山，一把拉住我说："我说你是我的师兄，你总不答我，原来真是我的师兄！"我说："念佛是谁？"他说："不管是谁不是谁，你跟我回去！"我说："念佛是谁？"他说："师父特为教我来带你回庙的，你不能不回去！"我说："念佛是谁？"他弄得没有办法，便拉住我说："你这个人太无道理！回去看看师父也没多远，就在句容，为什么不回去？"我说："念佛是谁？"他把我放下说："罢了！罢了！"他回去了。你们想想，我那个时候把这许多最要紧的应酬都死得光光的，还有"我"在吗？你们还有几个人照我这么行？恐怕你们不但邻单共住的知道名字，西、东单的人都知道名字。你们想想，我那样子为人，至今天有四十年，还是一个平常人，你们的功夫用不到这里，怎么想开悟？可怜！你们没有一个人肯抱定一个"念佛是谁"认真地死去，抱定这一个死句啃，不问开悟不开悟，终归用功，一直死句死下去。死透了，还怕不活？你们不但不肯死，还要东想西想，想出一句两句话来安排譬喻一下子，以为："对了！这就是我的功夫。"你们苦恼不苦恼？再则，或者可以死一下子，早晨死去，到晚想想："不对！死得没名堂。又不高兴死句，要改改话头！"就如早晨插秧，晚上就要收稻，没有稻子收，耕掉，再种豆子，就是这样的。你们看！这样的功夫还能算是参禅？你们大多数是这样的。你们自己问问自己对不对。抚心自问，照你们这样功夫，我还要向你们讲吗？何以呢？我讲到哪里，要你们行到哪里，你们行的就是我讲的，你们这样地行才对，才说"言行相应"。我讲到哪里，你们跟不上来行，不是白讲吗？虽然这么说，你们几十个人，总有几个功夫深入的，不要多，就是一个人功夫到了我讲的这个地方，不能说一个没有。

既有这么一个人，当然我要替你这一个人还向前讲。你们对于这一个死句子"念佛是谁"一直死去，直至连自己的名字都不知道，这样的行是怎么行的呢？要你把"念佛是谁"用到不知有"念佛是谁"，人也不知，我也不知。人我怎么不知呢？人，即是世界、虚空；我，即是这个肉身体。教下言：外六尘，内六根，中六识。宗门下不是，首先把世界虚空要忘了、死了。那么世界虚空既无，我在什么处？我这个身体既死了，身上的痛痒、穿衣、吃饭、饥寒还有吗？既没有这许多，一定这许多都没有，还有名字在吗？你们想想对不对。那么内也忘了，外也死了，还有我们中间一个"念佛是谁"在。念佛是谁是要参的。首则历历明明地参，次则清清澈澈地参，再则精进勇猛地参。你参到这个时候，绵绵密密的，我问你，世界、人我、虚空还有没有？你说没有。很好！再问你："我还有没有？"你说："也没有。"很好！我再问你："你的心还有没有？"你答一句"无"。我问你："心既没有，口里的话哪里来的？"你要说"有"。我问你："这个'有心'是在'念佛是谁'上，还是'念佛是谁'在'有心'上？"大家答我一句看！我要看看你们的功夫到了什么程度。发起心来——参！

十二月初五日开示（七七第七日）

"根尘识俱遣，心意识全忘。十方坐断，不通圣凡。"这四句话摆在功夫上研究一下子，对于到家的事与到家的消息，大概有点功夫的人听了就会知道是到家的事或途中的事，一目了然。倘若在功夫上没有一点深入，或是没有用功的人，听了这几句话，一点意味也没有。在你们来说："根尘识、心意识遣了，忘了，倒没有事做了。"你们想想对不对。根尘识忘了，你们当下还有什么事？你们不但要不忘，还不肯忘。那么不能与你们这一种人讲这种话，必须要替你们解释：宗门下，根即是身，尘即外境。教下，根即六根，尘即六尘，每一根对一尘，中有一识。宗门下言心意识就是心知起念、分别一切。统而言之，心意识。教下又不是这么说，是前五，后六七八识。用功的人为什么要遣、要忘呢？因为这许多东西把我们从无始劫缚到今天，若不把它遣了忘了，还不知要缚到哪一天！要把它们一齐了掉，才可以办我们家里事，走我们家里路。这些东西与我们究竟有什么关系？要知道，我们生死不了，因为有现在一个凡夫心。因有心而有身，有身心才有世界，就被身、心、世把我们缚得牢牢的。所以要了身、心、世，就是了眼耳鼻舌身意，这是根，根是身上的。色声香味触法，这是尘，尘是世界上的。识是心有的。能了根、尘、识，即是了身、心、世。身心世能了，在教下是很好的，很高的。在宗门下不算一回事。我今天讲的是宗门下的，不是教下的那种。何以呢？宗门下还有什么特别不同？不同的在哪里？教下的了，是许他了，宗门要了教下的那个了，譬如他用手了的，我要了他的手，他用脚了的，我要了他的脚。何以呢？要知道，身心世的力量再大，没有了身心世的"了"力量大。这个"了"你们不易清楚。譬如一切的路如身心世，要了这许多路，用脚走到尽头就会了。路了，还是脚走了的，这一双脚就是了路的脚，亦是了身心世的脚。这双脚的力量最大，天堂地狱也是它，成佛作祖也是它，轮回往返，牛马昆虫……皆是它。宗门下要了，首先就把这双脚了掉。你们看，这一了，可是坐断十方罢！你们想想，这么样的功夫还是到家吗？依我说，还有！何以呢？功夫虽有，没有开悟，还算途中事。这许多话本来不要讲，讲到你们听亦是无味。能可以我说到，你们行到，你们行到，我也说到，才可以讲的是说到、行到。我说到，你们行不到，还有什么好处？虽然这么说，你们虽是没有行到，我这么说与你们听，你们将来不是可以照样说给人家听？你们行到能讲的时候，你才知道我的心肝！不然，你说我是妙树，我说不是。你们说我是来果，实在不是来果，可以说是当面错过，你们还知道吗？对于宗门下这些事也不算奇特。今天替你们一层一层地向前讲，在实际上本没有层级，不要一双脚就是的。连脚都不要，哪里还有层级呢？并不是教下四十四位、五十五位用到什么地方，到哪个位子，一步一步地，要想一脚扒两级做不到。宗门下不但没位置，连脚都不要，就可以坐得高高的，比他还要高、还要大。那么十方坐断是什么坐法的呢？并不是拿身子去坐。若要身子去坐，又错了！要知道，若要有世界、身、心"可"了，有我"能"了，这都是教下说的，有能有所，必须能所俱了，中间不住，三轮体空。在宗门下不然，只要一个"念佛是谁"，一直向前不落阶级。在宗门下有这样功夫可以算坐断十方吗？不然，在宗门还未进关，还是中途事，门外汉。宗门下何以有这么深远？有这么奇特？不相干！何以呢？在你力量小的人就如到了银山铁壁的地方，没有办法了！以为这银山铁壁再没有打开的一天。你要晓得，力量大的人，银山铁壁的关口关不住他，他也不到来这银山里，好似他非要一拳打破、一脚跳过才是他的事。等你们打破银山，跳过铁壁，我再与你们说坐断十方的话。（打催板）

十二月初六日开示（八七首日）

用功的人要有功夫用才是个道人。假使说起来是用功的人，对于自己实行上没得功夫，怎么能称道人呢？对于行道就如行路一样：最初十字街头跳来跑去，热闹哄哄的，很好的，来往行人很多的，什么也有。慢慢地走下去，似乎往来的人少了，也没有那么热闹了。再走，走到山野的边境上去，就不轻易见到一个人，已经冷淡了。再向前，就到深山穷谷了，人是一个也没有，地方是冷清清的，路是愈跑愈小。你们有功用的人对于这一番话似乎与自己很相应，一点也不错，一个字也不错。没得功夫用的人是不知道我说的是哪里话，街又不知道是哪个市镇上的街，山又不知道哪一座山，不知哪一码对哪一码。真教人摸不到！大概你们都是这一种知见。我要告诉你们：这是功夫上的话，你们不要弄到外面去。那么路既然跑尽，渐渐跑到深山穷谷里头，走到这里，还有路走没有？路是没得走了！在功夫上怎么会呢？"念佛是谁"初用是妄想、烦恼、嗔爱等，比十字街头还要热闹，因为太多了。今天也是"念佛是谁"，明天也是"念佛是谁"，就同行路一样，慢慢地走。"念佛是谁"参的日子多了，慢慢地，妄想、嗔爱、烦恼等也会少了。再则，疑情会起了，渐渐地熟了。疑情一熟，就如到了山野地方了，妄想烦恼不轻易起了。再参再疑，就此疑成团了。前面的路首先愈走愈小，冷清清的路。现在疑成团，路也没得走了，一点味道也没有，孤单单的，冷凄凄的。在你们的知见还以为："不对！哪里用功的人，功夫上这么冷清清的做什么？热热闹闹的多么好！为什么要孤单单的？一点味道都没有，做什么？"对罢！我说：要热闹做什么？路都没有，热闹安在哪里？没得味道，还有口吗？既没有口，舌在什么地方？有味道没有味道，非舌不能知。舌已经没有，味从哪里来？对于禅的一个字当然是要参，但是功夫行到，还说什么禅？譬如有病才吃药，病好了，还吃药做什么？病既好了，还是吃药，倒又不对了！病好，药一定要除的。这话你们还有会处没有？能可以把这初初的功夫话有点领会，也不辜负你们是打七的一个人。那么我说的路走完了没有？还是站在这里？还是向后退？站在这里不对，不能了事。人站在路上，不能算是的，向后退更不对，来便好来！你要想后退，后面就是烈火，当然不能退。不退，一定要向前进，不能进也要进，这是不容易的事。要想伸脚，脚又没处伸；要想伸手，手又没处伸。你们看，一个鳖在缸里，虽然爬不出来，它在里面不得了地爬，总想逃命。爬来爬去，还可以翻一、二个筋斗。你们功夫疑成了一团，在这个团子里还能翻身吗？恐怕不容易！因为这一团太大了，要想伸脚，一毫的空隙也没有，虚空里在团子上，虚空外也在团子上，十方的都在这一个团子上。你们想想，这个脚向哪里伸？手向哪里伸？头向哪里伸？要想把脚伸一下子，伸脚的地方在团子里，伸手的地方也在团子里，伸头亦复如是。不但手脚没处伸，大家还要研究一下子，到底这一团有多大？

我们这个人在里头还是在外头？外头还有什么地方？里头还有什么相貌？你们都要有一点见处才好，必须清清楚楚地见到才对。光是听我讲，还是我的。这一团子是很大的，不但虚空被它滚在里面，连释迦老子、文殊、普贤、观世音诸大菩萨乃至十方诸佛都被这一团团到里面去了。天堂地狱、昆虫蚂蚁也在这一团里。你们还晓得不晓得？要研究一下子，不是小事。何以呢？你不把它研究清楚，怎么说打破疑团的话？把疑团打破了是什么样子？若要说疑团打破，亲见本来面目，胡说！你见你的本来面目，还有我的面目没有？他的面目有没有？这一个面目还是比疑大还是比疑小？这是你们学来的，说这么一句"打破疑团，亲见本来面目"。我问你第一句，你倒又答不出来了。所以要你们自己见到，要切实讨论一下子。若不如是见到，如是亲切，就是许你们真把疑团打破，还是一个弄精魂汉！要紧！要紧！要晓得，"万里程途，始终不离初步"，若不把它见到清清爽爽的，假使一错永错，千错万错皆因这一错。最要紧！

参！

十二月初七日开示（八七第二日）

（讲：释迦佛今天午夜睹明星成道，及说法等事迹。从略。）

十二月初八日开示（八七第三日）

行道的人，比如一万里到家，现在已经走了九千多里路，差不多就要到家。譬如万仞山头，我们由山下往上爬，一脚狗屎，一脚荆棘，要想一条大路走走没有，不问有路无路，均是向上爬，今天也是爬，明天也是爬，就你爬上去了。上是上去了，到了顶尖上，只有站一只脚的地方。向上是万丈壁岩，动脚就是虚空，向后亦复无路。到了这个地方站下来，似乎很好的，可以说"万

仞悬崖"、"百尺竿头"。到了这个地方，好是好，还差一步。一万
里路走了九千九百九十九里，只差一里就到我们本来的家，到了
这里就是希望无穷。这一里路，只要你一动脚可以到家，只要
向前把脚动一下子，就可以有成佛的希望、作祖的希望。超佛越
祖的希望也在这一动。为什么要动一步呢？这里当然不好，不是
久站的地方。亦不只我说不好，古人也说不好。何以呢？古人说：
"百尺竿头坐的人，虽然得入未为真。"就是说：你们到了百尺竿
头的功夫坐下来，不向前再进一步，虽然如是，不能算是一个真
到家的人。我今天要问你们：功夫到了这个地方没有？这些话是
因为你们功夫应该到了这个地方才对你们讲。在三个七的时候，
讲这些话无用，因为你们的功夫没有用到这个地方。若在平时，
更安不上。今天打了七八个七下来，功夫当然到了这里。你们抚
心自问：有没有？若要功夫到了这里，很好！很好！我这么一说，
你们就一定领会。教你们再进一步，你也有一定的把握，照常就
进一步，这不是很好？没有这样的功夫，那么我是空说了！还有
什么益处？但是我不能因你们这样子就歇下来。七打了七八个下
来，当然要替你们讲到这个地方来。你们的功夫没有用到，是你
辜负我，不是我辜负你。那么，万仞山头还是一个譬喻，会归我
们的功夫上来是怎么样子？要你领会一下子，从不会用功，一脚
狗屎，昏沉妄想地用到纯熟，乃至成团自在，乃至万仞山头。但
这种功夫如何见到呢？功夫到了成团的时候，要能够心、意、识
俱遣，才可以到这一步田地。详细讲一下子：心，就是我们所知
一切，无论是善是恶，是出世间、世间，能知者是心。这个心要
离掉。意，就是一切法，任是大乘法小乘法，若要去思索一下子，
就落意思了，也要离掉。这是宗门下话，并不是教下的话，大家
要认清楚，教下不是这样讲的。再说识呢，这就要你们认真地参
禅了！如何真参呢？真参是无参。这一句话又要替你们甄别一下
子，这句话误会的很多。何以呢？不会用的人听了这一句话："好
了！真参是无参，我正不知道参即是无参。是真无参吗？不要再

用功了!"你以为很对的,"我是无参"。其实你这个无参是六道轮回的无参,不是超佛越祖的无参,他那个无参是功夫用成团而不晓得有参。我前天讲成了团,十方诸佛、一切菩萨、历代祖师都在疑这一团里,不许你知道有这一团的功夫。参到这个地方,不许知道参,这才是无参。他这个无参与你们这个无参同不同?若大家所参乃真参这个无参,那么这个无参既然用功都不许知,还许你分别吗?若要一分别就落识了。所以不许心知,不许意思,不许识识,才算到了万仞山头,也就是百尺竿头。我要问问你们:功夫上究竟到这里没有?你们以为这件事很难很难的,我说不难。你们自己打开眼睛望望,你站的地方是什么地方?功夫到了这里,岂有见不到的道理?那么,我要问你们:"功夫是用到这里吗?"你答:"我到了!"我再问你:"这个地方睁开眼睛望望,还有什么东西吗?"你要答我才对。还有人?还有我?佛有没有?法有没有?僧有没有?我又问你:"那么,都是有?"你要答我:"有。"既然是有,你这有是从哪里有的?要说没有,你在什么地方?这不是小事。我问你们,你们要清清楚楚的才对。你能把功夫用到了百尺竿头一定知道的。要晓得,功夫到了这里,希望很大的。能以进一步,受用无穷的。

参!

十二月初九日开示(八七第四日)

"悬崖撒手,绝后再苏。"这两句话,住过丛林的人大概会听过。但是听许你听过,行不许你行过。何以呢?你要是从这个地方行过一下,今天不是这样的一个人。对于这两句话的功夫是什么功夫,必须要替你们详细地解释一下子:本来宗门不假言说,对于领导你们行道,若不假言说,似乎又无路可走。所以我在前面说,你们就跟我说的行到来,这一种言说不可少的。那么,我昨天讲到了山的顶尖上,向上就是万仞壁岩,后面一寸空地也没有。从这里向前再进一步，就到了虚空里，不就是万仞悬崖撒手吗？但是这一步非等闲事。何以呢？脚尖前面就是虚空，这一步是怎么动法？这一步动下去有没有路走？虚空里头不能走路，什么人做得到在虚空里头走路？可非等闲罢！对于功夫到了这里的人，他自会知道确有这条路，他不但撒手跑，他还要撒开脚来跑！东西跑，上下跑，听他怎样跑，都有路走！没得功夫的人，可怜！听到我说就骇死了！那么高高的孤单单的一个人站到这里，四面都是空的，歪一下子命就靠不住了。譬如我把你安到那么高顶去，一定骇死，哪里还知道虚空里有路？你们想想对不对。但是，比如上面无路，用什么法子可以走的呢？岂不是喻法不合吗？"譬喻"是有的，太多了。再说，太长了。但是从这个地方动一步，就可以说跌下来罢！是，跌下来。我说，不但跌下来，还要打死，还要打得成粉子一样，一根毛都没有才对。要是没有打死，或者还是与未跌一样，那你这一种功夫倒又不对了！是什么呢？半死不死的，成一个弄精魂汉！若要仍然照这样，又成一个守尸鬼。必须要打得粉碎，从这个地方才许你绝后再苏。这一苏过来，就不同了，不是我们这个人了。那么，我昨天讲心意识要忘，但是心意识忘了，还有心意识的一个窠子在。功夫到了这个地步，就要把这个窠子替它拿掉。窠子就是七八识。能可以把七八识离掉，功夫才可以到再苏这步田地。若不能离掉这个窠子，成佛也是这个窠子，作祖也是这个窠子，天堂地狱、飞禽走兽……皆从这个窠子去的。因此功夫一定要到这步田地。窠子一经打破，才许"团"的一声桶底脱落，彻底翻身，回头转脑，绝后再苏，都是这个地方。但是这个地方不只我这么讲，古人也有铁证的言句。什么呢？就是说："百尺竿头重进步，十方世界现全身。"百尺竿头、万仞悬崖是一样的，如十丈高的一根竿子头上你爬上去，与那个山站到它顶上一样。在这个山顶再向前一步，与百尺高的竿头上再进一步一样，绝后再苏就与十方现全身一样。这两句话可以证明我们的功夫到了这步田地，是到家的。回过头来，还是这个人吗？

还是这个心吗？你想想，是不是这个人？大概人是这个人，心则不同。人家说："悟同未悟。"若要说人也同、心也同，那样就拨无因果了！未悟以前吃三盆饭，已悟以后还是吃三盆饭，饭还是同的。他的心与你的心，那是天地悬隔。从今向后，我说是很好的！恐怕你们倒又不然，以为："什么东西好？不打七才好呢！还要我们打两个七，把人苦死了！还说好呢！"对罢！我说：向后，年是好的年，月是好的月，日是好的日，你们还有人知道吗？无论你功夫行到这步田地没有行到这步田地，我的话是讲到。再向后，我就不是这一番话，另是一番话。你们未悟的人，功夫未到的人，听了我另一番话，会有点不相应。因为再向后，我不是与你们这一样人讲话，哪里会相应呢？我是向那一个悟的人讲话，我是顾全那一种人。老与你们讲路头上的话，已悟的人不是摆下来吗？对于你们，无论我讲到哪里，虽然你的功夫没有用到，但我今天讲的这个地方，必须要行，总要行到这步田地才放手。不然总在这面行。不要以为我讲的与你们行的不对，就放下来，那不对了！还要向前用。不然就辜负自己这一番苦心的功夫。发起心来——参！

十二月初十日开示（八七第五日）

"未悟以前犹自可，已悟以后事更多。"这两句话是宗门下的话，要把三藏十二部经翻破了也找不到。宗门下的话与教下的不同在哪里？教下的，它是不论你们的心行上如何，它是一直说下去。宗门的话要在你们当下的心行上说。不同的就在这里。你们就将一个"念佛是谁"参参，幽幽雅雅的，清清净净的，不觉到有人，也不觉到有我，难道还有其他的事吗？还是"念佛是谁"，并没两个。这样子，一天到晚自自在在，寂寂静静。你们想想，是不是这样子？已悟过来就不同了。何以呢？你把眼睛睁开一望，就要大叹一声。不悟，倒也罢了，这一悟还有这么多的事！多！

多！多！譬如什么呢？就如我们三十年前住的一个老家，是一间小小的房子，里面摆设器具。今天已经离开了三十年，没有到过家里一次，望也没望过。忽然今天到家，一脚把门打开，抬头一望，很不好的：桌案上的灰尘、地下的绿苔多么厚的！锅里老鼠窠，佛前猫屎、蛛网……不晓得有多少。这一看，要说不要这一间小房嘛，到处没有我住的地方。不然，又看不下去。只好慢慢地，一件一件地来扫除。所好者，幸喜两只眼睛打开了！若不是打开眼睛，哪知道有这许多不是呢？这是譬喻，会到法上是什么？未悟的人一天到晚在生死烦恼中、业障妄想中，毫不知觉。即使知道，只是从人家的言说中听来，或在经典上见到，没有脚踏实地。外边来的见到，虽见而犹如未见，所以他在用功时只有功夫在。今天忽然开了悟，就如隔了三十年的老家一间房子，今天一脚到了家一样。眼睛打开一望，才知道还有这么的许多事在！既然有事，当然要一件一件地处理。古人有两句话是证明我们功夫到了这步田地的，他说："未进门来犹自可，一进门来事更多。"这两句话的意义就与今天说的一样。对于这许多话与你们讲，真是不要讲。不过宗门下这许多话都是圆因、圆种，你们功夫虽未到，把这一种圆种种下去，将来的收获很好很好的。但是你们这么多的人，哪里会没有门头户口的人？捕风捉影、光影门头、一知半解大概有的，不见得没有。那么，能可以把风捉住、影子抓住也算是难得的。譬如我在说家里的事，你们虽然没有进来，门头户口的人在门外不可以听听吗？虽属门外汉，究竟我在家里的说，你们在门外还听得到。假若动一脚，当然就进门来了。就怕你远隔三千里，门外汉的一句话还安不上！连这一类还不许，你知道还有什么用？不可！到了这一步田地的人，有了这一点受用，虽然有这么许多的事，还不以为多。你到了这里，不但不怕多，还要愈多愈好。若要怕多事，倒又成了一个担板汉！哪里还算明眼人！明眼人做事，全体是事、理双融，最有力量出众的。他这一悟，事理不住，心境不住，佛也不住，祖更不住。古人言句说：

"毗卢顶上行。"在这悟上才有神通。虽然有神通，也不是全通，是看你哪一个根上栽培得多，先通哪一根。大略是这么三种关口：对于破本参后，就是见性，但未了事。事虽然多，眼睛已经打开，不怕多，能了一件少一件。那么，事是什么东西？你们还知道吗？譬如一桶粪摆在那里，今天向外浇，明天也向外浇，天天向外浇，一下子把它浇完了。浇是浇完了，似乎很好的，但是还有臭气在。臭气是什么？是垢。垢就是事。了事就似了垢。了垢就是了这个臭气。这个臭气是怎么了法呢？向前是用"念佛是谁"浇的，现在去垢还要"念佛是谁"不要？你们思索一下子！当然以"念佛是谁"刮这个垢。刮过三层五层还是臭，何以呢？木头把粪吃进去了。木头与粪混合起来，试问如何刮得了？刮不了怎么办呢？必须把桶子刮成粉子，连粉子都要飘掉才对。为什么要这样？当知了垢是了我们心上的垢。粪与粪的渣滓都是心上的病。今天粪也去了，渣也除了，垢还要刮尽，连桶也不许存。就如心上的病，心病好了，心上的垢光了，连心还要去掉。你们想想，粪去了，粪桶还能摆在这里？垢去了，心还能摆在这里？大家可以明白"了事"的事。所以说时间要久。那力量最大的人悟过来，心也了，事也了。理也通，事也融。可以说"事理双融，心境无碍"。但是没得神通。在过去的祖师，大概破这一关的居多。每每有人说："既然悟了，为什么没有神通？"这就是误会。再则，他不知道宗门下的事，所以有很多的人会弄错。得神通要到得神通的那一步关口。能可以打破向上的关头，佛、祖不住，有余涅槃不住，无余涅槃亦不住，这个时候，才得神通。"顶门有眼"、"脑后加锥"，亦复如是以通为证。破本参未了事的人，可以说是破祖师关。明心见性、事理双融的人也可以说是破重关。顶门有眼、脑后加锥的人是破末后牢关。这是宗门"黄龙三关"的正解。我在当清众的时候，有一位老参师傅，他是四十年的苦行单，住金山、高旻，功行是有的，对于功夫上知识少一点。他每每与人说话都是讲他破哪一关，开口就说什么关。有一天他问我："破哪一关？"

我说："不知道什么叫关。"他真把我当初参，他说："这个人连三关都不知道，还算是用功的人吗？"我就问他，他说："第一，是当面关；第二，是山海关；第三，是雁门关。"我听了他这三关，我心里愈好笑！愈可怜他！我又问他："怎么叫当面关？"他说："功夫用纯熟了，人家打，人家骂，无论称你毁你，连念头也不动，就可以过了当面关。"我问他："你姓什么？"他跳起来，红了面说："我又不是在家人，为什么问我姓什么？"急得不得了。我问他："过了当面关，为什么还有这个？"他听了，似乎不错。歇下来又问他："如何是山海关？怎么过法？是先过山关后过海关？"他说："不是的，生死是海，涅槃是山；爱是海，嗔是山；断爱，就是出生死海；除嗔，就是打破涅槃山。"他说的理还有一点。我问他："如何是雁门关？"他说："那深了！恐你不懂。"我说："你告诉我！"他说："雁门关，要功夫用到如雁过晴空，过空不留痕迹，才算破雁门关。"你们想想，这许多错见，错到哪里去了！后来我告诉他这黄龙三关话。再说，有一居士称论某法师："心明才说是眼明。"心虽明垢未尽，哪里没有事的道理？明眼人应有的事还有怕的道理？真是明眼人，当然是事愈多愈好，何以呢？明眼的人，因为人家见不到的他能见到，所以称他明眼。那么眼明，鼻子还可以明，耳朵可以明吗？明要一切明才对！耳朵也能见物，眼睛也知道香臭。能所互融，事即理，理即事，用即体，体即用，用亦复是心，心亦复是事。香板拿到手上就是心，心就是香板。小圈是心，心也是小圈。你们想想，能有这样互融，还怕什么事？但是今天，你们功夫没有用到这里的人必须认真地参究，总要用到大悟以后，总算是你们的目的。不到那个时候，功夫不能放手的。你们现在站在这里，我问你："站在什么地方？"你们一定会答我："站在落地砖上。"等你们到了那个时候，我再问你："站在什么地方？"你一定答我："不是站在落地砖上。"不站在落地砖上，站在什么地方？

　　参！

十二月十一日开示（八七第六日）

"悟理一时，了事久远。"悟理，就是开这个悟是快得很，可以一时能悟。悟过以后，了事的时间长得很，不是一天两天了的。但是宗门下悟处的三个关口，本来在唐宋以前没有什么三关的话，到了宋朝的时候才有黄龙禅师立的三关语。宗门确乎有此三个关口：第一祖师关，第二重关，第三牢关。这三种关的名词虽有前后，在用功方面并不是用什么功可以破祖师关，破过祖师关后，也不是又有一种什么功夫可以破重关，亦不是破重关后另用一种法子再破末后牢关，这都不是的。要知道，关是有三重，深浅亦各有不同，功夫就是一个"念佛是谁"。在乎"念佛是谁"的力量大小的关系。譬如射箭一样，力量小的人一箭射过一面鼓，力量少许大一点的人一箭射过两面鼓，有特殊的力量，超群出众的力量，一箭射过三面鼓，就是这样的道理。释迦世尊力量最大，一箭射过九面鼓。这三面鼓犹如三关，用功就如射箭似的。对于宗门这三关功夫是怎么用法、关是怎么破法？破到哪一关是什么境界？必须要详细说到你们听一下子。但是我深心痛惜你们七期里没有一个人功夫有点深进，不曾有一个人开小悟的功夫，这是我深所痛惜的！倘若功夫上犹如窗格上有一层纸、太阳隔纸照进一样，虽然隔一层纸，光还可以照进来，有这么一个人也是好的。虽是深惜，也不能不替你们讲到。你们只要一个"念佛是谁"参去，到了功夫极顶的时候——我前天说过的"绝后再苏"这个时候——力量差不多的人一悟就是破本参。但是这个悟许他见性、生死，也许他知道生从何来、死从何去，虽然性是见了，垢还没有除。生死许你知道，事没有了。力量大一点的人从这一悟，性也见了，心也明了，理也了了，事也了了，心境全忘，依次破三关的。不是某法师说的："禅宗已了生死，还要变牛变马的。"不是这个道理。他著一本书送到与我看，我不许。现在许多人还误信这种毁谤禅宗的说法。且不管他的，莫与他争。你一争，就斗起来了。所以我们出家人第一要正知见、生真信，一个"念佛是谁"以悟为期。发起心来——参！

十二月十二日开示（八七第七日）

未开悟的人，举心动念就是妄想，开悟以后，举心动念皆是真如。一个妄想，一个真如，究竟是同是别？要问你们一下子：妄想是什么？真如是什么？同在什么地方？别又在什么地方？破了本参的人当然是清楚的。要替你们功夫未到的人详细分别一下子，不然恐怕你们都是笼统的。我们未悟以前，妄想一动就是一个相——打南京的妄想，南京的相就现出来了；再打上海的妄想，南京的相早已灭了，上海的相就跟到生出来了。以此类推，此相生、彼相灭，此相灭、彼相生，彼灭此生，无暂刻停留，这是一个妄想。你们在妄想不停留的中间提起一个"念佛是谁"，一提，疑情现前。疑情是什么形相？你们讨论一下子有什么相？你们七打了八个下来，虽然没有开悟，疑情上有相没有相？大概都知道一定没有相。这一个"念佛是谁"提起来只有疑情，疑情是无相。妄想不停就是形相不停，于这个中间安一个无相的疑情。人的心行上只存一个，哪里有两个的呢？所以有了无相的疑情，有相的妄想就没有了。渐渐用，渐渐用，自然会到纯一无相，自有这个纯一的功夫破本参。破过本参，就是一个纯一无相，不会再有一点妄想影子在。你若要承认破了本参，我问你："还有妄想没有？"你若讲："有，不多，一时半刻还有一点。"我就要吐你的口水！这还算破本参？你哄哪个？破了本参，要想找个妄想是没有的。到了这步功夫，举心动念都在这个无相功夫上。吃饭也没有离，穿衣也不少一点，任是再有事，这一种功夫是不会缺少的。在这个地方立一个名字叫做"真如"。真如两个字是对妄想说的，因为离了妄想，才说一个真如。不安这个名字，怎么说呢？虽然勉强叫它一个真如，真如的本来面目还是这个样子吗？还不是的？究竟是个什么样？就要你们自己功夫用到了这个地方自会知道。光是听我讲是没有用的，不但没有用，即使我说出来，你们还要不相信。何以呢？从前有位学者要我把真如讲到他听，我说："讲到你听，你还相信吗？"他说："我相信。""你既相信，我说到你听：真如头上四个角，前面两个，后面两个；有两条尾巴，一条在屁股上，一条在肚子上。你信吗？"他说："不对！哪里有这个道理？真如哪里有角有尾巴？即使有角，哪里会有四个，前面有，后面还有？屁股有尾巴，肚子哪里会有尾巴？岂有此理？我不相信！"我说："我早已说你不相信。"我说："这还是真的真如，这个真如你不相信，我说个假的你听听：真如竖穷三际，横遍十方，在诸佛不增，在众生不减，无净无染。"他听了说："这个大概差不多，教我相信还可！"你们说说，我说真的，他不相信，我说假的，他倒相信。今天我讲到你们听，你们有人相信吗？你是不会相信的！终归破了本参是无妄想，无妄想即是无一切生灭念头。念头有生有灭就有相，有相，阎王老子一把抓得到，抓到去变牛变马，就要听他指挥。我们没有妄想就没有相，阎王老子抓什么？所以破本参的人生死一定会了。破重关的人一定没有梦想，睡觉还是睡觉，梦是不许有的。每每有人说："宗门下的事实一点找不到，说起来，宗门开悟的人还有昏沉，岂有此理？"其实他不知道宗门下的事，要达到哪一步才没有昏沉。那么，要知破重关的人没有梦想，还有什么呢？要知道梦想是从哪里有，任你什么梦，不出世间事相。破重关的人理事俱了，心境双融，哪里还有世间事在？所以决定破重关的人没有梦想，有真如在。那么，有妄想，就有相；有相，阎王老子看得到，就是有生死在。有真如在，阎王老子虽然看不到，释迦老子还看得到。释迦老子看得到，就有涅槃在。了生死，还要了涅槃。破末后牢关的人，他是昏妄俱除，梦想全灭。到了这个地方，他没得昏沉。他到了这里，生死不住，涅槃也不住。说一真法界，他连一真法界都要超过。再则，破本参是见法身，破重关是证法身。怎么说见、怎么说证呢？譬如禅堂，见法身的人如站到禅堂门口，堂里的事看见得清清楚楚的，但没有进来。证法身就是进禅堂来，一直就到维摩龛里坐下来。怎么坐来维摩龛？还有点关系，就是这么个道理。所以说，破本参，见法身；破重关，证法身；破牢关，透法身。一切法门，证法身就是到了极顶的功夫。唯有宗门下要透过法身，才是宗门下的事。我所讲的这许多话与你们本来没有什么讲头，不过我这么讲一下子，你们用耳朵听一下子，可以说："一入耳根，永为道种。"有此种，将来一定会发芽，发芽便会结果。佛说："如是因，如是果。"

参！

十二月十五日开示（九七第三日）

"我见他人死，我心热如火。不是热他人，看看临到我！"这是古人讲的。今天，常住上都监师傅一天病未到就死了，真是令人深深痛惜！他在常住上我面前做事十余年，未曾有丝毫的违背。别人虽然也有这样的行持，总有一点不如法，唯有他可算是完全的！但是我住的地方，外面有个外号说我："对清众如菩萨，对首领如罗刹。"这两句话我也承认是不错的。但是，我这一种用心恐怕尽人难知。至于我抱定这个办法，并不是我的私意，是古人的办法。譬如一个水桶漏了，缝口很大的，当然不能装水，而且不久要散。我问你，有什么办法能可教水桶不散，还要能装水？你们想想看，有什么法子？若要超不过我的办法，或是与我相同，就不能说我的不是。我的办法就是要"紧箍"。你们法子还有超过紧箍的法吗？难道紧板子，紧桶底，还是用泥巴糊糊？行不行？能超过我的紧箍吗？任是桶再漏，箍一紧，自然会完成一个好桶，还能装水。要知道，锤头打在凿子上，凿子打在箍上，箍当然要吃亏。但桶子得以成就完好。这是一定的道理。我恶我狠，只许我恶我狠。假若你恶就不对了。为什么呢？你的恶不是我这个恶，你是造恶因，或是破戒，或是破坏常住。你这一恶因造下来要下地狱。我的恶是不许你造恶因，将来不会造地狱的恶果。故此只许我恶，我恶是好事，你恶是不好事。我今天为什么要说这位都监师傅的好处呢？他在我面前十多年做事，常住上什么要紧的事他从没有误过一回。画一个圈教他站在里面，他也没有违背一丝一毫。田务上哪里租子不好收，他一去就成功，任是再远也是一样办好。我明打听暗打听，他没有一点习气，对于吸香烟、打牌他是没有的。有许多人离了常住，以为家里不知道，香烟也吸，麻将也打，这样子，到了下地狱那时，后悔晚了！以为我不晓得，我还有不晓得的理？即使我不晓得，你的因果还能逃吗？所以这位都监师傅我要称他是一个好人。好人是平常做到来的，要我称你为好人是不容易的。今天他病半天就死了，我心里是很痛惜的！这一种人，我今天赞叹他替我做事，我希望他来世还与我共事才好！但是寿命无常，师傅们要知道人人有份的。发起心来！

十二月十六日开示（九七第四日）

我们出家人很多很多的不知道为什么事，要做什么事。要晓得，我们的事很多很多的：第一，要布施；二，要持戒；三，要忍辱；四，要精进；五，要禅定；六，要智慧。还有慈、悲、喜、舍等等。……（讲六度意义。从略。）

十二月十七日开示（九七第五日）

"心心常照理，念念契真常。"悟过来的人，他的一切动作皆有他的理论，不出乎理外。未悟的人一定办不到。因为他未悟，即是心地未明，理当然不能十分达到。未悟的人，他是以自己为自己，以他人为他人。悟过来的人不是这样的，以我为他，以天

下人为我，因此不同。你们想想，以我为我的，当然是处处先有
我。穿衣吃饭要先有我，当然也要拣好的衣穿，好的饭吃，对于
一切，必须先有我而后有人。悟过来的人不是这样的，他是彻底
相反：穿衣先要人家穿。你没有裤子，他可以不顾自己，把自己
的脱下来给你穿。没有褂子，他也脱给你。吃也是先要人家吃饱，
自己饿一点不要紧。为什么呢？因为他悟过来，他的心与你们的
不同，他的心是菩萨心。未悟的人是凡夫心。所以一个凡夫，一
个菩萨，天上地下之别，就是悟与未悟。那么菩萨与凡夫的不同
在哪里？我说一个譬喻，你们就容易知道。譬如一个饭头是菩萨，
大火是凡夫，菩萨与凡夫共同一事，共同一寮，其行处当然不同。
凡夫是要快活一点，做起事来要少做一点，处处都要占点便宜，
他不顾人家动烦恼不动烦恼、动念头不动念头，蚀福不蚀福，他
不问。菩萨不同，吃苦的事自己去做，让人家占便宜。你快活，
我才有苦吃。深怕人家动烦恼、动念头，自己蚀福。犹如饭头的
米正在下锅，要大火烧火，大火呢？他跑到别处去与人家讲话。
那个饭头想到灶底下去自己烧火，来不及，宁好与人家磕头合掌，
请人家代烧，也不肯动大火的念头，不去叫他。假使大火来了，
看到你请人代烧，他当然要谢你，要感激你。饭头还要安慰大火，
说许多好话。你们想想，菩萨是这样子的，不会与凡夫同一个样
子。那么，大家都是凡夫，未有哪个是菩萨，要想做菩萨事，也
可学学。我宣统二年在金山当饭头，我也是一个凡夫，又不是菩
萨。那么凡夫哪里不高兴学菩萨？能可以学一点，当然好一点。
我们一齐三个人都是请班首不当，要发发心报效常住，所以讨行
单。我是西单三，那两位是西单头、二。我们初发心出外寮，三
个人说好："我们是请班首不当的人，到了外寮不能'打吱喳'，
莫说下客堂，就是讲一句高声的话给客堂知道都不对。"他们二人
赞成。戒期，往年三个饭头，那年就是我一个人。往年大寮四口
大缸装剩饭剩粥，我一个也不要。有一天加了二百人，是受比丘
戒的。那一天我的箩不够用，向菜头借箩，他不肯。我再三地去

借，他也不肯借。刚巧他有别的事去了，我因米要下锅，不得已，拿他的箩就要淘米。还没有淘，他来了，一把抓住我的衣领说："我们下客堂罢！"我不肯去，他拖又拖不动，我向他磕响头说："同参！同参！不要下客堂。我们初出堂的时候讲过不下客堂，不要教人家发笑罢！"再磕三个头，他才放了我。歇一天，他搭衣持具到我寮房求忏悔。你们大家想想，要想行菩萨道，是不是要行忍辱行呢？各人发起心来！

十二月十八日开示（九七第六日）

没有悟的人与大悟以后的人前途各有不同，大略替你们讲一下子，不然笼统下去，是不容易分别。未悟的人眼睛是没有打开的，犹如瞎子一般。你们想想，这个瞎子还有什么好处？一脚踏到狗屎，手一摸，还以为好东西，或是好吃的东西。或者把一盆好米饭给他，他还怕你们哄弄他，大概饭里头还有不净的东西。把他安到架房里去，他倒以为好得很，坐也方便，站起来一伸手就有倚靠，大小便都便利，很好的。把他安到大殿上去，他倒说："不对！四面无靠，不知道是什么所在。"反以为在旷野中，空无倚靠，"不好！不好！赶快找一个好地方去安身罢！"你们想想，可怜吗？苦恼吗？给好的他吃，他怕不净；安好的地方他住，他嫌空野。为什么？因为是瞎子，不知道是好是歹。这就是没有开悟的人第一件苦恼。次则，前后无去所。来，固然不知从何处来，来的处所有无也没有什么关系，不去说它。现前这个身躯，今日不知明日事，要想一定的把握，将来把这个身躯行到什么地方，办不到，不由你！身后更是茫无所归。你们想想，死后到什么地方你还知道吗？上天堂也不知，下地狱也不知，变牛变马也不知，乃至变一切都不知。这就是未悟的人第二个苦恼。略说此二种，再说多了，时间来不及。你们想想，就是这二种苦恼就够你受了！若不开悟，谁能打开眼睛？不开悟就似瞎子，都是前后无去所。那个开了悟的人不同，他才知道："我以前是个瞎子。虽然在做瞎子的时候，还不知自己是瞎子，今天才晓得。我既知道了，把眼睛打开一看，你们都是瞎子，这还得了吗？"你们想想，他的眼睛一打开，他还高兴住到架房里吗？牛屎狗粪他还不知道吗？他这个时候，来也有路，去也有脚，不是那个茫无所归的时候。看见大地众生仍在苦海里做瞎子，自己曾经如是，故此要发大心救度他们。到了这个时候，才知道爱惜这个色壳子。在未悟以前，"什么东西？臭皮囊！痛，就痛一下子，饥饱冷暖没有关系，坏就坏，换一个再来！要把功夫放下来顾身体做不到！"到了这个时候，为甚要爱惜身体、宝贵身体？因为要这个身体培植我们的万德庄严，要行我们的六度万行。因为众生苦，你要救他，你不行菩萨行，哪里会救得到他？不结他们的缘，他哪里会相信你行菩萨道？结众生缘，还易行吗？譬如这个悟了的人去行菩萨道，跑到一个地方，看见一个女人，他说："大姊，你念佛吗？"这个女人掉过头来看看，说："你这个坏和尚，谁是你的大姊？你再叫我，我就打你一顿。"行菩萨道的说："好，请你打罢！还要打重一点，手打倦，歇一下子再打。"被她打了一顿，喜喜欢欢地去了。再到别处行菩萨道。总之，一天到晚算一算，被三个人打、五个人骂，这是好事，是赚钱。假使今天到晚上不曾有人打，亦不曾有人骂，不好了！今天蚀本了！行菩萨道是这个样子的。若不这样子，怎么结众生缘？与众生无缘，你要想度他，办不到的。不是我这么讲，佛在世时，无缘的众生尚不能度，何况菩萨？佛在世的时候，有一国众生，佛在因地中一向没有结过他们的缘。佛在天上，他们在地下；佛到地下，他们到水里，终归没有一回遇到佛。佛出世度众生，总不能度他们。佛去到他们的国土，他们也不理佛。可是迦叶尊者在往昔劫中为樵夫时，他们为蜂，尊者曾在该蜂窠前念佛一声，与他们有这点缘，所以佛叫迦叶尊者去度，他们才受法。你们大家想想：结众生缘还要紧吗？

参！

十二月十九日开示（九七第七日）

（讲自己住茅蓬掉锅公案一则。此公案载在《自行录》。从略。）

十二月二十日开示（十七首日）

佛的正法难遇。我们业障重的苦恼众生，虽有善根感受这一个人身，再发一点道心，相信佛法，用功办道，这就要有无量的培植。不然，决不能到这步田地。但是善根虽有，感不到正法，误受许多的外道法，在我看来苦矣！还不如一个不修心的人。何以呢？不修心的人，现在虽然不修，将来一遇机缘感受正法，这就可以发心修行，马上就可以证果。那些外道虽然用功，他用的是精气神，修的是仙道：地行仙、飞行仙、空行仙、天行仙、绝行仙等十种仙类。其中有二种：九公道，先天道，可以近于天道，感果虽然到天道，然而他求寿而不求乐，这就是居天舍天，不同那八种仙类。直至修成了，住位在七金山洞里，岩下无人到的地方，寿有十万岁。为什么住在这里呢？因为他们所修不与人知，怕与人同居一处，传道就是一师一徒，没有三个人的，就是六耳不传道。他们用起功来就是他一个人，不与人共。故此修成了功，还是一个人住在七金山里头。这两种道为什么修成功近于天的呢？他在修因的时候有利人的心，有做功德的心。只求寿命长，先要断欲，因此修成功，与欲界天同寿而不同乐。你们想想，他的结果，七金山里，六欲天上，寿命若了，仍然堕落，亦有下地狱的。何以呢？只信他的道好，不相信别的。你教他相信三宝，他不但不相信，还要毁谤，因为他不谤三宝他不能立足。所以他这种谤因种下去，将来一定要招果报。这许多的人，往昔因中的好因，今天遇不到正法，便接受种种邪见，将来感不到好果。我真替他们可惜！又要淌眼泪替他们可怜！如此修心，不如不修。

师傅们！今天在这里参最上上禅，修十方诸佛的正法，行十方诸佛的心行。不要开悟，就这样行去，这一种正行正因还了得！我的口还能赞叹得尽吗？（再讲自己行脚时教化外道公案一则。《自行录》有载。从略。）

十二月二十一日开示（十七第二日）

七打完了九个下来。宗门下这一件事说起来很难，又无相可见，无形可表。世间上的事有相可见，有形可考，自然是好做。无论什么人，大概都是这一种要考察实际。但世间的事亦不容易，你们看：学木匠的人要学三年五载，学成，有时没得人雇佣。再则，学木匠一定要拿斧头，不能拿剪刀来学。学裁缝的一定拿剪刀，不可以拿斧头。学裁缝的也非三年不可，不经过这么几年，也学不好的。这是多么地难！你看宗门下的事才真正容易！看不到，正是的；手抓不到、抓得到，都是的；脚踏不到，是的；脚踏得到，也是的。任是用功不用功，善念恶念，皆没有离开。如说穿衣吃饭那么容易，比穿衣吃饭还要容易得多，磕着碰着便是！弹指之间，时间还多了；一张纸也不隔，哪里说远？你们想想，这么容易一件事，你们反把它当做难事。这一件事，只要你承当下去，拿斧头也能做裁缝，拿剪子也能做木匠，这是多么容易！多么简便！你们反把它当个不得了的难，把世间上的难事反认为容易。但是每每有人空腹高心，不肯实行其事，以为任何人都不如我，我总比人强，这一种人不许是宗门下的人。若要真实是宗门下的人，他并不是以钟板敲得好、香板打得好就是宗门下的人，这就是弄错了！以何为宗门下的事呢？对中等根机人说，先要从不会用"念佛是谁"说起，例如"念佛是谁"用不上，怎么样子用法？会用了，是怎么用法？用熟了，是怎么用法？直至得力转入深奥功夫的路头，总要明明白白的。并不一定要开悟，只要功夫上的路头清楚就是。对于上等根机的人，由凡夫地做什么事，至圣人地做什么事，未悟以前做什么事，既悟以后做什么事，都要清清楚楚的，才许你是宗门下一个人。我从前当清众的时候，看到许多"二百五"、"半吊子"当清众，谈起来，某班首的规矩不熟，某班首讲开示讲得不好，又拖拉得很，维那是初参，种种看不起人，他以为自己超过人家。等到常住上请到他代职事，糊涂乱骂，一天到晚引人家发笑。我看的多得很！这一种人还许是宗门下材料吗？大概你们还有好几位是这一种心理。你这一种人，我要问问你：你是看不起人家，你还知道香板上的"警策"两个字有多大？两个字中间有多少距离？上头多长？下头多长？共有多长多宽？散香多长多宽？茶壶是怎么拿法？绊子是怎么装法？你还知道吗？这许多事虽然不是宗门正行，也是宗门的助道法。何以呢？香板打得好，马上就开悟；散香的声音敲得好，也是开悟的门径；茶壶绊子放下来一直的，人家一看就悟了。眼见、耳闻、身触皆是悟道的因缘。古来，灵云睹桃花而悟道，香岩闻竹声而有省。宗门下的大规矩、小法则还能有一点马虎吗？我以前在天童当维那时，堂里有一、二位"二百五"的人，早已听到他说："禅堂有什么住头？班首讲的话还讲不好，维那的规矩又不熟，真是糟蹋人！这许多规矩法则还要学吗？不算一回事。"我知道他们是这一种心，我问他："禅堂还愿意住吗？"他说："我愿意住。"我说："规矩你还能守不能守？"他说："能守。"我说："很好的！"那天午板香开静吃茶，茶杯子散到他的手上，他两边一望，我走上去一顿香板，不与他讲话。茶壶来了，他又不知道怎样接茶，我又是一顿香板。吃茶，头勾下来吃，我又是一顿香板。吃了一回茶，打了五六十个香板。我回头问他："你的香板吃得还愿意吗？"他大生惭愧说："维那师傅慈悲！你老人家这一顿香板，我才知道禅堂深处，我才知道以前的不是。从今向后，大规矩小法则我是要认真学一下子。"你们想想，这一种人可怜不可怜！他吃了我这番痛苦，才知道禅堂里头可贵处，才把他的空腹高心打掉。真是一个大苦恼子！为什么会这样？要知道，初发心的人住禅堂，如果"我见"不舍，总有这样的心，也不怪他。并不是那一个人才是这样子的，我们以前初住禅堂也是这样的。我求了戒住禅堂，自己以为住禅堂一定要了生脱死才出禅堂门。不料进了禅堂，看看人家处处不对，坐起香来，冲盹睡觉；开了静，或是放香，或是离了执事，不是调皮，就是充壳子。今天看如是，明天看也如是，第三天就不愿意看了。不要再看，当下五心烦躁，难过得很。我这个人与人不同，在俗家看人家种种不好，我才出家。后至普陀山看了一些出家人白裤裤、白袜子、洋伞，我又看到不好，我就至梵音洞舍身。在世界上看到不好，我就不住世界，我是这么一个人。到了禅堂里，还看得这么许多不好，就自己回头想：我是为什么出家？难道为看人家来出家的？还是混不了饭吃出家的？自己问自己，自己说："都不是的，是为道出家的。"我又与自己考究："既是为道出家，办道就是的！为什么看人家呢？"这一问，才自己痛责自己——这个不是，那个不是，皆是自己不是！自己打自己的岔。所以初发心的人皆有这个不是。虽然有，还要自己觉悟。若不觉悟，一辈子不能为人。若果你把定这一个"我见"不舍，我说：你不是宗门的材料，是"二百五"，是"半吊子"，恐怕一定不错。各人发起心来——参！

十二月二十二日开示（十七第三日）

出家人头上烧了几个香疤，为什么？还有知道的吗？三坛大戒是哪三坛？恐怕还有许多人不清楚。说沙弥戒，还不知道怎么叫沙弥。再说戒，更不知道。再说比丘菩萨，也不知道。这一种出家人还能算是一个出家人吗？本来这许多话不应在这个时候讲。要想不说，我又真替你们可怜！不得不略略地与你们讲一下子：三坛大戒，第一坛是沙弥戒，第二坛是比丘戒，第三坛是菩萨戒。广说三坛大戒的戒法，各有多少，各有不同。但是，我们都受过菩萨大戒的人，应当要把菩萨的事业负起责任来才对。菩萨是行的什么事呢？他是以六度万行为他的事业。在我们也有万行，不是万善行，是万恶行。这种万恶行就是我们的身口意造成的。要懂得这一种万恶行，还要带一点教讲。就带一点教讲，也没有什么关碍。何以呢？这是各人当前的急务，故此亦可以讲。身有三业，口有四业，意有三业，共为十恶。身三就是杀盗淫，口四就是妄语、两舌、恶口、绮语，意三就是贪嗔痴，共十业。由十业转增万数，这是在教乘法数上，这里不多说了。能可以开悟的人，他看见这些是恶的，立定志向改恶向善，行菩萨万行。菩萨有六度，首先布施度，度这个贪，因身口意俱贪。譬如人家一件袍子好得很，心里想要，就是意贪；口说"你的袍子卖给我罢"，这是口贪；用手去摸一下子，是身贪。这一种身口意贪非布施不能度。何以呢？看到人家的好，便向他讨。假使行布施度的人，不但不向人家讨，自己有什么好的，或褂子，或裤子，有人想要，还要布施。他有布施的心，身口意的贪当下就完全消灭，布施有这一种的功效。但是贪与爱不同，为什么不同呢？爱以贪不到而成爱，爱在心里如胶似漆，布施不能除，非戒不能除。谈到这一个戒字，今世人更加可怜！只知贪图一时快乐，不知道有几大劫的受苦！要晓得，我们圣戒决不能犯。任是杀盗淫妄，都是圣戒。为什么说是圣戒？当知我体即是佛体。何以呢？佛说："一切地、水是我本体，一切火、风是我先身。"一切地水火风既是佛体，我这一个身体，当然也是地水火风而成，这不是证明佛体即我体，佛制的戒即是我的戒吗？故称圣戒。譬如犯淫戒，必须将身去犯。我身即是佛身，我犯戒即犯佛戒。你们想想，这一种圣戒犯下来，还了得吗？以此类推，杀盗淫妄犯了，即犯圣戒。这一种圣戒犯一下子，不是口说就了事，它的果报真是可怕！我不是说到骇你们，犯了杀戒、盗戒、淫戒、妄语戒，至少阿鼻地狱一大劫，重一点就是三大劫。你们想想，犯戒时间不过一时半刻，受起报来动经大劫，这还算少吗？比如犯杀戒，一刀便是，有多大的时间？偷人家的东西，至多一个钟头。再则犯淫戒，有多少时间的快乐？妄语戒，就是一句话，有多大功夫？如招起报来，一大劫、二大劫、三大劫的阿鼻地狱。此狱一昼一夜，非非想天八万大劫。非非想天一昼一夜（案：此"非非想天"即"非想非非想天"），人间八万大劫。算起来，将来还得了吗？如果犯戒一个钟头，受罪也是一个钟头还可以。但是一个钟头的快乐，要受那么长的果报，少许有点知识的人，听了我这么讲，还有人淌眼泪吗？我替你们可怜！替你们淌泪！因为你们只知快活，就不知道将来受果报的痛苦，可怜的就在这个地方。戒，为什么能度这几大劫的苦呢？比如一个女人在你面前，你的心动了，马上就要犯了。但，在你两人当中弄一块木板一隔，两下分开了，要犯也不能了。这木板犹如戒，所以能可以持戒，就与一切罪隔开了，当下就消灭了。故此任是最爱得不得了，不怕如胶似漆，有了戒就能度它。所以你能持戒就不犯戒，不犯，就没有苦果。还有忍辱度嗔恚，精进度懈怠，禅定度散乱，智慧度愚痴。这六度是菩萨应行的。你们受过菩萨大戒的人，虽不全是菩萨，应当学菩萨，顶要紧的。各人发起心来——参！

十二月二十三日开示（十七第四日）

（讲释迦世尊入海取如意珠公案一则。从略。）

十二月二十四日开示（十七第五日）

（讲自己发愿公案。载在《自行录》。从略。）

十二月二十五日开示（十七第六日）

（讲丛林掌故及祇园掌故。从略。）

十二月二十六日开示（十七第七日）

（讲正法来源。西天二十四祖遇难；东土初、二祖及六祖遇难。从略。）

十二月二十七日考功大解七

师拈竹篦云：

十七已毕，彻悟准的。把住放行，绝本绝迹。试问："七期中还有做梦者吗？若无，即死汉；若有，即俗人。各人检点看！"

良久，一喝云：

"大事未明心已懈！何时再聚话无生？若能不被常情转，道海渊源转见深。如其不会，上殿、过堂去！解！"

（3）释妙湛（1910—1995），字妙湛，法名续林，俗姓褚，名永康，辽宁丹东人。一九三九年在凤城双泉寺依进修老和尚出家，同年十月于北京拈花寺受具足戒，一九四〇年到青岛湛山寺佛学院依倓虚法师学习天台教观。一九四二年春往扬州高旻寺亲近谱主，一九四四年赴上海普济寺任副寺，一九四六年在镇江金山寺任执事，一九五六年回高旻寺任知客。一九五七年住厦门南普陀寺，翌年任监院。一九六六年后文革期间，寺务活动停止，任小卖部主任。一九七九年复任监院。一九九五年示寂，世寿八十六岁。

一九四三年·民国三十二年·癸未　六十三岁

在高旻寺。上堂开示，领众参修。[1]

岁末，汪精卫"和平军"全团进驻高旻，寺内一时人满为患。[2]

又，释妙善任住持三年，劳心焦思，肺病复发，告请退居未果。

注：

（1）《语录·法语卷四》："民国三十二年元旦老和尚升座法语，师拈香云：'此一瓣香，三学为木，无漏为炉，供养十方佛祖、诸大菩萨，伏愿金轮与法轮并转、杲日与佛日同辉；此一瓣香，根盘劫外，叶覆寰中，供养合郡人民、檀那护法，伏愿福田厚植、佛种深培；此一瓣香，红炉拈出，重棒打开，供养高旻堂上过去诸祖老和尚暨现前两序首领、合院大众，伏愿同游道海、共悟心王。'敛衣就座，执如意云：'云臻龙象拥挤一堂，若作佛法商量，有负诸仁愿望。不作佛法商量，亦负诸仁愿望。'以手举如意云：'大众高着眼看。'良久云：'新年头，腊月尾，不问种种现成，只要天天如意。'随问讯下座，迎喜神去。

"解制，师拈挂杖云：'元宵解制日，衲子道如何？春风随柳动，妙意露禅那。'且道：'尘沙大教在山僧挂杖头上，四大名山在汝等眉毛间内。若能会得此意，不动脚跟，四山朝毕。不持经卷，满藏全闻。何不慰快平生！不然，任你倒背如流，皆门外汉。崎岖跋涉，为过路人。试问诸人作怎么委悉呢？'良久，卓挂杖云：'举心错过法身，动念乖违慧命。虽然如是，即今解制一句又作么生？'卓挂杖云：'有住将成痴汉，无住又落顽空。毕竟作么生行去？照顾当下。'掷杖下座。

"佛诞日，师拈挂杖云：'兜率陀天降皇宫，无忧树下出母胎。寸丝不着全体露，一片光明无挡遮。释迦世尊昔年四月八日降生迦毗罗卫国毗尼园中。一出母胎，周行七步，一手指天，一手指地，唱云："天上天下，唯吾独尊。"当时九龙吐水，沐浴金身。百万人天，恭敬供养。即今挂杖头上亦现皇宫降生，亦示周行七步，唱云："天上天下，唯吾独尊。"亦有九龙吐水，沐浴金身。百万人天，恭敬供养。试问诸人还见吗？睛里无珠总难见，顶门有眼方许知。虽然如是，即今世尊降诞良辰，庆赞一句又作么生？'良久，卓挂杖云：'人贫德贫道更贫，此葫画瓢依稀行。渺具一念真诚意，也效前仁报佛恩。'掷杖下座。

"结夏，师拈挂杖云：'蚊虫宣妙谛，臭虱觅归程。各办己躬事，知音者几稀。佛制比丘，檐前青草出，脚不下阶行。不拔生草，不履硬地。'且道：'诸仁，禁足后如何行动呢？若要动脚，即违佛制；倘若动手，亦伤仁慈。脚不动，手不动，似同木石。试问还有人透得过此处吗？'良久，卓挂杖云：'其或未然，山僧旁通一线道：脚伸开，佛也踏，祖也踏，蠢动含灵悉皆踏；手伸开，草也拔，木也拔，山河大地一齐拔。直至生佛无名，大地无尘，更须大踏大拔。虽然如是，即今结夏一句又作么生？'卓挂杖云：'一念不生真禁足，百非不起真护生。'掷杖下座。

"解夏，师拈挂杖云：'蟾声高唱送夏去，梧桐叶落秋复来。衲僧个事消息尽，亲面相承在当人。昔日洞山示众云："诸兄弟东去西去，直须向万里无寸草处去。"又石霜云："出门便是草。"又太阳云："直饶不出门，亦是草慢慢地。"此三老太煞慈悲！即今还有知恩报恩者否？'良久，卓挂杖云：'高旻今日解夏，踏遍天涯觅一茎草不可得。试问诸仁，如检点得出，是报恩？是触犯？倘若检点得出，不负安居辛苦。其或未然，不须摸索。虽然如是，即今解夏一句又作么生？'卓挂杖云：'道海堂中方寸地，踏着即遍周沙界。寄语禅人休外觅，端的一念万年去。'掷杖下座。

"贴单，师拈单条云：'先有相，后有名，因名显相，依相立名。'且道：'名相未具以前是何朕兆？诸人从这里检点得出，方知无相是真相，无名是真名。恐汝等不易承当，今在人天众前特为揭示，大众高着眼看。'云：'贴！'

"结制，师拈挂杖云：'万树丛中观叶落，千条路上望归人。莫谓法尔如然，亦是人间本分。'且道：'小阳春至，今是何时？有道衲僧，哽咽泪下！庆遇选佛场开，幸有到家消息。努力奋进，不难打破生前际。此烈焰重重，闻之胆战，见者心惊。任是十八神通，三头六臂，早向穷儿队里藏躲。生死树，涅槃根，烧灭无余。直是圆陀陀不住，赤洒洒何留。试问此时是何进取呢？'良久，卓拄杖云：'佛祖亲，非我亲，念佛人是我真亲。咄！切莫错认好。虽然如是，即今结制一句又作么生？'卓拄杖云：'火烧十界难回避，直使红炉一块灰。'掷杖下座。

"起七，师执香板云：'揭地扬天未足奇，猛威热烈破昏迷。藏身无处难留住，脱体全归本觉齐。紧着力，莫稍松，直待虚空粉碎后，红炉火内觅真容。'云：'起！'

"佛成道日，师拈拄杖云：'闲游四门，无风起浪。访师五载，随水逐波。雪山六年，横行逆坐。腊月八日，海底生烟。释迦世尊未成佛前，三十年中，灰头土面，换得一个三叹奇哉。即今妄想执着、智慧德相即不问，如何是夜睹明星成等正觉，诸人可会吗？'良久，卓拄杖云：'结水成冰，化冰为水。冰无所得，水无所归。虽然如是，即今世尊成道良辰，庆赞一句又作么生？'卓拄杖云：'万里长空无片云，一颗明星耀今古。'掷杖下座。

"解七，师拈竹篦云：'放下不离空外，提起原在念中。收既难存，解何能有。试问诸人可会吗？夜不被梦转云会。日被功夫转为不会。直使会与不会埋在深疑中。因缘时至，上殿过堂，脚跟下领起始得。'以竹篦击地，云：'解！'

"除夕，师拈拄杖云：'临末梢头最后一着，有道的人逍遥自在，无道的人手忙脚忙。有道无道不论。今日腊月三十已来，诸人作恁么回避呢？'良久，卓拄杖云：'铜墙门里不可住，铁壁家中更莫藏。空中撒步无踪迹，四圣六凡绝商量。虽然如是，即今除夕一句又作么生？'卓拄杖云：'爆竹一声除旧，森罗万象更新。'"

（2）参见《妙善大师年谱》第十页。

一九四四年·民国三十三年·甲申 六十四岁

在高旻寺。上堂开示，领众参修。[1]

又，释妙善辞病离任，渡海至普陀山。十月，在洪筏庵后性茅蓬闭关。[2]

又，释密参外出参学；[3] 释妙湛离寺赴上海普济寺任副寺。

注：

（1）《语录·法语卷四》："民国三十三年元旦老和尚升座法语，师拈香云：'此一瓣香，能空能色，有木有香，供养十方佛祖、诸大菩萨，伏愿山青月白、草偃风行；此一瓣香，根盘海内，叶覆山中，供养合郡人民、檀那护法，伏愿寿高山永、福共时长；此一瓣香，大冶淘熔，钳椎炼出，供养高旻堂上过去诸祖老和尚暨现前两序首领、合院大众，伏愿慧风永扇、常寂添光。'敛衣就座，执如意云：'新岁年初有大由，未生前畔莫同俦。识得话源一着子，长江有水不东流。虽然如是，即今元旦良辰，庆赞一句又作么生？'良久，举如意云：'吉祥不离如意，如意尽是吉祥，出门迎喜神去。'

"解制，师拈拄杖云：'以道为人者、以悟为期者尽是掠虚汉事。殊不知道路一走亦多，光阴一过亦少。何肯抚心自问，得稍惭愧而为佛子耶？果是大力量汉，一手把住虚空，掷向牛胎马腹去！尾巴摇摇，能参念佛是谁？有此作略，不妨与山僧相见。试问见个什么呢？'良久，卓拄杖云：'人能坚持无放处，圣凡界外任悠游。今古刹尘缘一念，了知一念不容留。虽然如是，即今解制一句作么生道？'卓拄杖云：'自南自北自西东，脚脚未离苦字中。识得当人无假借，十方佛祖隐江东。'掷杖下座。

"佛诞日，师拈拄杖云：'世态炎凉转更歧，黄花翠竹也言迷。幸得瞿昙今出世，免他蝴蝶作莺啼。'且道：'悉达太子未离兜率以前，觅大地山河相不可得。母胎出后，圣凡空色倏尔全彰。试问我佛未成佛之生日与已成佛之生时优劣在什么处呢？'良久，卓拄杖云：'山僧当时若在，将生死涅槃一坑埋却，连坑掷向虚空外边去，看这无鼻孔之黄面老子从哪里找个生处来。虽然如是，即今如来降世良辰，庆赞一句作么生道？'卓拄杖云：'瓦砾砖石，同唱无生之曲；浮尘阳焰，集成相好之佛。咄！大众切莫认焉为马，恭维世尊降生也。'掷杖下座。

"结夏，师拈拄杖云：'九旬禁足莫如一念全收。自既不生，他生何有？优尊者闻之，茫无举措，即大声道："我为制戒之首领，向以持犯为赏罚。无私之律范，今被高旻这一瞒天网子，直令我出身无处。"试问诸人可会吗？'良久，卓拄杖云：'蚊虫是我过去祖父母，跳蚤是我过去先父母，老毛猪是我过去伯伯，小鸡子是我过去叔叔。打骂尚违圣教，敢弄死乎？虽然如是，即今结夏升座一句又作么生？'卓拄杖云：'欲寻过去生父母，畜胎处处产双亲。四生为生我之母，六道为养亲之家。'震威一喝云：'顶礼优波离尊者三拜！'掷杖下座。

"解夏，师拈拄杖云：'百二十天禁足圆，自恣依旧体先传。无限风光归何处，寒来暑往妙中玄。'且道：'诸仁可有不被世态循环转者吗？'良久，卓拄杖云：'若未荐取，许是世谛流俗汉子。果能会得，高旻共语时不得舌挂壁上，否则山僧独宿孤峰去也！虽然如是，即今解夏一句作么生道？'卓拄杖云：'凉生桐叶天下秋，祝融神返暑将收。衲子怀中向上事，徒劳跋涉枉遨游。咄！切莫撞着我在。'掷杖下座。

"贴单，师拈单条云：'无生面目非他非自，绝色绝空。尚无诸佛之名，何有众生之相？高旻今日与诸人贴单，揭示当阳，和盘托出。如功夫用到东西不辨，前后不分，直使舌挂壁上。试道一句，诸仁可会吗？'即举单条云：'请大众离开自己眼目，

始得看到。'云：'贴！'

"结制，师拈拄杖云：'阳春溶霜露，风冷笑芙蓉。得意篱边菊，寒至也低头。'且道：'炉开大冶，佛祖焦愁。烈火飞红，闻之害怕。满天大地，尽成灰炭。十方凡圣，毛也不留。试问诸人立身何处呢？'良久，卓拄杖云：'有佛之处住难能，无佛之处何容住。虽然如是，即今结制升座一句又作么生？'卓拄杖云：'最上关头，尽是千佛万祖；行人脑后，直容大地虚空。'掷杖下座。

"起七，师执香板云：'今天起七，佛祖着急。众生无处安身，法界一尘不立。掀凡圣窠臼，断行人脚迹。直使脑后加捶，不许当前壁立。虚空骇得奔腾，大地忙喊救命。咄！一任逃身物外，难免钳槌妙密。大众猛进，管取大事毕。'云：'起！'

"佛成道日，师拈拄杖云：'冰冷雪山，难留人迹。我佛为道，住洞六年。不思忍土六亿度生竟未有如斯苦处！奇哉三叹，皆为五浊苍生。现比丘相，成苦行形。劳碌奔波，何止如是。'且道：'不入雪山，何闻法藏。睹星而后鹿苑谈经，是知先悟自心，成利他行。不明非我，岂可度人。试问诸人可委悉吗？'良久，卓拄杖云：'如来德相，将非满地黄花。执着妄想，尽是真空妙有。虽然如是，即今如来成道良辰，庆赞一句又作么生？'卓拄杖云：'拈来一茎草，尽是我佛心。'掷杖下座。

"解七，师执法幢云：'摩裙擦裤几经旬，十七将圆道未明。迅速光阴徒虚丧，何时再遇此良辰。切望大众，绵密坚持。顿忘起七之前，莫记解七之后。直待自他不辨，寒暑不分。从大迷为始，以大悟为终。有心于道者，置悟迷于度外，绝终始于当人。斯为大解七！虽然如是，即今循例解七一句作么生领会呢？'良久云：'上殿不用脚、过堂莫用口始得。'云：'解！'

"除夕，师拈拄杖云：'任你将三藏十二部经、一千七百公案、诸子百家之经史倒背如流，问一答万，敢保难逃今日。有不服气者对曰:"直是丈六金身之佛、五殿阎罗之恶一口吞下,渣滓也不留,何患今晚不能过去!"明眼人看来,大话之大,只许要个空心面子,至是小病违身,将必喊天哭地,岂不笑人世乎?试问诸人可会吗?'良久,一喝云:'有念即阎王,无念亦阎王。能参到一口吞不下时,再向汝道。虽然如是,即今除夕升座一句又作么生?'卓拄杖云:'爆竹一声,吓倒小鬼。梅花数片,吹过来年。'掷杖下座。"

(2)《妙善大师年谱》:"年初,三步一拜朝礼南通狼山大势至菩萨道场。……回高旻寺。驻寺伪军扰乱、勒索,梵刹不宁,加之带病操持,内外交困,决意隐退。以赴扬州城看病为由,'挂印而逃'。四月,从宁波渡海抵舟山。……次日抵普陀山,挂单于普济寺上客堂。……十月,发心闭关,得圆照法师大力支持,选择庵后性茅蓬为关房,命大殿香灯逸清师送饭护关,一切所需,概由洪筏庵成就。入关之日,大师着沈家门弟子所制衲袍,由圆照法师说法封关。"

(3)《密参禅师事略》:"师父于高旻寺住禅堂三年后,来公见其功夫见地过人,所以叫师父发心到外寮行菩萨行,又经常叫师为常住到外地各处下院回收粮食。当时高旻寺常住在外地各市各县,有二千多亩地出租,寺内僧人生活大部分是依靠租粮来维持。他人出门收租,有时空手而归。师父一出门都是满载而归,来公对师的表现十分认同和喜欢。师父在外寮动中用功,虽然得到来公的肯定和认同,但是师父因为以前久住禅堂习惯静坐,加上外面行事,难免烦杂。时间一久,师父觉得光在外寮做事,对用功还是有些打岔。所以不辞而别,离开高旻前往金山江天寺(案:即金山寺)参学,住禅堂坐长香,参加冬季禅七法会,精进用功。"

一九四五年·民国三十四年·乙酉　六十五岁

在高旻寺。上堂开示,领众参修。(1)

又，释密参在金山寺参加冬七结束后回高旻销假，谱主命任法堂管理。[2]

注：

（1）《语录·法语卷四》："民国三十四年元旦老和尚升座法语，师拈香云：'此一瓣香，照天照地，耀古耀今，供养十方诸佛、诸大菩萨，伏愿山清海晏、雨顺风调；此一瓣香，微尘不入，大地难存，供养合郡人民、檀施护法，伏愿寿比南山、德高岱岳；此一瓣香，钳椎炼出，性海拈来，供养高旻堂上过去诸祖老和尚暨现前两序首领、合院大众，伏愿寂光添彩、慧日高悬。'敛衣就座，执如意云：'新年将届，万象纷呈，有忘岁月者出来，与我通个消息看。'等候多时，尚未有人答复，山僧旁通一线道：'过一年多一岁，过一年少一岁。另有不多不少者诸人谅必会到，恭喜从此所过，年年是好年，日日是好日！不妨一同到山门外迎喜神去。'

"解制，师拈拄杖云：'解制月圆，元宵已过。灯笼露柱，将成剩货。只有各人眼珠，一付光似绿萝。文殊之智虽优，难解行人之闷；普贤之行最普，难测妄者之心。观音大慈，度人无尽，难度有道之人；地藏大愿，救苦无穷，难救无罪之辈。'且道：'衲子分中作恁么领会呢？'良久，卓拄杖云：'遍地是黄金，无我下脚处。满田皆白米，有我竟难吞。僧人之地是禅床，道人之粮唯法喜。虽然如是，即今解制升座一句又作么生？'卓拄杖云：'万里途程，莫忘初念。十虚尘刹，不住毫端。'掷杖下座。

"佛诞日，师拈拄杖云：'六亿成佛忍土，三祇大劫深修。今虽四八生辰，何似换泥挑土。降生且置，即今周行七步，目顾四方，一手指天，一手指地，自云："天上天下，唯吾独尊。"此语虽是悉达太子亲口，据山僧看来，似嫌过分谦逊。何以故？我佛世尊，诚为四生慈父、法界导师，何区区为独尊之上下耶？

试问诸人作何委悉呢？'良久，卓拄杖云：'难信儿孙无父意，如来痛泪落纷纷。虽然如是，即今佛诞良辰，庆赞一句作么生道？'卓拄杖云：'兜率门前乘白象，摩耶胁下降瞿昙。'掷杖下座。

"结夏，师拈拄杖云：'草鞋雄似虎，无情何似有情；拄杖活如龙，有情难比无情。会中有过量的汉子，置情与无情于度外，呈护生与未生于当阳。如此许是大人作略。不然试看老胡与波离尊者，为众生灵，特加爱护，格外提携，竟使比丘不许乱动脚跟，动则有伤虫类。思之，是则近是，非则恐非。何以故？为他一粒米，失却半年粮。诸仁可会吗？'良久，卓拄杖云：'青草与青蜓同一佛性，黄花与黄鸟共一心知。虽然如是，即今结夏升座一句作么生道？'卓拄杖：'脚踏草云是伤生，足踩地唯怕土喊。'掷杖下座。

"解夏，师拈拄杖云：'两伏下雨一伏晴，太阳触怒祝融神。逐日长空如天鼓，不时震倒可怜人。试问衲子分中事将如何收拾？若仅付言（案：疑作"敷衍"）了事，大恐霹雳一声无藏躲处。能仔细究心，必知究心人之面目。回顾思量，诸佛尚有工做，愧我等安身斯处，应在念佛是谁这一句上，直至成佛而后，以此一句为住处。否则佛处不居，生处不居，不居处无处可居。咄！现前大众，听法者谁？诸人可会吗？'良久，卓拄杖云：'有住莫如无住，无住大须急去。抹着自己鼻孔，眼上有眉恰是。虽然如是，即今解夏一句作么生道？'卓拄杖云：'禅和子们，欲想正眼豁开，赶急瞬目藏睛参去，不闻人事始得！'掷杖下座。

"贴单，师拈单条云：'未生以前，无名无相。既生以后，有色有空。山僧不惜唇舌，旁通一线道："此一堆红纸条在我手中把住，任是千佛万祖，难出当阳一步。"咄！各人高举眼看，切莫错认是我。'云：'贴！'

"结制，师拈拄杖云：'道海深藏久困龙，奔腾波浪逞英雄。忽遇金鹏才展翅，饱餐乌（案：疑作"鸟"）腹苦何穷。衲子知惭者，衣囊放下，四大非亲，趁在大冶炉开，飞红烈焰，痛炼一番！直将老阎君手中一根铁索子烧断，直使天不能盖我，地不能载我，诸佛有眼不见我，祖师有耳不闻我。一任悠游法界，出入圣凡，诸仁可会吗？'良久，卓拄杖云：'粉骨碎身全不顾，置斯锻炼任淘熔。一旦豁然能醒悟，佛祖呼唤不回头。虽然如是，即今结制一句作么生道？'卓拄杖云：'苦心参透生前事，到此方知我是谁。'掷杖下座。

"起七，师执香板云：'各人齐努力，奋勇猛追参。打破娘生面，直透上头关。万劫尘劳今扫尽，大开悟后更加禅。'云：'起！'

"佛成道日，师拈拄杖云：'瞿昙居古洞，白雪满山中。冷时冷煞人，热时热煞我。偶遇满空星，骇得无处躲。只好将娘生面目脱下，戴个鬼脸壳子。见人又可说如来智慧，更可说众生妄想。波腾浪涌，揭地扬天，弄得后代儿孙捏目生花，指驴为马，笑煞天下人不少。山僧当时若在，候老胡将出洞门，一手掩住两眼，免得见月见星，疑神疑鬼。试问诸人可委悉吗？'良久，卓拄杖云：'只为不了儿女，多劳我佛费手费脚。虽然如是，即今世尊成道良辰，庆赞一句作么生道？'卓拄杖云：'长空月白星何在，辜负如来一片心。'掷杖下座。

"解七，师拈竹篦云：'解七起七，事同一律。未开炉前，眉毛横眼上。今解七后，鼻头居脸中。莫谓山僧闲饶舌，只然生后相多般。若人了得生前事，太平寰宇乐生平。'至嘱：'上殿过堂不可放过。'以竹篦击地，云：'解！'

"除夕，师拈拄杖云：'梅花将放，五殿阎罗王忙查号簿。爆竹才响，牛头马面鬼铁链急拖。世有不知者以为热闹，谁知今天是大限到时。这家吃花酒，那家哭死人，何惨之甚！举世莫知。即今以年尽比寿尽，其理一致。试问诸人能逃乎劫外吗？'良久，卓拄杖云：'一句发明心上事，快哉日日过新年。虽然如是，即今除夕升座一句作么生道？'卓拄杖云：'一年三百六十日，返复天天是此天。直待今年将尽后，谁知尽后又今年。'掷杖下座。"

（2）《密参禅师事略》："次年春，朝拜普陀山礼拜观音菩萨，顺道参学天童寺、阿育王寺。夏天，上苏州祇园寺亲近常住听讲《楞严经》。秋天，回金山寺继续参加冬季打禅七，用功更加勇猛精进。于禅七中得大受用，自觉动静无碍。禅七结束后回高旻寺销假，来公命任管理法堂之职。"

一九四六年·民国三十五年·丙戌　六十六岁

在高旻寺。上堂开示，领众参修。⁽¹⁾

又，释密参随二十多位僧人齐向谱主告假，南下赴云门大觉禅寺亲近虚云和尚。⁽²⁾

注：

（1）《语录·法语卷四》："民国三十五年元旦老和尚升座法语，师拈香云：'此一瓣香，有烟有火，无见无闻，供养十方佛祖、诸大菩萨，伏愿普天同庆、大地回春；此一瓣香，福寿双成，人才并具，供养合郡人民、檀那护法，伏愿八节安宁、四时清泰；此一瓣香，大冶炼成，胸中拈出，供养高旻堂上过去诸祖老和尚暨现前合寺首领、内外大众，伏愿垂光俯照、道念日深。'敛衣就座，执如意云：'带水拖泥二十七年，仔肩未卸复加惭。为法求贤无踵继，不时冷冷哭龙天。'且道：'泼天门户，选佛道场，上继佛祖法身，下续禅人慧命。事关重大，非当等闲。古人云："见与师齐，灭师半德；见过于师，方堪传授。"此事在各人语默中荐取始得。大众会吗？不会，出外迎喜神去。'

"解制，师拈拄杖云：'大地清平乐世安，乡间城市尽人欢。腊梅风过香缥远，灯烛通宵照地宽。衲子一冬勤苦，为道奔忙，果能脚跟点地，当知地有多深。再会鼻孔撩天，始识天有多上。若是脚跟未稳的汉子，切急放下身心，就此过夏，仍能经冬。久之，一手抓着自己面目，方知地在脚板上经行，天在鼻孔里睡觉。试问诸人可会吗？'良久，卓拄杖云：'才有人问山僧："朝南海走向哪里去？"我答云："喝！"该僧不会，思之不敢乱动。虽然如是，即今解制一句作么生道？'卓拄杖云：'个中禅意无人识，气倒长空一阵风。'掷杖下座。

"佛诞日，师拈拄杖云：'四月初七日，大地黑如漆。今天初八日，皇宫降悉达。瞒却天下人，又入摩耶家。可怜苦众生，竟无一识他。只有老云门，一棒拟打杀。好负老婆心，忙个无办法。生则恐遭棒，不生无处放。试问诸人，我佛出世好不出世好？若这里检点得出，应将云老拖来，脑后重打三十棒，为我佛出气在。诸人会吗？'良久，卓拄杖云：'大地虚空皆佛体，砖石草木我佛心。虽然如是，即今佛诞良辰，庆赞一句作么生道？'卓拄杖云：'莫将闲学解，辜负佛祖心。'掷杖下座。

"结夏，师拈拄杖云：'佛嘱优波离尊者制戒，每年至四月诸虫出户时，规定比丘安居护戒，极至于脚皆不能乱动，动则有伤虫类。据山僧看来，四月以前，难道无虫蚁？七月以后，又难道无生灵？不因是佛亲嘱制戒，我有疑点，请优尊者决：究是先有脚，先有虫？足因何动，虫因何生？管教优波老人忙无举措。试问诸人可会吗？'良久，卓拄杖云：'护生切莫杀，杀即是伤生。虽然如是，即今结夏一句作么生道？'卓拄杖云：'能将心戒持清净，真报佛及尊者恩。'掷杖下座。

"解夏，师拈拄杖云：'凉风送暑去，梧叶忽飘来。微尘时盖日，空净拨云开。'且道：'过夏经冬，为衲子常事。披星戴月，许世外遨游。莫若钵囊高挂，悟期竿上，直使当人归向般若堂中。自恣将至，唯忘夏至是秋天。莫谓冬且待，脚跟能点地，须防心外觅真空。试问诸人可会吗？'良久，卓拄杖云：'道非悟不明，事非办不成。咦，会中有个无智汉子，只知吃饭穿衣，了无其他事在。然乎？否乎？各人荐取始得。虽然如是，即今解夏一句作么生道？'卓拄杖云：'祝融神是火修成，炎暑能烧未了人。一阵清风拂即去，依然日落复东升。'掷杖下座。

"贴单，师拈单条云：'贴单一事本非奇，我人知见未稍离。未生那畔前途事，人人脚下莫须移。试问见者是谁？闻者是谁？如不领会，把你挂在壁上，各自荐取看。'云：'贴！'

"结制，师拈拄杖云：'这个念佛是谁，无义味的句子，自己道得出，毗卢顶上一任翻筋斗也可，屙屎放尿亦可。道不出，莫谓山僧不同你客气！讲到害怕，赶急收拾腰包，高挂钵囊，死他三二十年，看是什么奇特。诸人可会吗？'良久，卓拄杖云：'烈焰炉中火，烧却生死我。还他本来人，阎王无处躲。虽然如是，即今结制升座一句又作生？'卓拄杖云：'小阳春至篱黄菊，无际寒光又是冬。'掷杖下座。

"起七，师执香板云：'蹂踏奔驰吼似雷，红炉烈烈再添煤。直待皮肤脱落尽，十方佛祖喜倾眉。参究力莫稍松，两脚踏翻佛祖地，一拳打破太虚空。'云：'起！'

"佛成道日，师拈拄杖云：'老瞿昙三选道法，始坐雪崖。冰冷六年，将无暖气。满拟抖擞精神，出门外望。举头上看，偶遇明星，幸得枯骸瘦骨，换来丈六金身。三叹奇哉，众生亦有斯事。寂光佳会，延至今晨。回忆往昔八日，算来即是今天。诸仁会吗？'良久，卓拄杖云：'莫疑智慧须离妄，执着德相也同修。虽然如是，即今如来成道良辰，庆赞一句又作么生？'卓拄杖云：'满天星斗常明夜，遍地群生会也吗？'掷杖下座。

"解七，师拈竹篦云：'加香打七，十七期毕。有道者乐已忘怀，无道者如焉戚戚。赶紧解七后打七，闹忙处提急。寒枯绝鸟迹，笑看一枝梅。上殿过堂，莫说是我始得。'云：'解！'

"除夕，师拈拄杖云：'天上人间，难逃今天此日。六凡四圣，顿忘此日今天。'且道：'此日是如何重要，恐无一人领会。直去阎魔罗界问五殿阎王，始得一个彻底消息。诸仁可委悉吗？'良久，卓拄杖云：'悟念佛是谁者，日日是新年。迷念佛是谁者，年年难逃此关。虽然如是，即今除夕升座一句又作么生？'卓拄杖云：'有道者一念万年去，去时并无成住坏空。无道者一门深入去，去时何知年头月尾。好大难！悲乎！'掷杖下座。"

(2)《密参禅师事略》："古人说：'铁打的丛林，流水的僧人。'中国佛教的作风，僧人到一所丛林参学，经过三年五载学会所有规矩法则，就要到另一个道场去参学。师住高旻、金山五六年，也常听说广东有一百多岁虚云老和尚弘化一方，衲子云集，禅定智慧广大无边。那一年，高旻寺一下子有二十多位僧人告假同去广东亲近虚公。当时，师父向来公告假随大家一起前往广东。起初来公不答应，后因师父求法心切，一连三次向来公告假，来公只好说：'那么广东也是高旻寺吧！你到了广东不能忘记高旻寺，到了任何地方也不可以忘记高旻寺。'并且要师父发愿：'生为高旻人，死为高旻鬼。'师父和同参们向来公告假后一起发足南下，从镇江搭船至汉口转乘火车至韶关，奔赴云门大觉禅寺。"

一九四七年·民国三十六年·丁亥　六十七岁

在高旻寺。上堂开示，领众参修。(1)

岁末，高鹤年居士来访，与谱主会晤。(2)

注：

(1)《语录·法语卷四》："民国三十六年元旦老和尚升座法语，师拈香云：'此一瓣香，祝天祝地，庆国庆民，供养十方佛祖、诸大菩萨，伏愿光天化日、海晏河清；此一瓣香，福寿修成，道德制就，供养本郡人民、檀那护法，伏愿共享光天、同沾化日；此一瓣香，炉中拈出，大冶淘熔，供养高旻堂上过去诸祖老和尚及现前两序首领、合院大众，伏愿利人利己、日新又新。'敛衣就座，执如意云：'合起狗口，无佛处走。大倡拈花，有佛莫授。穷得满地黄金，富只一只空手。若作佛法商量，笑煞石狮跳吼。不作佛法商量，辜负诸仁立久。'良久云：'会吗？不会，同到山门外迎喜神去罢。'

"解制，师拈拄杖云：'腊梅香后又春梅，物物头头可谓奇。露柱千年无一语，灯笼今日喜倾眉。家家有路通天上，处处无人问古栖。'且道：'吃饭碰着一颗沙子，莫嫌米丑。行路踢着一个瓦块，岂奈脚何？要知大错非他，实属不知自己。诸人研究看。'良久，卓拄杖云：'放去则弥六合，卷之则藏一密。此虽古语，高旻不然，收来放去本同源，隐显终须第二端。彻底掀扬无一物，玩灯打鼓喜团团。虽然如是，即今解制一句作么生道？元旦元宵忱午夜，春风春日慰朝昏。'掷杖下座。

"佛诞日，师拈拄杖云：'四月清和麦浪催，农人歌舞绿杨回。杜鹃叫落天边月，正逢佛诞喜天垂。'且道：'悉达太子久远度生惯技，或刹帝利种现住皇宫，或婆罗门道应化人天。此番出生净饭王宫，摩耶胁下，至将生时，播（案：疑作"拨"）动古德群舌不少。有"佛之一字，吾不喜闻"者，有"念佛一句，漱口三日"者，有"一棒打杀"者，实因我佛心切、祖师悟深。会中有知恩报德者吗？'良久，震威一喝云：'三千世界真慈父，砖石草木也儿孙。虽然如是，即今佛诞良辰，庆赞一句又作么生？'卓拄杖云：'释迦老子生也！请大众向拄杖子高着眼看。咦，这看不见的就是瞿昙吗？各自珍重！'掷杖下座。

"结夏，师拈拄杖云：'每日闻啼鸟，谓是鹧鸪飞。错认星为月，黄秧栽罢归。莫作闲言会，非地亦非锥。'且道：'此句语言，不但古今善知识尚难会其小半，一任优波离尊者为持戒上座，恐亦视之茫然。试问诸人可能委悉吗？'良久，横持拄杖云：'此一戒字，为十方法界之重大关键！持则升之，犯则沉之。会中能有不持不犯的汉子出来商量看?虽然如是,即今结夏一句又作么生?'卓拄杖云:'安居三界外,动脚已成迟。护生犹护戒,结夏正斯时。'掷杖下座。

"解夏,师拈拄杖云:'菱花开水面,荷叶减新青。谷浪催黄老,螳螂振远声。'且道:'时被节移,夏将秋就。衲子分中还有事否?直饶飞锡高僧、出尘上士恐亦被其迁动。唯我高旻久住禅人置炎凉于度外,守至道于怀中!虽然,尚须检点始得。诸仁可会吗?'良久,卓拄杖云:'拾得一个半个,作梁作柱去也!咦,要须放眼高瞻,免得麻雀伴作鹰啼。虽然如是,即今解夏一句又作么生?洋洋青草隐玄机,不识当阳只谓奇。快到祝融峰下问,洪波道海莫稍离。'掷杖下座。

"贴单,师拈单条云:'十方虚空,一头顶住。山河大地,一脚踩住。大众诸仁,一手捧住。未生以前,不通一处。既生以后,一处不通。试问诸仁,眼见者谁?耳听者谁?如不领会,山僧旁通一线道:语言道断,心行处灭时。再着眼看。'云:'贴!'

"结制,师拈拄杖云:'山门石狮子跳舞奔腾,涌身道海,大声道:"佛祖众生,有情无情,尽归高旻一炉锻炼。我本同是千佛一类,岂能逍遥法外?"是故共火淘熔,烧得石头成粉,笑道:"高旻好大本事!佛祖众生,毛尚难存,我石狮子幸落一点灰在。"诸仁可委悉吗?'良久,卓拄杖云:'垢尽尘飞未足奇,吼声空外震昏迷。吓得泥牛藏海底,长空杲日也头低。虽然如是,即今结制升座一句又作么生?'卓拄杖云:'小阳月半正开炉,烈焰光红火内求。脱落娘生真面目,未生凡圣也难留。'掷杖下座。

"起七,师执香板云:'黑地漫漫已至今,红炉焰耀火飞腾。炼得虚空沉地后,转身尤是镜中痕。猛着力,莫稍疑,涅槃生死且大迷。一旦命根脱落尽,当前打破与佛齐。'云:'起!'

"佛成道日，师拈挂杖云：'笑煞老瞿昙用黄叶止儿啼一段佛事！瞒却天下古今人不少。尚吃六年无谓辛苦，拖泥带水，直至高旻。一场败阙。山僧当时若在，起阵黑云盖满长空，看这老胡从何处观他星斗！诸仁可会吗？'良久，卓挂杖云：'六亿婆婆度众生，成佛尤是镜中痕。三叹奇哉为剩语，漫漫星月至今存。虽然如是，即今如来成道良辰，庆赞一句又作么生？'卓挂杖云：'虚空大的炉鞲抬到道海堂中大冷腊月，光遍天中。众星朗朗，发展真空。'掷杖下座。

"除夕，师拈挂杖云：'大众高着眼看，切莫被这条挂杖瞒却。各人道看，道得出，与你三十挂杖。道不出，与你三十挂杖。不可破口说出，不可默无一言。诸人详加审慎，否则一旦阎王老子追来问道："你一年三百六十天尽忙我的事业，忙到今天，连这条挂杖还不认识。今日是你腊月三十日已到，汝等若无答案，必着小鬼拖你到冥府算账去！"试问诸人可畏吗？'良久，卓挂杖云：'大好光阴空过去，谁知业债有人催。用何面目能逃避，莫若深追我是谁。虽然如是，即今除夕升座一句又作么生？'卓挂杖云：'一声爆竹辞年去，万朵梅花送岁来。'掷杖下座。"

(2)《名山游访记·山中归来略记》："经扬诣高旻，入寺晤来果和尚。喜曰：'多年不见，据闻仍在云水之中。'并述诸师卅年前终南学道同参故事，皆大欢喜。寺中首执，相识者多，坚留度岁，共话沧桑。承送客厅，换衣沐浴，食处精洁，招待优美。暮鼓晨钟，寺风犹昔。住众二百余，正打禅七。来老精神矍铄，日讲开示，言言见谛，句句归宗。做功夫、看话头，禅机深奥。但初心学人，不易领会。岁尾年头，上堂说法云：'爆竹一声除旧岁，梅花几点送春来，莫谓祖师无令节，云门胡饼赵州茶。'首执多法门龙象，每日斋聚一堂，其乐无量。元月二日，邗上居士林推证果法师、赵海珊居士来寺邀往扬州小住，余以自惭无道，婉言谢却。谈次偶及雍正时有天慧彻祖，大兴禅宗，赐紫沙门。光绪间余初访道岫云和尚，后传月朗上人，继弟楚泉法师，复交月老代理。其法子为大禅走妙、慧亡德恒，授法于位数载，诸山长老仍推月公代管。后传与明轩方丈，又由明老传来果和尚。来老主持廿余年，发大愿心，修五大工程，其已成者如大围墙、放生池、客厅，余因时局关系尚未圆成。次朝渡江，金山一宿，径至苏州。"

又，《高鹤年居士名山参访事实略记》(即《名山游访记·来果禅师序》)："余于二十年前，同隐终南深谷拴龙桩、湘子洞之山，并餐松柏。六十三、五十四之岁，共话萸湾。忆居终南之时，正我禁语之际，高旻函电交驰，逼我藏身无处。躬谒居士，讨论办法。蒙力劝下山，并以自存米款给我。沿途落泪，痛哭归扬。即今饮水思源，当颂居士盛德。"

一九四八年·民国三十七年·戊子 六十八岁
在高旻寺。上堂开示，领众参修。[1]

注：

(1)《语录·法语卷四》："民国三十七年元旦老和尚升座法语，师拈香云：'此一瓣香，庆天庆地，祝国祝民，供养十方佛祖、诸大菩萨，伏愿世界安和、中边清泰；此一瓣香，非烟非火，有响有声，供养合郡人民、檀那护法，伏愿共乐清平、同沾化日；此一瓣香，红炉炼出，信手拈来，供养高旻堂上过去诸祖老和尚暨现前两序首领、合院大众，伏愿悲智双融、隐显密化。'敛衣就座，执如意云：'万象更新，一元复始。此两句是真言，是俗语，会中有能辨别者？新年时应用适宜句子祝贺当阳。'且道：'怎么适宜？未是本地风光，请大众高着眼看，如意顶上放光动地，直使人人如意，如意如意。见吗？不见，请诸仁一同到山门外迎喜神去。'

"解制，师拈拄杖云：'草鞋雄似虎，只许上山，不许上树。扁担活如龙，只许行水，未便行火。高旻大却不然：横挑棘栗蓬，千山万水去。潇洒清凉，文殊下座，闷观峨岭，大行谦席。九华山高，踏翻地藏。南溟深广，捉败观音。试问诸仁有此作略吗？'良久，卓拄杖云：'只在念佛是谁这个小小句子上，久之啮通。不动脚跟，朝山已毕。不劳口吻，法遍人天。虽然如是，即今解制升座一句又作么生？'卓拄杖云：'梅花片片祝元宵，火烛煌煌迎灯节。'掷杖下座。

"佛诞日，师拈拄杖云：'减劫临时人岁百，满空黑障盖当人。不仗我佛来末世，众生怎得悟禅心。'且道：'昔为睹史天众，今降净饭王宫。不惜脱珍着弊，只为不了儿孙。痛念群众无归，至是拖泥带水。满拟一手捉住含灵，置往太空外边去，不料撞着高旻一根拄杖，直使凡圣渣滓也不存留。诸人可会吗？'良久，卓拄杖云：'优昙花放开难久，满地瞿昙处处生。一脚踏翻娘生地，金盆沐浴复何人？虽然如是，即今佛诞良辰，庆赞一句又作么生？'卓拄杖云：'今年四月八，皇宫生悉达。木橛钉虚空，重添眼内花。'掷杖下座。

"结夏，师拈拄杖云：'空里飞的蚊子想点血肉充饥，连飞带哭道："我是你母，你是我子，望你给点小血与我吃。将到头皮，惊骇住下，慢找血吃，不料这忤逆不孝的儿孙就掸起一手，打得我成了泥巴！复将我泥巴置于秽处，世有此理否？"此个送命的习惯，错误太久，忘却又深，谁能了解蠢动含灵皆我过去父母，又是未来诸佛。满大地人恐难真信，不足深怪。我修行人尚不孝敬有情无情，实深怪汝。试问诸仁可会吗？'良久，卓拄杖云：'古有大孝心人，脚不敢踩地，若踩深恐地疼。此许是行人禁足。虽然如是，即今结夏升座一句又作么生？'卓拄杖云：'识得护生人，必先护住地。'掷杖下座。

"解夏，师拈拄杖云：'弥勒布袋，大能装虚空，小能装布袋。有不懂者问曰："如此，这位大胆罗汉置身何处？"识者答曰：“天不能盖，地不能载，各人脑后安身，眉毛稍中立命。”
试问诸仁可委悉吗？'良久，卓拄杖云：'落叶梧桐知端的，凉
来热去会当机。不识其中真奥义，笑煞大殿老年尼。虽然如是，
即今解夏一句又作么生？'卓拄杖云：'金风殿角微凉后，长连
床下急如飞。快将家事扬他去，芟湾道海转身归。'掷杖下座。

"贴单，师拈单条云：'宗门下事不立语言文字，直指见性
成佛。今日山僧双手捧起这包纸条，是文字耶？是名字乎？离言
语外试道一句看。道得出，许你榜上题名。道不出，只准舌挂壁
上。诸人可会吗？举眼细看，切莫说我在这里。'云：'贴！'

"结制，师拈拄杖云：'小阳十月正开炉，衲子纷纷午夜
愁。红火奔腾全身下，皮肤脱落没来由。'且道：'到此，佛救
你不得，祖唤不回头。一任火灭灰飞，未是宗门种草。必在大冶
烈火焰中忙参佛是谁念的，久之锻炼，不容间歇。翻过身来，一
脚踏倒炉鞴，两手抓住铁椎，虚空打得成粉，佛祖锤得成灰，始
有个入处。试问诸仁可会吗？'良久，卓拄杖云：'无始窠巢，
幸遇今朝。彻底脱落，眼上眉毛。虽然如是，即今结制一句又作
么生？'卓拄杖云：'万仞峰头直上，绝后顿尔还苏。'掷杖
下座。

"起七，师执香板云：'电奔雷掣未为奇，翻转虚空与地
齐。怕得泥牛忙叫吼，山僧努力奋扬眉。擒住佛，捉住祖，山门
石狮骇得抖。猛着力，莫稍松，跳出牢关称好手。'云：
'起！'

"佛成道日，师拈拄杖云：'寒岩古洞一枯僧，大夜冥冥看
见星。一睹通身脱落尽，直饶大地也全身。大好释迦老子，也苦
了六年。若不是这点小星遮遮面孔，险些黑到今天，打灯笼也找
不着一个高旻。诸人可会吗？'良久，卓拄杖云：'迦叶佛后，
古今言悟道者皆以雪山为首创。闷坐多时，只是功夫成片，一开
大悟，即云三叹奇哉。'且道：'如不知我，岂认得他。虽然如
是，即今世尊成道良辰，庆赞一句又作么生？'卓拄杖云：'若

人识得心，黄土也黄金。妄想与执着，非假亦非真。'掷杖下座。

"解七，师拈竹篦云：'十七将圆道未圆，仍须努力猛精参。用念佛是谁走路，用不明白处吃茶。一旦磕着未生鼻孔，始知悟道不在七中。虽然未离禅堂一步，自此放心，吃饭也得，过堂也得。紧紧照顾脚下！'云：'解！'

"除夕，师拈挂杖云：'一人了，一生也了，一世也了，一年也了，还有不了者出来与山僧相见。会中有孟八郎汉大声道："众生未生以前，诸佛未成以先，了个什么？"大众高着眼，非细事，试问诸人可会吗？'良久，卓挂杖云：'今日不会，直到晚上小鬼拖去。不必害怕，等我过了腊月三十夜再向汝道。虽然如是，即今除夕一句又作么生？'卓挂杖云：'岭梅花放香难住，长空爆竹响何长。大了道人忘岁月，不妨年去又来年。'掷杖下座。"

一九四九年·己丑　六十九岁

在高旻寺。上堂开示，领众参修。⁽¹⁾

又，释仁德来寺参加禅七，遂住高旻多年（后蒙禅慧和尚器重，出任知客）。⁽²⁾

又，一月二十五日扬州解放后，高旻寺山门殿、大雄宝殿等主要建筑均被征为"苏北干部疗养院"（即解放军伤员疗养院）。⁽³⁾

注：

（1）《语录·法语卷四》："一九四九年元旦老和尚升座法语，师拈香云：'此一瓣香，栴檀海岸，炉蒸名香，供养十方佛祖、诸大菩萨，伏愿民安国泰、内外和平；此一瓣香，道贯天地，德逾三光，供养合郡人民、檀那护法，伏愿寿算须弥、福如大海；此一瓣香，红炉炼出，信手拈来，供养高旻堂上过去诸祖老和尚及现前两序首领、合院大众，伏愿事理并融、福慧兼备。'敛衣就座，执如意云：'新年面目喜扬扬，尽是当前假闹忙。本分衲僧无一事，笑他春柳也添芳。'且道：'有情有心随情转，无情无意乐清凉。虽然如是，即今元旦良辰，庆赞一句又作么生？'举如意云：'若不于中起分别，是故此处最吉祥。迎喜神去。'

"解制，师拈拄杖云：'春梅初放香芳馥，望到元宵月正圆。莫谓韶光无意义，满天融日喜团团。'且道：'衲僧脚下事与时俱进、与道俱增。忽有三家村里老农夫大喊道："灯笼上天腾空去，露柱在地猛相追。"仔细看来，原是宗门分内事。试问诸人可委悉吗？'良久，卓拄杖云：'横挑棘栗蓬，不用双脚步。直到万山时，头头皆是刺。虽然如是，即今解制升座一句又作么生？'卓拄杖云：'门里之草久未芟，出门一见草成山。从今举足归无处，顿掀浊海永心安。'掷杖下座。

"佛诞日，师拈拄杖云：'如来未出世，大地历明明。我佛将生时，人间声唧唧。'且道：'悉达太子过在什么处？若云无过，赵州云门递相指责，此一大事，据山僧看来，不但瞿昙有过，直饶赵云诸老过过瞿昙。试问诸人作怎么领会呢？'良久，卓拄杖云：'千佛万祖，过从生有。佛既不生，祖何曾有？虽然如是，即今佛诞良辰，庆赞一句又作么生？'卓拄杖云：'三千世界慈悲父，任扬任抑总慈悲。粉骨碎身酬难尽，儿孙代代续传灯。'掷杖下座。

"结夏，师拈拄杖云：'禁足一事，无非爱护生灵。真护生者，唯佛一人。何以故？佛行路时，离地四寸，何伤生之有？波离大德，制戒导者，惜乎只知治标，不能治本。治本者何？当知生由心起，果先治心，生从何有？是真制戒。虽然，也只一半在。试问诸仁可会吗？'良久，卓拄杖云：'学得乌龟能藏六，谁知又被鸟吞肉。看来何处好安身，打破生前真禁足。虽然如是，即今结夏一句又作么生？'卓拄杖云：'踢砖石、拔青草尚是伤生，只有安居，手脚俱禁，犹较些子结夏。'掷杖下座。

"解夏，师拈拄杖云：'祝融神是管炎天，一遇清风隐入山。惊动梧桐叶落后，秋蝉处处喊皇天。'且道：'夏去冬来，衲子分内事当有重大检点。一任脚跟点地，尚须鼻孔撩天。倘若石火电光，捕风捉影，以为奇特，终难逃过阎罗手中一根麻绳，一拖就去。好害怕！赶急置身道海苦去。诸仁可会吗？'良久，卓拄杖云：'苦他三十年不悟，与生死拼命去！始有相应分。虽然如是，即今解夏升座一句又作么生？'卓拄杖云：'功夫用到成佛后，奋勇精进紧加参。'掷杖下座。

"贴单，师拈单条云：'十世古今，三千佛祖，有情无情，悉在里许。高旻今日拈来举示大众，试问红的是纸，黑的是墨，妙处在什么处呢？'一喝云：'虽然和盘摵出，只须北斗面南观始得。诸仁高着眼看。'云：'贴！'

"结制，师拈拄杖云：'风寒冷小阳，篱边菊萎黄。芙蓉花似锦，愁带一身霜。'且道：'万籁消声，红炉将暖。有志衲子，应向千佛不住之处住，万祖难行之处行，并不可向言句中取，亦不可向无言句中求。果是过量汉子，始有相应分。试问诸仁可会吗？'良久，卓拄杖云：'大冶炉中，佛祖也须害怕。铜头铁额，霎时顿尔销熔。虽然如是，即今结制升座一句又作么生？'卓拄杖云：'金乌叫落天边月，木马常嘶岭外风。个中妙意难领会，久沉道海顿忘归。'掷杖下座。

"起七，师执香板云：'露地白牛角，入海乌龟毛。独怕石狮吼，闻声空外逃。'且道：'选佛场开，红炉焰烈。不顾危亡参去，自有大转身来。'云：'起！'

"佛成道日，师拈拄杖云：'人人有个佛，胜比释迦尊。执迷而忘返，错认定盘星。'且道：'古释迦，今释迦，人人释迦，草木释迦，砖头释迦，试问弄这多释迦，究是赞释迦还是谤释迦，诸人可会吗？'良久，卓拄杖云：'回光返照成余事，参禅一句也嫌多。若不承当如是意，长空皓月奈如何。虽然如是，即今世尊成道良辰，庆赞一句又作么生？'卓拄杖云：'瞿昙离冷洞，笑落一天星。三叹奇哉后，酬唱到而今。'掷杖下座。

"解七，师拈竹篦云：'十七事圆理未圆，何能放过好时间。一念不存如死汉，悟来早已破三玄。诸仁会则穿衣吃饭，不会上殿过堂大须仔细！'以竹篦击地，云：'解！'

"除夕，师拈拄杖云：'此一年字，义意幽深。生活很笨，略曰一时与一劫，皆以年为本位。不过年，不但无年，更可无劫。了者能忘劫，不了者难忘年。达道者流置尘劫于度外，随岁月以蹉跎，诚分内事。试问诸人，阎罗老子主世存亡，任何人难逃他手，人尚不信。且看今夜，正是腊月三十晚上到来，诸人作怎么商量能免否？'良久，卓拄杖云：'梅花与雪花并舞，旧年与新年共行。怕过年者忧，喜过年者幸。虽然如是，即今除夕升座一句又作么生？'卓拄杖云：'一声爆竹迎新岁，万盏明灯送旧年。'掷杖下座。"

（2）《仁德法师》："一九四九年秋天，新中国诞生，这时传来扬州高旻寺禅七的消息，仁德辞别观音寺，来到扬州。该寺方丈禅慧法师对这位在佛学上崭露头角的年轻僧人非常器重，在其极力邀请下，仁德便在该寺住了下来。高旻寺'工禅并重'，每一个修行者既是僧人又是工人，他学会了编织草席，先后担任商店、米店出纳以及麻袋厂、布厂领导。后来，又担任了高旻寺的知客。……一九五五年九月，仁德法师离开高旻寺，前往终南山修学，后又去江西真如寺参修。"

释仁德（1926—2001），俗姓李，名德海，江苏泰县（今姜堰市）人。一九三六年在江苏泰县塘湾乡太慰庵依松琴长老出家，一九四八年于南京观音寺求授三坛大戒。一九四九年秋来高旻寺参加禅七，后住高旻，至任知客。一九五五年离高旻，往终南山、云居山真如寺参修。一九五七年赴九华山，一九六二年后历任九华山佛教协会副秘书长、副会长、会长。一九六六年后文

革期间，九华山佛协停止活动，任佛教生产大队领导之一。一九
七九年任九华山佛协副会长，一九八四年任会长，同年任安徽省
佛协会长。一九八六年任祇园寺方丈。二〇〇一年示寂，世寿七
十六岁。

（3）《来老轶事》："刚解放那时候，我们高旻寺是一个解
放军疗养院，叫'苏北干部疗养院'。我们的大殿、山门殿等全
给他们了。我们高旻寺的和尚在山门殿旁边围墙上专门开了一个
小门（靠码头不远，老山门东边，大概有三、四十米，不超过五
十米），我们出家人进出就走这个地方。大门、山门殿、大雄宝
殿，还有西楼，这些地方全设了机关，全是疗养院。那个时候，
惨！断臂的，断膀子的，断手的，眼睛瞎的，头，一塌糊涂。那
时候刚解放，打仗受伤的人不少哎。所以只有高旻寺的后面、西
楼的东面、东楼、斋堂、寮房、禅堂、藏经楼、法堂在和尚这一
边，其他所有的房子全部给他们了。"

一九五〇年·庚寅　七十岁

春，常住处境维艰，因以成疾，遂解住持位，移锡沪
渎。[1]

稍瘥，为佛教崇德会诸君再三恳请，就上海凤阳路侯
在里辟"静七茅蓬"，领众坐香、夜夜说法。自是缁白向
风、信众坌集，广开上海禅门。[2]

上堂开示，领众参修。[3]

又，谱主离寺后，高旻成立寺务委员会，由弟子禅慧
出职主任（行住持事，反右期间被定右派），[4] 开办工厂，
自给自足。[5]

又，释德林离文峰寺回高旻。

注：

(1)《密参禅师事略》:"解放后,高旻寺设立麻袋工厂。僧众白天到工厂做麻袋讨生计,晚上还是要坚持坐香。高旻寺以前来公的规矩是很严厉的,有些劣僧当时受过来公的棒喝,当时慑于来公的威德不敢怎样。后来随着形势的改变,有的不良之徒就想趁机报复危害来公。此事被时任华东局人事部部长的赵朴初同志得知,为了使来公免受迫害,赵朴初同志即将来公接往上海安养,并创办静七茅蓬。"

《缅忆来老》:"当时达本几个居士担心来老的身体,希望他能去上海养病。但是那时候正好是土改,高旻寺的田产过去都是雇农耕种的,所以政府提出:只有当地村民全部签字认可,才能放行。因为来老在周围农民当中的口碑很好,所以最后全体村民一致签字通过,来老才能走,到上海来养病。"

《来老轶事》:"我们来老呢,多少还有些外缘吧(案:指田地、雇农等),那时候刚解放,就被戴上地主的帽子,就在我们这个八里乡。它一个乡,有好几个村,搭台,把那些地主(大地主、小地主)弄在一起批斗,还戴高帽子啦,还要游街呢。那时候地主上台挨斗,都是跪着哦。老和尚他大地主嘛,那时也上台啦,不过他们对老和尚还是可以的、比较尊重的,他没有戴高帽子,也没有跪,给他一个板凳坐了。批斗会上,宣布他们的罪行,首先喊口号:打倒地主……剥削农民……,等等。老和尚回到家里关起门来,心里不舒服,准备准备到上海去了。"

(2)《语录·序》:"……乃者,老人黄发番番,养疴沪上。凤阳路侯在里佛教崇德会诸君,再四恳请领导坐香,开建静七茅蓬。人天福田,选佛道场。老人夜夜说法,开导不倦。学人云集,饶益日多。藉使上海佛门四众,从此有缘受持宗门大法。关系诸佛法身慧命,培福消业,莫此为甚。功德胜善,福不唐捐。……"参见《扬州高旻寺来果禅师塔铭并亭记》、《重修来果老和尚舍利塔记》。

(3)《语录·法语卷四》:"一九五〇年元旦老和尚升座法

语，师拈香云：'此一瓣香，水穷其源，木究其根，烟从眼有，香由鼻生，供养十方佛祖、诸大菩萨，伏愿万象更新、一元复始；此一瓣香，两仪定位，日月长明，供养合郡人民、檀那护法，伏愿风调雨顺、海晏河清；此一瓣香，非心非物，即定即慧，供养高旻堂上过去诸祖老和尚暨现前首领、合院大众，伏愿道高德重、见正理深。'敛衣就座，执如意云：'我岁整七十，今年三十九。大道本无分，同欢新岁首。大众若作佛法会，诚是圆根顿器。'且道：'不作佛法会如何？'直云：'三千金世界，一道乐忘怀。水深鱼自快，火热暖将来。大众迎喜神去。'

"解制，师拈拄杖云：'元宵灯月喜重重，枯岭寒梅片片红。达道者流忘乐境，不明依旧大千同。'且道：'脚跟稳固，志愿深宏。见山不被山迁、观水不被水转的汉子许是宗门种草。不然，从群逐众，大忘我佛遗嘱可乎？试问诸仁可会吗？'良久，卓拄杖云：'荆棘丛中动脚难，换却娘生旧衣衫。最上法门街热闹，归来尤胜涅槃山。虽然如是，即今解制升座一句又作么生？'卓拄杖云：'谨守陈规莫慢忘，诸佛圣戒作衣裳。土面灰头全不顾，心参疑处悟真常。'掷杖下座。

"佛诞日，师拈拄杖云：'世间最苦莫过于众生，最能除苦莫过于诸佛。任何离苦得乐，只此一生，多则再生。独我佛出世，为众生苦，降生王宫。至稍成年，出家悟道。坐大道场，普利法界，人天受度者，不但苦不可得，乐亦不可有。不但生不存，佛亦不存。试问诸仁作怎么委悉呢？'良久，卓拄杖云：'我佛生时即云："天上天下，唯我独尊。"其尊贵若此！虽然如是，即今佛诞良辰，庆赞一句又作么生？'卓拄杖云：'苦乐双忘后，佛不奈我何。'掷杖下座。

"结夏，师拈拄杖云：'有人手捧一个死虾蟆请我说皈依，山僧即与说之。又一人曰："救死不如救生。"言未毕，山僧即掩彼口，彼嫌闷，曰："咄！"我云："是真救生。"此则公案，制戒之优波离尊者尚属茫然，汝等诸仁向什么处开口，试问大众可会吗？'良久，卓拄杖云：'要知佛本非佛，非生莫佛。故云护生即是护佛。虽然如是，即今结夏升座一句又作么生？'卓拄杖云：'能护世间生只是治标，若护心中生方称治本。标本俱治者是真结夏。'掷杖下座。

"解夏，师拈拄杖云：'梧叶飞飞已报秋，凉风吹落暑人愁。祝融神已归山去，满空大地一尘收。'且道：'不被炎凉所转的人，会中如有，请出来相见。等候多时，一点语气也没有，莫是闭口真言？能酬唱否？山僧旁通一线道：热时热煞人，冷时冷煞人。试问诸仁可会吗？'良久，卓拄杖云：'闲挑棘栗蓬，千山万山去。偶遇无口僧人大说无生句。虽然如是，即今解夏一句又作么生？'卓拄杖云：'大笑弥勒布袋，十字街头化斋。人喊大肚罗汉，我笑弥勒痴呆。'掷杖下座。

"贴单，师捧单条云：'南北东西四望空，各各收归我掌中。撒手一进悬崖处，脱体全真映纸红。试问诸人贴单后作么生行履呢？大众多看脚下。'云：'贴！'

"结制，师拈拄杖云：'山僧一日在乱瓦堆中拾得一个无底的炉鞴，举向人天众前，竟无识者，尽皆罔措。山僧抱气不平，即震威大喊曰："诸佛见之，魂飞天外。列祖闻之，胆落心惊。其他何足道耶！"试问诸仁可委悉吗？'良久，卓拄杖云：'超生脱死之功、转凡成圣之德皆从此大冶火光中流出。虽然如是，即今结制一句又作么生？'卓拄杖云：'迦叶刹竿，人人责任，共手扶起，辉天鉴地。'掷杖下座。

"起七，师执香板云：'雷奔电掣，加助红炉火焰。置身奋勇，豁开空外虚空。执金刚鞭，打开脑后，成无师智。灼破生前，望大众，更进一步看！'云：'起！'

"佛成道日，师拈拄杖云：'老胡六年睡觉，半夜观天，忽睹长空，星光落地，打失娘生鼻孔，抹着最初面目。大喊道："吃了妄想执着的苦，再不敢大意！否则智慧德相将无出处。"试问诸人可会吗？'良久，卓拄杖云：'寸草微尘尽是我佛身

相，涕唾掉背无非妙契真如。虽然如是，即今如来成道良辰，庆
赞一句又作么生？'卓拄杖云：'长空夜静，朗朗明星。瞿昙一
见，大地黄金。'掷杖下座。

"解七，师拈竹篦云：'十七殊功，超今超古。二时精密，
忘我忘人。擒阎老胡须，夺阿傍铁链。举目无亲，生佛不住。只
身孤诣，有我皆非。试问诸仁解七后得入处吗？上殿过堂，切莫
放过。'以竹篦击地，云：'解！'

"除夕，师拈拄杖云：'朝既不除，何用除夕？此事大有人
疑问，不然赶向阎罗老子殿前讨个消息，可以除疑。山僧急忙解
答曰："一年过到冬天，天天吃饭，可有问题吗？如有，快到道
海堂中，躲在真疑禅上，久之得个捉阎王本事，许无他过。"试
问诸人可会吗？'良久，卓拄杖云：'有禅参者胆大，无功夫者
心虚。虽然如是，即今除夕升座一句又作么生？'卓拄杖云：
'红梅白雪同舞，爆竹灯火齐伸。吓得小鬼喊皇天，各人饭债又
加年。'掷杖下座。"

（4）释禅慧（？—1979），字禅慧，法名道定，湖北人，俗
家经营木材。出家后（年月未详），在谱主门下刻苦参禅，得谱
主印许"开了一只眼"。一九五〇年（谱主离寺移居上海）后任
高旻寺方丈（时称"主任"），主持禅七、为众开示，同时开办
工厂（织麻袋、编暖席、织布等）以维众生计。一九五三年，在
谱主病榻前临危受命，接高旻临济宗第四十七世法（参见"一九
五三年"条下注）。一九五八年被定右派，不久入狱。文革前获
释，因高旻寺出家人尽已被逐，故而无处安身、亦无家可归，最
终住进养老院。后由高旻寺还俗弟子德戒接出收养多年，继由旧
城七巷吴志英、吴志秀姐妹（高旻寺护法居士）收养，直至一九
七九年夏示寂。圆寂后，遗体被秘密送回高旻寺普同塔旧址（塔
已被毁）坐缸火化，骨灰被埋入塔基之下。一九八六年后，在来
果禅师舍利塔侧起建纪念塔，塔铭：高旻堂上传临济正宗第四十
七世妙智禅慧和尚之塔。

《缅忆来老》："我年轻时好问，曾经问老和尚，弟子中有没有开悟见性的？老和尚跟我讲，高旻寺只有禅慧开了一只眼。"

《高旻轶事》："禅老是很老实的一个人，为什么会打成右派呢？据他们讲，那时候，寺庙的田也没有了，他不是在扬州搞了一些工厂嘛，这时候大家都没有吃的。他就写了一封信给我们香港的郑道禅居士，意思说高旻寺现在快揭不开锅了……。过去要寄信出去（案：指境外）政府都要看的。他这信的内容等于说我们怎么不好，因此，最后把他打成了右派。"

《禅老轶事》："我到养老院去看他（他那里我一年要看几趟），禅老也跟我谈谈。那时候禅老对于佛教这个……很灰心。第二个是看到现在这个样子，好像我们佛教没有什么希望了。他那时候教给我有个东西，他说，我记——我们有个东西——'这个你得把它保存好！今后如果说佛教要是兴旺了，可以把这个拿出来'。这个东西呢，它是讲的禅宗的三关。我看他那个三关就是说，你功夫到了什么境地，到了什么程度，就过了这个关了。他是这个意思。

"我记得好像那时候我弄个笔记本记记，记得是乱七八糟的，后来我叫他们给我抄，抄过了以后我就交给文龙大和尚了，……我说：'……我交给你。因为禅老跟我讲的："高旻寺有人，就给他。"禅老说的。'"

又："禅老人非常慈悲。平时少言，从不跟人闲聊，专注用功。一次，藏经楼晒经，我看见他站在藏经前，眼睛一动不动，旁人走过，他也不分神、不理会。来老说他开了一只眼，这就说明他的禅定功夫一定是很好的啊！"

（5）《禅老轶事》："高旻寺的困难主要就是没得吃，只能吃皮糠。原因是租收不到了——高旻寺有不少田在外头哪，包括里面河那边还有不少田呢。一解放，不用没收，农民自动地就不交租子了，高旻寺也自动不要了。他们开会宣布，地主来收租，不给。他就不给你了，那个时候有农会啊。后来我们高旻寺搞过麻袋厂，就在客堂东头下边，走后山一直到后头。……后来又搞席织厂。织席子，暖席，不是凉席。……发展到以后，又开始织布，我们高旻寺有个'僧工织布厂'。……一九五六，公私合营了；一九五八年大炼钢铁以后，又被公家没收了——就是把它管理了。"

案：

《语录》"来果老和尚四十岁法相"像赞，释禅慧落款作"住持道定顶礼敬题"，下"来果老和尚六十岁"像赞落款作"学人禅慧顶礼百拜敬题"、"后学禅慧拜题"，此中"道定"是其法名，"禅慧"是字；又，《扬州高旻寺来果禅师塔铭并亭记》落款作"嗣法门人禅慧"，"来公老和尚七十岁"像赞落款作"再晚德林"，《禅老轶事》谓"禅慧是'道'字辈，'道'下弟子是'德'字辈"（参见"一九三三年"条下注（5）并案）。

又，今高旻寺祖堂上释禅慧牌位上书"禅慧修公之位"（法名中"定"字改为"修"字），网络文章《扬州高旻寺传承法系》复称其为"道定妙修"（法名"道定"变成字号，更别出一法名"妙修"），而高旻寺塔院内释禅慧塔铭又谓之"妙智禅慧"（字"禅慧"变成法名，更别出一字号"妙智"）。以上种种，兹录备考。

六、静七开示至传法示寂

一九五一年·辛卯 七十一岁

在上海静七茅蓬。上堂开示，领众参修。[1]

春，解制后释德林离高旻寺，转住上海静七茅蓬。

注：

（1）《语录·法语卷四》："一九五一年元旦老和尚升座法语，师拈香云：'此一瓣香，有体有用，无欠无余，供养十方佛祖、诸大菩萨，伏愿世界和平、人民乐业；此一瓣香，万象更新，一元复始，供养合郡人民、檀那护法，伏愿福寿绵长、吉祥如意；此一瓣香，见闻无碍，事理圆融，供养高旻堂上过去诸祖老和尚及现前首领、合院大众，伏愿久沉道海、独办己躬。'敛衣就座，执如意云：'年四十，僧七一，谁大谁小，可能辨别吗？有答曰："移岁月于他方，置我人于度外。"偶遇孟八郎笑曰："大用葛藤作么？"诸人可会吗？不会，大众一同到山门外迎喜神去。'

"解制，师拈拄杖云：'万家灯火烛元宵，绿女红男喜欲狂。一视同仁平等地，钵盂何处不分光。'且道：'猛志衲僧有佛处切莫住，无佛处急走过。试问诸仁作怎么委悉呢？'良久，卓拄杖云：'望大众向触途成滞处勤劳，往动脚皆非边生产。大作农禅生活，始有安身愿望。虽然如是，即今解制升座一句又作么生？'卓拄杖云：'赶紧高挂衣囊，快办未生前事。不可一人空过，哪能片刻安闲。'掷杖下座。"

一九五二年·壬辰　七十二岁

在上海静七茅蓬。领众参修。

嘱达本居士（温光熹）汇编《语录》，共七种（原八种，缺第四《家谈百则》）[1]：《解谤扶宗浅说》第一，《参禅普说》第二，《十界因果浅录》第三，《语录》第四，《千字偈》第五，《四十八愿文》第六，《自行录》第七。合成两大册，以排字本刊行。

春，释密参回高旻寺，旋往上海拜见谱主，暂住静七茅蓬。不久奉谱主之命，就任上海莲花寺监院。⁽²⁾

十二月，在静七茅蓬会见虚云和尚。⁽³⁾

注：

（1）释素闻《〈家谈百则〉重刊序》："《来果禅师语录》计有八种：《解谤扶宗浅说》第一，《参禅普说》第二，《十界因果浅录》第三，《家谈百则》第四，《语录》第五，《千字偈》第六，《四十八愿文》第七，《自行录》第八。民初以肇，来祖八书陆续著成，即付扬州鹅颈项湾宝林阁代制石印本流通，次第行世，一时洛阳纸贵，禅和争相罗致。故知《家谈百则》早有成书，唯世所罕见耳。

"至一九五二年，来祖养静上海，再嘱达本居士温光熹老人将各书汇编重校，集成两大册，以排字本刊行，即今常见之流通本也。自后不断再版重印，早已遍传于海内外，影响深远。唯此两册排字本，实只得来祖之七书而已，达本居士于序中并云：'书凡八种，《家谈》尚缺。……拟著《家谈百则》第四。'世人自此遂无缘得见此书矣！既言'拟著'，则误以为来祖尚未撰述此书。……

"至一九九一年，余参学于高旻德林老和尚座下，棒喝之余，间亦博采佚闻，乃述及此书于海外之种种传说。德公听后，不觉莞尔，并示余曰：'所传非实，此为未见原书者之误会也。《家谈百则》乃来祖训勉在家居士之著，度人度世，期于平常日用中种植成佛之因。来祖撰述八书，实具深旨：《解谤扶宗》而臻《参禅普说》以明宗门大法，《十界因果》摄至《家谈百则》以显世间极成，各有定位，不容混淆。'余进问此书既然早已刊行，何不一并辑入来祖全录之中？德公再示余曰：'《家谈百则》著成于民国旧社会时期，一本世间伦理道德立言，于五十年代解放初期，恐已不合时宜。遂命暂缓辑印，容后重撰改写，故标"拟著"云云。'……

余闻德公斯言，……当时余即发愿，期于将来，深信必能重得此书，以成来祖语录之全璧。由斯处处留心查访，四海淘书，垂二十年，始终均无消息，心中不免戚戚。

"一日偶以电脑科技搜索网页，竟于上海图书馆古籍子部杂家杂论类中，忽见有《家谈百则》之目，但知为民国初年之石印本，不著撰人，心实甚疑此即来祖之书。由是乃托友人辗转奔走，终于取得全册之复印本，展卷一阅，确知正为朝思暮想之来祖佚著也。因非编入子部佛家类，故一直无人得悉此书尚存库中。又因其不著撰人，故亦不知是来祖所著。书前自序，虽无题名，但于内文末有'树茎生枝挂叶后，为正式度人之妙树'、'大愿盍兴乎来，定感成佛之果'。已将来祖名讳一一嵌入，足证确是来祖之书，无容置疑。……综观全书，共得百零二则，前冠自序一篇。"（案：《家谈百则》一书，笔者在上海图书馆亲见真本，全书概貌即如上述，为线装石印本，共八十一页，末页落款"扬州鹅颈项湾宝林阁代印"。该书已于二○一六年由高旻寺印行。）

（2）《密参禅师事略》："一九五二年春，……有消息传来扬州高旻寺来果老和尚也受灾难，所以向虚公告假，要回高旻寺看望来公，虚公同意。……师父回高旻寺后未能见到来公，当时禅慧大和尚任麻袋厂大主任（因高旻寺方丈称呼改为大主任），请师父任禅堂堂主职务。师父于高旻寺住下不久，因想念来公就向禅慧大和尚告假，去上海看望来公。见了来公，公就问师父："为什么不住高旻寺？"师父说："当班首要讲开示，我不会讲，所以来上海。"公说："我教你讲开示，还是回高旻寺去吧！"师父想跟随来公不肯回去，暂时住在静七茅蓬。……上海莲花寺是扬州高旻寺的下院。……民国八年来公任高旻寺方丈以来，发心修建五大工程（即：大雄宝殿、天中宝塔、禅堂、如意寮、延寿堂），需要大量资金，所以派僧人到上海及各地化缘，并将莲花寺当下院作站脚之地。解放后，莲花寺没有固定监院，高旻常住和来公定要师父去任监院，师父推却不了只得接受任命，管理莲花寺寺务。

因是著名禅宗道场高旻寺的下院，莲花寺内也设立方便禅堂，师父到任后每天领众熏修，恢复了上殿坐香等佛事活动。……师父接任莲花寺监院以来，高旻寺常住始终没有派人来换职。师父无法脱职，只得尽心管理寺务。"

（3）《缅忆来老》："记得是一九五二年十二月，那时候虚云老和尚从北京开会回来，应邀前往上海玉佛寺主持一个祝愿世界和平法会，此法会历时七七四十九天。他来了以后，法会正在筹备中，虚老对当时玉佛寺的苇舫大和尚说：'听说高旻寺来果老和尚在上海养病，我要去看看他。'苇舫大和尚说：'您年纪那么大，身体又不好，来上海不容易，来果和尚的病，我知道，并不严重，我可以打一个电话给他，放一部车子去接他过来。'虚老说：'不行不行，这不合礼节——我是诚心要去拜望他的。'因为虚老一再坚持要去，侍者佛源就说：'既然老和尚坚持，那就明天去吧。'第二天，记得当时是由宗教局（或统战部）的一位同志陪同虚老坐车去的。崇德会接到通知后，都去迎接，人很多。老和尚听说虚老来看望他，也下楼去迎接。他们在崇德会拍了一张照片。照片拍完以后，两人手搀手，老和尚说：'上楼坐。'虚老说：'我是要与你谈谈。'两人携手入房，关门，其他人皆未许入内，只有老和尚当时的侍者莲开法师在门外守候。他们谈了大约半个多小时，后来虚老说要回去了，因为年纪大了，老和尚便送他一起出门。我当时年纪比较轻（三十多岁），好奇心强，好问，平日里老和尚把我当小孩子看待。老和尚送走虚老后回房，我跟着进去，问师父：'老和尚，你与虚老谈了那么久，谈了些什么呀？'老和尚说：'你问这个事情啊，这是我同他两个人的事情嘛。'我又问：'那还有什么关于佛法的事情，我们可以听听啊？'老和尚说：'没有什么，我跟你讲，他就跟我谈了一点过去的事。'我问：'什么事？''就谈了云门事件中他被打断三根肋骨的事。他说："这也是我自己的宿业所现，我没有听你的话。"——他当年要去云门造两个庙，曾写信告诉我。我回信对他说："看现在的情况呢，你就不要再操劳了，年纪也大了。你有空还是到我高旻寺来吧。"他还说："去年我是充满法喜而归啊。我从兜率内院回来，当时的维那是阿难尊者，他见我去了，就指着我的位子，让我坐下。当时弥勒菩萨正在讲《唯心识见》。讲完后，他对我说：'你怎么来了？'我说：'我已经断气三天了。'他说：'你还没有到时候呢。快回去吧。'"他就说了这些，没别的了。他最后说要去云居山，我说他此去不会再出来了——"（虚）云居"山中不得出也。他是一个很了不起的大德，你应该认认真真地去拜他为师。'"

案：

　　《语录》八种最后是《自行录》，其撰写年代未详，完成时间应在一九五一至一九五二年。《自行录》结语："自一九四一年至一九五一年内中自行事实未遑录出，候后再酌。"参见"一九四〇年"条下案语。

一九五三年 • 癸巳　七十三岁

　　在上海静七茅蓬。

　　春，释妙善来沪拜见谱主，住崇德会半月余，师弟从此一别永别。

　　谱主获悉高旻寺僧众几于断炊，病转危笃。弟子禅慧来奉榻前，具陈高旻常住之事。闻已付法，安然示寂。世寿七十有三，僧腊四十九春，戒腊四十九夏，法腊三十九秋，住持三十五冬。[1]

　　十二月初一日，从上海起柩回扬州高旻寺。[2]

　　十二月初八日，荼毗。四众云集，如丧考妣。检得舍利累累，莹若琉璃、五色灿然。[3]

　　翌年，四月初四日辰时入塔，安奉于扬州高旻寺河东塔院，筑亭以藏。[4]

注：

（1）一九五三年农历十月十七日寅时，谱主于上海静七茅蓬中国佛教崇德会示寂，终年七十三岁。

《缅忆来老》："十六日中午，很奇怪，当时我在家里，午饭后，我心乱如麻，也可以讲是'心血来潮'、坐立不安。……下午一点钟我坐电车到了凤阳路，一进去，就见到里面围着许多人，听他们说老和尚那天烧到四十多度，一上午没有说话。杨医生来打针，我趁机跟他进去，莲开师见我来了，也跟了进来。当时，老和尚面朝里吉祥卧。医生量出体温为四十一度，马上就给他打潘尼西灵。我用热毛巾敷在老和尚的打针部位。不久，老和尚突然转过身来，对我一看，说：'你来啦！'我当时就很开心："老和尚讲话了，老和尚讲话了！'老和尚说："你来啦。'我说："是啊，老和尚你怎么了？'他说："我没有事。'我说："你没有事？体温都已经四十一度了，怎么没有事？你哪里不舒服，讲给我听。'他只说了一句话："哦？体温啊，你们觉得我四十多度，我自己感觉内心清凉啊。'我说："那你就睡吧，睡吧。'他看着我问："你吃了饭没有？'我说："现在已经两点钟，我早就吃过了。'他要莲开师替我弄吃的。我说："你不要管这些了，休息吧。'后来我吃了一碗面就回去了。第二天他们打电话给我，说老和尚走了。这真是一段奇缘。

"老和尚圆寂之前，一直在等禅慧和尚。禅慧和尚那时是高旻寺的主任，也是来老的弟子。他听到消息后，连夜坐火车赶来上海。到崇德会时，已经是半夜一点多钟，弄堂门关上了，怎么敲也敲不开。一直敲到四点多钟，天亮了，弄堂门才打开。他走进去时，老和尚已经不讲话了。他一看到老和尚便失声痛哭。老和尚的手还是温热的。老和尚听到哭声，仿佛心有灵犀，回过头来说：'你来了。'禅慧问："你怎么了？'老和尚说："我没有事。'禅慧说:'你在发高烧,要赶快送医院啊。'老和尚说:'不要送,不要送。你要在这里对我发誓。'禅慧问:'发什么誓?'他说:'我曾经在月朗大和尚面前发誓:生为高旻人,死为高旻鬼。我现在把高旻寺交给你,你也要发誓。'禅慧就跪了下去,发完誓,老和尚便在吉祥卧中圆寂了。

"高鹤年老居士听说来老圆寂,马上从苏州赶来。他与老和尚生前极要好。那天(第二天)要封龛了,大概下午三点多钟我陪他去拜别老和尚。奇怪的是,当他拜好之后,我正要陪他到楼上去休息、吃些点心,他却说:'慢、慢。'我问:'什么事?'他起身走到老和尚跟前,在老和尚头上一捋,从头捋到脚,又在他的脸部按了两下,然后对他合掌,这才离开。到了楼上,我问高老居士:'高老,你刚才去按老和尚的脸作什么?'他说:'哦,我恐怕你师父还没有走。我捋下去以后,知道他已经走了。'封龛是应慈老法师主持的。"

(2)《来老轶事》称谱主在静七茅蓬时曾有弟子来皈依,却是上海某位大首长之母,由此因缘,谱主圆寂后遂能安然入棺、回寺荼毗。

(3)《缅忆来老》:"老和尚荼毗后,烧出来许多彩色舍利子,只有弥光法师保存了一颗比较大的黑色舍利子,圆形的、很亮,就放在高旻寺老和尚的舍利塔里面,其他舍利子文革的时候都散失掉了。"

又,据上海孙华老居士回忆,当年谱主荼毗后,"……烧出来的舍利子很多很多,颜色特别鲜艳,而且很圆润。我看见有直径大概二公分那么大的舍利子,颜色非常鲜艳,就像景泰蓝那样的。另外还有白色的舍利子……"。

(4)参见《扬州高旻寺来果禅师塔铭并亭记》(温光熹撰文,嗣法门人禅慧率众敬立)、《重修来果老和尚舍利塔记》(释德林撰、立)。

【附录】

一、来果禅师自行录·序

　　禅宗一法，不立文字，发明本有，超凡越圣，昔时世尊于灵山会上，拈花示众，教外别传，直指人心，见性成佛，所以西天涉于东土，岭南以及黄梅，历代祖师成道者，指不胜数。

　　来果禅师德本宿植，发菩提心，苦志修持，行脚参访，广济众生。甲寅春，至终南住湘子茅蓬，终宵不眠，禁语宴坐，抉择身心，去其荆棘，一念不生，万缘俱息。余于民三赈毕，第四次回终南，居拴龙茅蓬，与禅师相去咫尺，数月一见，不谈杂话，唯以己躬大事，互相警策耳。扬州高旻寺方丈明轩上人，余之同学也，函嘱劝师回寺，随往劝驾，未蒙允可。察其动静闲忙，自在无碍，竿头稳坐，心境一如，能所顿忘，得大受用。

　　民四初冬，师之俗家忽来快函，谓老母思儿成疾，卧床不起，速其返家。师商于余，余劝随机应缘，先省母病，然后返扬。师身无分文，余以食粮助成川资。师至高旻，于明轩（案：《自行录》作"月朗"）上人圆寂后，接任住持。堂中开示，金牛饭、远公粥、云门饼、赵州茶，机锋活泼，转语敏捷，少林妙诀，磐石家风，佛祖秘密，尽行显露，晴空万里，月印千江，皆是终南所得之宝，和盘托出，领众行道，廿余载如一日，胜因妙果，不可思议。其所著述，发挥西来大意，广演妙义。上海离暝居士为之刊布。陈海量居士函嘱一序，余虽老朽，不得不画蛇添足，祖云：向上一着，十方三世诸佛，有口挂在壁上。经云：但有言说，都无实义。

序云胡哉？序云胡哉？

高鹤年

中华民国三十八年（公元一九四九）春

终南侍者云溪高鹤年时年七十八敬序于穹窿山大觉茅蓬

二、扬州高旻寺来果禅师塔铭并亭记

像教之末，宗风陵替既久，教内外同深慨叹！挽近而还，世咸知有高旻来果禅师勇于担负承当，为灯下不世出之雄杰，一时龙象并无异辞。师承高旻明轩长老法，为临济宗第四十六世，领众三十余年，道侣咨扣，檀信皈依者累万数，有"马驹踏杀天下人"之概。近十余年，宇内苦兵，盐酱多缺；百丈农禅之制，既失修而废，寺众常百数十人，少壮者或事编织杂作以糊口；苦行长老，难胜劳作，守死不去，秕糠菜根，甘之如饴；而挂单者犹踵相接，禅堂内行、坐十四支香，挂杖、竹篦敲击相应，亘古如新。昔人语云："上有文殊、宝光，下有金山、高旻。"今行脚僧言："天下丛林不止单、守禅制者，独有高旻耳！"

师于启示开导之余，日忧道粮不给，坐是病，卸住持位。庚寅春，移锡沪渎；病少瘥，假上海凤阳路侯在里内崇德会，辟茅蓬建静七道场，缁白向风，信众坌集。

公元一九五二年壬辰八月，弟子编次语录诸稿，汇印行世。师既乐观厥成，当世善知识读之，叹为不落古德窠臼，信能丕振宗风；其中《解谤扶宗》及《参禅普说》各百篇，举似清代愿云《锻练说》，湛愚《心灯录》，未脱文士习气者，则师为警切悍利，能开人天眼目，直欲提三尺法剑，辟土开疆，恢廓法门材器者。虽未即著效于当世，必能沾丐于方来，衰迟之际，固有一溉复枯之烈已。

越年，师知寺众举炊维艰，病遂危笃，忍死以待；入室弟子禅慧至，启手抚足，师闻述常住事毕，吉祥示化。

师讳妙树，字来果，一号净如，湖北黄岗农户刘姓子。生具异禀，七岁闻邻僧诵《心经》"无智亦无得"句有省；十二岁有脱尘志，潜逃出家，为兄寻回。年十五，大智和尚教以念佛了生死。师遂能念佛成片，梦寐中犹大声念之，和尚曰："此真念佛！念佛是哪一个，汝知否？"师不能答，和尚曰："待汝寻到念佛之人，再向汝道。"年十八，割肝疗父疾。岁乙巳，朝普陀，遇苦行僧有感，遂剃落在宝华山；不胜寺僧磨折楚挞，逃至江干，不食多日，与野犬同卧，欲投江死，遇救于京口弥陀寺僧；随到金山，仍不娴规矩，尝一日被击香板四百余次。

清光绪三十四年九月二十六日，晚六支香开静鱼响，猛然豁落，千斤重担放下，打失娘生鼻孔，痛哭不止；觉云空川流，碍滞全消；埙篪协应，有问有答；和尚、班首临堂赞叹。一日慈本老人举手巾作洗脸势，问师是什么？师曰："多了一条手巾。"慈老不答而退。师自是益仔细！曾充饭头，力事撙节；首座劝任班首，自度学浅，逃往高旻，一任班首；忽动游方之念，潜修于终南，遇高鹤年居士，促其南归。及返高旻，月祖令明老择期传法，临终执手，坚命师发愿："生为高旻人，死为高旻鬼。"师升座后，规复旧制，以修建宝塔、大殿、禅堂、延寿堂、如意寮，五大工程自矢，终未圆满，只期以乘愿再来；唯古凉亭落成，水木清幽，增人法喜。师应诸方礼恳，依天慧彻祖先例，撰《自行录》一卷，一生瑰异行迹，具载于内，已附语录印行，无俟赘述。

师长身瓠白，细目声洪；五十以后行头陀行，并以素志未遂，不去须发，用志其茕茕之思，仪表益威严。性情贞介鲠谔，遇事强项力行，使人妄意自消。生平以弘法悟道为己任，棒喝双举，钟鼓交参，未尝少懈。当世虚云禅师，同负宗门重望，寿高于师，而与师密契无间。初，常住募缘修塔，师集徒众共议，愿任诸方行化者数人，一僧至武汉，感檀越之发心，遽自断一臂以酬，遐迩惊叹。师灵榇归高旻，邻村有老行婆自断一指，命其子携奉灵前供养，此皆有会于药王焚身之旨；正法感人，深广且久，而沐师之化者，其行实尚如此。

师生于清光绪七年，岁次辛巳，七月初二日寅时。灭度于公元一九五三年，岁次癸巳，十月十七日寅时。世寿七十有三，僧腊四十九春，戒腊四十九夏，法腊三十九秋，住持三十五冬。于冬月初一日，由上海静七茅蓬运柩回寺。腊月初八日阇维；四众云集，如丧考妣；舍利累累，莹如琉璃，五色烂然。明年，四月初四日辰时入塔；安奉于本寺塔院，建亭藏焉。光熹受师教有年，既预编次语录之役，侍师顺寂，随参饰终之典。今常住禅慧和尚，请以塔铭、亭记，辞不获已，自忘谫陋，谨为铭记云尔！

铭曰：

初祖安心，廓然无圣；曹溪直指，言下见性。
续焰联芳，但贵眼正；五灯既明，参禅风烈。
鞭策功行，见地始彻；话头疑情，妙不可说。
高旻仪制，为世所宗；果公蔚起，阐振祖风。
瑰奇卓荦，实践在躬；行拟睦州，孝思不匮。
板击铿然，脱巾善对；大彻堂前，虚空粉碎。
弘开大冶，锻凡练圣；棒喝淘熔，杀活频仍。
道场弘启，狮子怒吼；飙驰霆訇，大虫抖擞。
画龙点眼，奇巧换互；解黏去缚，抽钉拔楔。
奔风迎雨，窥天鉴地；造就龙象，不可胜计。
一堂禅众，饥殍为邻；怜愍慈怀，不倦济僧。
顺逆境遇，定力坦平；养疴退院，应请沪滨。
绝涧鹿卧，空坑象填；累年开示，医王妙药。
信士遮眼，喜付编削；无言之教，俨然如昨。
离生死相，现常寂光；立塔建亭，虔奉瓣香。
荚湾法运，永劫无极；来瞻礼者，生大福德。

佛历二千九百八十一年农历甲午年四月　谷旦
四川成都　温光熹　敬撰
河北保定　释静缘　敬书
嗣法门人禅慧暨两序首领合院大众
沪宁苏常镇扬西山四众弟子等　同敬立
苏南镇江魏克钱　苏北淮安刘寿文　敬刻

三、重修来果老和尚舍利塔记

高旻堂上传临济正宗第四十六世来果老和尚。师法名净如，字妙树，湖北黄岗人，俗姓刘。生具异秉，幼能事佛。年十二，萌出家志。十五，依大智老和尚，教以念佛法门，并教参念佛是谁。光绪三十一年，朝南海普陀，遂自剃发易僧服，于句容县宝塔寺投师出家，时年二十四岁。金山受戒后，拟往印度佛地不果，仍返金山禅堂，克苦参究。光绪三十四年九月二十六日，晚六支香开静鱼子一下，猛然豁落，如千斤担子顿下，打失娘生鼻孔。宣统二年，金山拟请为班首，未允。自觉学浅，来参高旻，月朗定祖嘱以苦住高旻，不可离去，即请班首职。民国三年，仍住金山，亦请为班首，俟以办事时长，不利用功，遂隐居于终南山湘子洞。民国四年，金山高旻皆来电催回，初无返意，因劝归甚急，乃返高旻。时月老病，即命现住持明老传法，接法后，拟再参方。至民国五年，参常州天宁寺。六年，参天童寺。七年，至福建雪峰掩生死关。八年，高旻来函催回。六月初四日接住持位，从此一肩荷负，任重道远，领众三十余年，僧俗辐凑，独蹈大方，每念宗门一法，极关重要，高着眼看，高旻稍能荷担。计划修建五大工程，冀使高旻固若磐石，永远常住。师生平著作有：《来果禅师语录》及《来果禅师开示录》行世，更重要者，师亲制《高旻四寮规约》，计客堂、库房、禅堂、丈室，俾行止各有所依。至一九五〇年岁次庚寅，常住处境维艰，因以成疾，卸住持位，移锡沪渎，病稍瘥，假上海崇德会辟静七茅蓬道场，领众坐香，一开上海禅风。五三年岁次癸巳，师病危。十月十七日寅时，安然示寂。师生于光绪七年岁次辛巳七月初二日寅时，世寿七十有三，僧腊四十九春，戒腊四十九夏，法腊三十九秋，住持三十五冬。于冬月初一日运柩回寺，腊月初八阇维，得舍利累累。明年四月初四辰时入塔，安奉于本寺河东塔院，建亭藏焉。十年浩劫，高旻寺与塔院同遭不幸。如今佛日重光，寺与塔院皆获恢复，重建来祖舍利塔于塔院之东南隅，用垂久远，荫被高旻，庶乎无尽。

时维公元一九八六年秋　住持德林立

四、缅忆来老

记得是一九五二年十二月，那时候虚云老和尚从北京开会回来，应邀前往上海玉佛寺主持一个祝愿世界和平法会，此法会历时七七四十九天。他来了以后，法会正在筹备中，虚老对当时玉佛寺的苇舫大和尚说："听说高旻寺来果老和尚在上海养病，我要去看看他。"苇舫大和尚说："您年纪那么大，身体又不好，来上海不容易，来果和尚的病，我知道，并不严重，我可以打一个电话给他，放一部车子去接他过来。"虚老说："不行不行，这不合礼节——我是诚心要去拜望他的。"因为虚老一再坚持要去，侍者佛源就说："既然老和尚坚持，那就明天去吧。"第二天，记得当时是由宗教局（或统战部）的一位同志陪同虚老坐车去的。崇德会接到通知后，都去迎接，人很多。老和尚听说虚老来看望他，也下楼去迎接。他们在崇德会拍了一张照片。照片拍完以后，两人手搀手，老和尚说："上楼坐。"虚老说："我是要与你谈谈。"两人携手入房，关门，其他人皆未许入内，只有老和尚当时的侍者莲开法师在门外守候。他们谈了大约半个多小时，后来虚老说要回去了，因为年纪大了，老和尚便送他一起出门。我当时年纪比较轻（三十多岁），好奇心强，好问，平日里老和尚把我当小孩子看待。老和尚送走虚老后回房，我跟着进去，问师父："老和尚，你与虚老谈了那么久，谈了些什么呀？"老和尚说："你问这个事情啊，这是我同他两个人的事情嘛。"我又问："那还有什么关于佛法的事情，我们可以听听啊？"老和尚说："没有什么，我跟你讲，他就跟我谈了一点过去的事。"我问："什么事？""就谈了云门事件中他被打断三根肋骨的事。他说：'这也是我自己的宿业所现，我没有听你的话。'——他当年要去云门造两个庙，曾写信告诉我。我回信对他说：'看现在的情况呢，你就不要再操劳了，年纪也大了。你有空还是到我高旻寺来吧。'他还说：'去年我是充满法喜而归啊。我从兜率内院回来，当时的维那是阿难尊者，他见我去了，就指着我的位子，让我坐下。当时弥勒菩萨正在讲《唯心识见》。讲完后，他对我说："你怎么来了？"我说："我已经断气三天了。"他说："你还没有到时候呢。快回去吧。"'他就说了这些，没别的了。他最后说要去云居山，我说他此去不会再出来了——'（虚）云居'山中不得出也。他是一个很了不起的大德，你应该认认真真地去拜他为师。"我对老和尚说："我已经拜你作师父了，我只一师不二师。"他说："善财还有五十三参呢。我叫你去，你就去。"我点头答应。

过了几天，我就去了玉佛寺。当时虚老住在丈室对面，门口挂着帘子。我正在门口张望的时候，苇舫大和尚出来了，他问我："什么事啊？"我说："我来拜见老和尚。"他说："老和尚正在接待客人，没有空。要拜你到外面去拜。"这时，佛源和尚听见了，出来问："什么事？"我照样回答了。佛源听后进去告诉老和尚，可能是老和尚指示让我进去，苇舫和尚就没有再说什么。我进去后，向老和尚顶礼，说："我师父是来果老和尚，他老人家要我来亲近你，请你开导开导我。"老和尚忙说："起来，起来。"当时他正在与蒋维乔先生谈话，我起来后，他停下来问我："你叫什么名字啊？"我说："我叫陈道谨。"他说："好，好。来老请你来的？"我说："是的，师父要我来向你请教。"他说："好。我对你说，你好好跟你师父就行了，你师父是一个了不起的大德。"这是我去见虚老的大致情形。同时，我与佛源大师也是在那个时候结的缘。

一九五三年阴历十月十七日是老和尚圆寂日。那段时间我住在江西路九江路口，因为工作忙，我曾对老和尚说："我以后不能常来了，每月初八、二十三来，平时没有别的事就不来了。"他说："好好。"在他圆寂前的初八日那天，我去看他，谈笑间没有发现任何异常。到了十四日，他开始发高烧，没有起床。身边的人给他请了杨医师。十六日中午，很奇怪，当时我在家里，午饭后，我心乱如麻，也可以讲是"心血来潮"、坐立不安。有几个同事、朋友来邀我打牌，我说："你们打吧，我有事要出去。"其实我是突然想去看看老和尚。下午一点钟我坐电车到了凤阳路，一进去，就见到里面围着许多人，听他们说老和尚那天烧到四十多度，一上午没有说话。杨医生来打针，我趁机跟他进去，莲开师⁽¹⁾见我来了，也跟了进来。当时，老和尚面朝里吉祥卧。医生量出体温为四十一度，马上就给他打潘尼西灵。我用热毛巾敷在老和尚的打针部位。不久，老和尚突然转过身来，对我一看，说："你来啦！"我当时就很开心："老和尚讲话了，老和尚讲话了！"老和尚说："你来啦。"我说："是啊，老和尚你怎么了？"他说："我没有事。"我说："你没有事？体温都已经四十一度了，怎么没有事？你哪里不舒服，讲给我听。"他只了一句话："哦？体温啊，你们觉得我四十多度，我自己感觉内心清凉啊。"我说："那你就睡吧，睡吧。"他看着我问："你吃了饭没有？"我说："现在已经两点钟，我早就吃过了。"他要莲开师替我弄吃的。我说："你不要管这些了，休息吧。"后来我吃了一碗面就回去了。第二天他们打电话给我，说老和尚走了。这真是一段奇缘。

老和尚圆寂之前，一直在等禅慧和尚。禅慧和尚那时是高旻寺的主任，也是来老的弟子。他听到消息后，连夜坐火车赶来上海。到崇德会时，已经是半夜一点多钟，弄堂门关上了，怎么敲也敲不开。一直敲到四点多钟，天亮了，弄堂门才打开。他走进去时，老和尚已经不讲话了。他一看到老和尚便失声痛哭。老和尚的手还是温热的。老和尚听到哭声，仿佛心有灵犀，回过头来说："你来了。"禅慧问："你怎么了？"老和尚说："我没有事。"禅慧说："你在发高烧，要赶快送医院啊。"老和尚说："不要送，不要送。你要在这里对我发誓。"禅慧问："发什么誓？"他说："我曾经在月朗大和尚面前发誓：生为高旻人，死

- 310 -

为高旻鬼。我现在把高旻寺交给你，你也要发誓。"禅慧就跪了下去，发完誓，老和尚便在吉祥卧中圆寂了。

高鹤年老居士听说来老圆寂，马上从苏州赶来。他与老和尚生前极要好。那天（第二天）要封龛了，大概下午三点多钟我陪他去拜别老和尚。奇怪的是，当他拜好之后，我正要陪他到楼上去休息、吃些点心，他却说："慢、慢。"我问："什么事？"他起身走到老和尚跟前，在老和尚头上一捋，从头捋到脚，又在他的脸部按了两下，然后对他合掌，这才离开。到了楼上，我问高老居士："高老，你刚才去按老和尚的脸作什么？"他说："哦，我恐怕你师父还没有走。我捋下去以后，知道他已经走了。"封龛是应慈老法师主持的。

老和尚茶毗后，烧出来许多彩色舍利子，只有弥光法师保存了一颗比较大的黑色舍利子，圆形的、很亮，就放在高旻寺老和尚的舍利塔里面，其他舍利子文革的时候都散失掉了。

注：

（1）陈老居士曾引笔者见过莲开老和尚，老和尚住在上海玉佛寺内，陈老说他也是来果禅师弟子，在上海静七茅蓬做过来老侍者，文革时与德林等高旻寺僧人一同下放至上海某羊毛衫厂劳动。参见"一九四一年"条下注（3）引《高旻轶事》。

一九九八年三月二十三日 上海陈道谨口述
王建伟、金晖录音整理

又：

一、我年轻的时候好问，关于老和尚割肝给他父亲治病的事情，我问过师父："这个是不是真的？"来老当即把衣服撩起来给我看刀疤。

还有，陈佩侠医生也讲过，他曾经在浴室里亲眼看到来老的肚皮上靠近肝部的地方有一道疤痕。

二、来老力气很大！……有一年发洪水，高旻寺（案：老山门）外河边渡口，一艘渡船正准备渡河，因为水流太大，绳索没收住，船一下子被漂走了，船上还有一船的乘客。当时来老正好在岸上，马上快步过去一把抓住缆绳，硬生生拉回了渡船，救了一船人。……还有一次，（不知道是什么情况），大殿柱子要倒了，来老一手就撑住了柱子。……老和尚还告诉我一件显神通的事情：曾经有一个人怨恨老和尚，（以至于）要害他。有天夜里他拿了把刀偷偷来到老和尚背后，举刀就要砍他，忽然眼前一片金光，老和尚不见了！他只看到韦驮菩萨（现身），手里拿鞭子不断地抽他、打他，他当场倒在地上昏死过去！等他醒过来以后，看见老和尚在问他话，又惊吓、又后悔，就把刚才的事情老老实实说了一遍。

三、我年轻时好问，曾经问老和尚，弟子中有没有开悟见性的？老和尚跟我讲，高旻寺只有禅慧开了一只眼。（案：《高旻轶事》："陈老说过，来老曾说禅慧开一只眼，也谈到密首座，说他都通的，就是行没到（即路晓得了，就是还要行）。"）

四、当时达本几个居士担心来老的身体，希望他能去上海养病。但是那时候正好是土改，高旻寺的田产过去都是雇农耕种的，所以政府提出：只有当地村民全部签字认可，才能放行。因为来老在周围农民当中的口碑很好，所以最后全体村民一致签字通过，来老才能走，到上海来养病。

五、普陀山的妙善法师是来老真正的法子，是正式接法、升座的。后来他跑到普陀山去了。文革以后，要恢复高旻寺的时候，一些高旻寺的老和尚在一起商量想请妙善法师出来当住持，弥光法师也在其中。但是妙善法师因为普陀山也要恢复，离不开，就没有答应。最后他推荐请德林和尚来做住持。

六、这块心板是来老的，它原来是月朗老和尚用过的，月老圆寂以后就传给来老了。

七、有一回来老跟我说，陈道谨，以后高旻寺的事情就交给你了。当时我很不理解：有那么多的大师兄、大居士在那里，高旻寺的事情哪里轮得到我啊？后来，一直到文革结束，八四年以后高旻寺重建，这些事情一点点出来，才晓得来老的话不是随便讲的。（案：高旻寺的重建，陈道谨居士是关键性人物，尤其在结缘落实巨额资金等方面。扬州的旌忠寺、观音山和宁波的雪窦寺等丛林也是靠他结缘修复的。）

八、付秀华居士的儿子在全家正要准备去参加来果禅师大殓的时候，突然昏死过去，大家都不知道怎么办才好——是要去送师父，还是要管儿子！最后儿子终于醒过来了，说自己已经去送过来果师公了！原来，这个小孩在周岁的时候，来老曾经用调羹喂米汤、粥给他吃，所以会有这一段法缘。

一九九八年三月～四月，上海陈道谨口述
王建伟、金晖笔记

五、高旻寺四寮规约·序

　　马祖建丛林，百丈立清规，僧团聚众而居，体制自兹而始。然以门庭各异，施设不同，佛寺各家规约，实未尽能一致。吾祖来公老和尚，住持高旻卅余年，眉毛拖地，深虑法门秋晚，唯恐后之来哲，行止无依，特写四寮规约：客堂规约，库房规约，禅堂规约，丈室规约。洋洋数十万言，永镇山门，行为轨范，并制版流通，以飨诸方所需。后经十年浩劫，其留落在大陆者，悉皆荡然无存矣！幸有三寮规约，流传海外，为台湾佛教界复印问世，唯有丈室规约，人尽知有，未见其书。余曩岁随侍来祖多年，凡祖述诸书，大都经手誊录，知丈室规约之存在。禅宗道场，高旻寺之规约，最为详尽。高旻寺自一九八三年落实宗教信仰自由政策，得以恢复重建，因藉台湾出版三寮规约，赖以有章可循，其中丈室规约，苦经多方寻觅，今亦珍重归来，抚物兴叹，竟成海内孤本，至此高旻规约，获臻全璧。兹承香港素闻仁者，以高度护法护教之热情，集资付印流通，实为法门一大幸事！盖以规约二字，该括深广，世出世法，皆不能离规矩一步，岂独高旻然耶！且高旻规约，写在当时，用在当时，因时制宜。拟之今日，其中或取或舍，或褒或贬，一任仁者自鉴了耳！

一九九一年三月五日
江苏省扬州市高旻禅寺住持德林谨识其首

六、来果禅师像赞

（选自《来果禅师语录》）

恩师来果老和尚像赞

吾师老婆心切常将佛祖骨髓向众横说竖说解粘去缚抽
钉拔楔博得后学脚跟点地顶门眼彻五十年来诲人不倦
宗风猛烈

住持道定顶礼敬题

来公老和尚像赞

念众生苦　　不离此土
以宏誓愿　　和光逐物
或示解脱　　入牛马腹
或现身形　　顿同佛祖
代有情属　　受诸煎煮
行菩萨道　　在在处处
嗟吁吾祖　　行高莫睹
踏破十虚　　功超今古

后学道真拜题

来果老和尚像赞

效古风范执法森严秉定慧剑用杀活机机教迅速普度凡
迷辟生死关见真本有化人无量常伸双手吾至诚顶礼颂
曰宗门泰斗

学人德林顶礼敬题

来公老和尚像赞

慈悲面目　菩萨心肠
击大法鼓　竖大法幢
绍佛祖业　宗旨向上
辉天鉴地　独蹈大方
惟深惟远　惟德惟馨
乃智乃仁　乃寿乃康
现优昙瑞　胜觉海光
我今赞仰　一瓣心香

后学莲开拜题

来果老和尚像赞

吾师阐扬宗风近五十年专以向上一着示诸后学有时棒
喝交驰有时奔风迎雨主席高旻三十余年唱无生曲弹没
弦琴冬夏长香禅七频仍剃却学人的毛盖头无量无数咦
何其婆心乎

学人禅慧顶礼百拜敬题

来公老和尚像赞

高旻高人　　提倡宗门
慧眼孤撑　　绝世绝伦
于荑湾室　　持佛祖印
入道海堂　　棒喝惊惊
解黏去缚　　脱落殆尽
拔钉抽楔　　道者云臻
为人天眼　　作苦海津
坐断邗水　　北斗南尊

后学禅慧拜题

来果老和尚像赞

此老雄猛愿力宏深年逾古稀行不减色当年静七源源不
辍用龟毛帚扫虚空叶豁开学人正眼诚当代宗师谁耶

学人莲开顶礼百拜敬题

来公老和尚像赞

以相见相　　众生一样
见相非相　　佛祖惆怅
离相见相　　多一层障

无相不相　乃名实相
祖德巍巍　相貌堂堂
踞法王座　号狮子王
婆心苦口　慈悲无上
为万世师　何尽赞扬

再晚德林拜题

七、高旻祖师像赞

（选自《来果禅师语录·法语卷四》）

高旻九祖像赞。师云："一根三股绳子，将九祖鼻孔一穿直过，丢向大江东去。不料有位铁额无私汉，抱气不平，挺身勇出，震威一喝云：'任你打破虚空，脚跟未许点地在。'咦！直将这九位无面目汉，置身于卷舒之际，有何兴趣？乃云：'举目无亲顾，全身未是真。'"

玉琳国师像赞。师云："高旻永证紫袈裟，圣渥优隆庆钵华，任是君臣尤叩首，英湾也属国师家。这位老汉树金刚拳，睁三只眼，擎海底龙，化皇家道。阐宗风于磐室，绍先化于漠沱，为人天眼，称帝王师。莫谓慈云无法雨，须知道海有狞龙。"

中兴高旻，天慧彻祖像赞。师云："拳头不唤作拳头，唤作时人眼内眸，一切圣贤如电拂，大千沙界海中沤。远孙当时若在，一手掩住雍正鼻孔，看他将何出气在。不然送却许多瓶钵，露出一大略索。紫衣如意频频赐，诏住高旻振祖风；莫谓中兴无意气，天中塔畔有儿孙。咦，天祖来也！"

了凡圣祖像赞。师云："露柱撑天立地，灯笼照古照今，无孔笛子吹三玄，东村老汉悟三要，大似走马顽灯，笑煞天下儿孙有分在。此老有杀人刀，活人剑，刮佛祖心，医众生眼。莫谓高旻无佛法，悟来直下永传灯。"

昭月贞祖像赞。师云："泼天门户，全仗此老担承；二十九年，尽力续佛慧命。为人则搅浑世界，为法则泯绝至言；大教难教之宗，大活难活之命；操家置业，远播风规。直饶后代儿孙，守无田之祖业，养饿饭之饥儿。明眼人看来，不但将黄鼠作兔子，切恐认驴为马，大须仔细。"

如鉴澄祖像赞。师云："此老顶门有一只眼睛，看透虚空外之虚空，法界外之法界。木马嘶风，泥牛啸月，须弥骑象，石虎抱儿，诸佛出世涅槃，众生出生老死，悉在当阳一望中。莫谓大人呈大见，智愚僧俗本同伦。我如祖老人，现身末世，宏法高旻，续祖传灯，承佛心印。法师昭月祖，法子聚成公，绍绳常步武，祚启后人同。"

方聚成祖像赞。师云："卸了白下八年千斤瓦块担子，又挑高旻二十二载陈乱砖头。虽与闻人士大夫交，而泥腻灰垢，尤存头面。听风最喜作偈，见月尤爱敲诗，不过宿习难忘，也须眉毛拖地。赚得葛藤拾本，惭愧百偈，能灰达摩之心，能堕诸佛之泪。寄语寻文者，切莫错会意。庆哉高旻，庆哉高人。"

道圆仁祖像赞。师云："卖被买牛，出门大路到瓜州，卖牛买被，耕田人跟牛后。移两五成一十，一十归两手，若作佛法商量，笑坏园田泥土。不见道：'有住无住，如藤依树，树倒藤枯，住归何处？'且道，是一十？是两手？果能不会，北斗向南观，面南观北斗。真正具眼衲僧，好向三根椽下，七尺单前，做个粥饭僧始得；若稍笼统，吃铁有分在。"

三德净祖像赞。师云："扫得虚空粉碎，拈来大地全彰，直下无事没商量，任是佛祖绝望。举一棒波旬胆裂，喝一声神鬼潜藏，有起死回生之术，有入生趣死之方。大人作略本寻常，放去收来无遮挡，寄语途中未了人，莫除昏沉莫妄想。"

慧庵聪祖像赞。师云："三脚驴子勃跳上三十三天，惊动帝释天王，升堂击鼓。仔细看来，还是蚊子唱大戏，不置什么重事。远孙不妨与他下个注脚，云：人人有个鼻孔撩天，个个有个脚跟点地，直遇个大力汉子，把世界掷于他处，试问鼻子与脚跟放在什么处？"

德慈演祖像赞。师云："钳槌妙密，大法精通，转众生而成诸佛，续祖灯以光慧命。含酸茹苦，为道忘躯。劫火洞然，寺塔尽成瓦砾；大灾而后，渐次恢复旧观。住持二十四年，隆替已缘三次。铁石心硬比金刚，忍辱力超诸数外。最上法音，断而复续，灵山佳话，默而重宣。诚大雄无畏之精神，实豁开行人之眼目。德被诸方，道宏邗水，敬瓣馨香，赞何能尽？"

绍珠明祖像赞。师云："喜逢官事，爱作讼人。剥心肝而为人，置自身于不顾。非菩萨无利人之心，非罗汉无利己之实，虽当时无关得失，而落后有以重轻。然贤士君子，必赞人以德，称人以善。不见道：水到石边流出冷，风从花里过来香。岂非大人作略而何？"

严光明祖像赞。师云："做个龟，驮个碑，此语大非虚语。仔细检点来，好似玉兔长角。我可下个转语，旁通一线云：死人驮倒活人走，活人背倒死人跑，死活两个人不识，直饶佛祖也难逃。虽然，莫错会意。"

智福伦祖像赞。师云："欲知冰是水，何用火寻灯？真空理无二，处处话无生。未了人听此一说，喜得寸土不立，尘刹皆然。是见大非了事，真是过来人，行得过来事，发得过来心，度得过来众。且道未出山门一步，过来在什么处？"

朗辉融祖像赞。师云："有佛处，不得住，三汊河内水中鱼；无佛处，急走过，早向华北买骆驼。莫道山僧无意气，不妨佛祖也淆讹。道得出，骑牛找马；道不出，蝇上求珠。此见等同佛见，佛见不如不见。大好山河一点泥，污却衲僧一只眼。"

普照融祖像赞。师云："说通宗通，拂树扫真空；宗通说通，拄杖活如龙。此老行解并明，事理一致。惜乎多饮赵州茶，少吃云门饼，直饶咽喉，稍有哽噎；不然，连释迦老子也吞得下。诸人会则会，不会莫妄想。"

月朗定祖像赞。师云："金山堂主，高旻方丈，续慧命香，颂大龙藏，创禅那室，筑普同洼，吞佛祖心，施无情棒，举世咸称，宗门大匠。诚为中兴高旻之伟人，后何比量？虔诚供养一炉香，五体皈心翘首望。绝今古之悬思，留无穷之惆怅。"

楚泉振祖像赞。师云："教海翻腾后，宗风吹又来，宏开多宝藏，方畅本心怀。四年说法，两度主持，多年苦心禅教，迄今彻底掀扬。绍佛祖之光声，为人天之模范。大仁大德，无党无偏，添置田园，补修宇宅，祚启后人，胜功叵测。"

明轩瑞祖像赞。师云："惨淡经营五四年，三番四次理家园，一手撑持无辅弼，两睁白眼为人难。老人见处，诚脚跟点无地之地，鼻孔撩有天之天。运无缘慈，度有情众；端身严格，为法为人；坚志精诚，利人利己。举世无侣者，非先师其谁欤？"

【参考资料】

(一) 图书文献

《来果禅师自行录 (附〈异行录〉)》(来果禅师著, 1999 年 10 月, 香港佛教图书馆、扬州高旻禅寺)

《来果禅师禅七开示录》(来果禅师著, 释道真记录, 温光熹校订, 1994 年 10 月, 扬州高旻禅寺)

《来果禅师语录》(来果禅师著, 1993 年 10 月, 上海佛学书局)

《高旻寺四寮规约》(来果禅师著, 1991 年 10 月, 香港佛学书局)

《家谈百则》(来果禅师著, 2016 年 7 月, 扬州高旻禅寺)

《来果禅师广录》(来果禅师著, 2006 年, 上海古籍出版社)

《禅林四寮规约》(来果禅师著, 2004 年, 上海古籍出版社)

《刘氏宗谱》(谱主后人刘德国、涂国胜提供)

《妙善大师年谱》(净旻主编, 2002 年, 中国文联出版社)

《密参禅师事略》(释昌融著, 2007 年, 绍兴宝林山寂静寺)

《高旻堂上中兴寺主上德下林老和尚塔铭》(释素闻撰, 2015 年)

《清代临济宗三大丛林法脉略梳》(萧淑玲著, 《宗教学研究》 2006 年第 2 期 P166—172)

《德厚流光——德林老和尚圆寂一周年纪念》(2016 年, 扬州高旻禅寺编印)

《折摄皆具慈悲——追忆我的恩师德公上人》(释文权口述, 宗道等整理, 2015 年 9 月, 《江苏佛教》总第 028 期)

《名山游访记》(高鹤年著, 1995 年 4 月, 上海佛学书局)

《高鹤年大德文汇》（高鹤年著，2012 年 4 月，华夏出版社）

《高鹤年居士的一生》（《内明》第 201 期）

（二）网络资料

《高旻寺》（百度百科、搜狗百科）

《扬州高旻寺传承法系》（道海堂，2006 年 1 月 17 日，西祠胡同）

《释来果》（百度百科、佛教导航）

《深深海底行——来果老和尚时高旻寺道风建设初探》（释禅慧著，闽南佛学院，2013 年 12 月 25 日，佛缘网）

《释妙善（妙善老和尚）》（百度百科、普陀山佛教网）

《释本焕》（百度百科、佛教导航、弘善佛教网）

《释德林（德林法师）》（百度百科、搜狗百科）

《释妙湛（妙湛法师）》（百度百科、互动百科）

《仁德法师（仁德大和尚）》（百度百科、互动百科）

《弥光法师》（百度百科）

《高鹤年》（搜狗百科）

（三）采访记录（整理人拟题）

《缅忆来老》（陈道谨口述，王建伟、金晖记录整理，1998 年 3 月—4 月）

《来祖事迹杂记》（谱主后人刘德国、涂国胜讲述，王建伟、金晖记录整理，2017 年 7 月）

《高旻轶事》（释文龙口述，王建伟、金晖记录整理，2017 年 6 月）

《来老轶事》（侯彪口述，王建伟、金晖记录整理，2017 年 6 月）

《禅老轶事》（侯彪、释文兴口述，王建伟、金晖记录整理，2017 年 6 月）

《弥老轶事》（侯彪、释文兴口述，王建伟、金晖记录整理，2017 年 6 月）

《弥光法师行迹》（李小春口述，王建伟、金晖记录整理，2017 年 7 月）

后 记

　　二十年前的一天，在上海佛学书局与老友沈去疾居士（时任书局经理）偶遇，谈话间他跟我讲起来果禅师，对着我称叹不已，临行前竟嘱我执笔，为来公编写年谱。记得那是一九九七年的冬月，冻僵的手指在电脑键盘上忘我地敲击——《年谱》的写作就这样开始了。初稿完成后，我们有幸结识了来果禅师的俗家弟子陈道谨老居士。为了获得更多的一手资料和争取寺院的支持，在陈老的带领下，我们于一九九八年春季拜访了普陀山的妙善法师和高旻寺的德林和尚。一程下来，我们从陈老那里耳闻了不少来果禅师的事迹，对其中一九五二年来公与虚老的会面及一九五三年来公示寂等情节尤其印象深刻！不数月，《年谱》交稿，但由于经费等问题的牵扯，一直未能出版。最后，由陈老个人出资，由沈居士联系了香港的一家出版公司，终于二〇〇〇年对外刊行。

　　初版《年谱》，因种种条件所限，文字讹误较多，设计、排版、纸质等方面也不尽如人意。拿到书后，为了安慰陈老，我们对老人家说："您放心！等以后有条件了，我们一定想办法重新出版……"当时说这话，基本上是面对老人家的一种情不自禁和冥冥中不可知的朦胧愿望，岂料，这话竟成了二十年后重出此书的最早缘起。

　　光阴荏苒，当《年谱》及一些译著交付已毕，我们的工作重心转向了对原始佛典（巴利）的研习，一部《杂阿含经校释》（八册）在十四年后问世。期间，完全无暇顾及《年谱》的"重生"计划。然而，因缘转动，不由人为，早年的愿望或许真到了成就的时候。两年前，我们终于有了重新出版《年谱》的条件，一向未能顾及的事情，逐渐进入我们的议事日程。

二○一六年初，我们在原稿的基础上开始对《年谱》进行修订，首先重新撰写了全部内文，然后对其中一些未及深究的人和事作了进一步的探索（如"朝海"之事、一九四○年以后的行迹、来公家世及门人法嗣的情况等），并将这些成果一一增编补入相应的篇章。由于阿含方面的工作始终脱不开手，《年谱》的修订进行得断断续续，直到去年初夏，修订本的初稿才大致完成。随后，我们再次前往高旻寺，拜访了现任方丈文龙大和尚（第一次去高旻寺的时候，接待我们的正是文龙师，所以彼此都有印象）。这次去，得到了对方的热情接待，文龙大和尚不仅专门抽时间与我们畅谈，向我们介绍了高旻寺的历史、人事，还向我们推荐了几位重要的"知情人士"：扬州佛协的前副会长兼秘书长侯彪老居士，来果禅师的俗家后人刘德国、涂国胜先生，上海的李小春居士等。通过采访，我们获得了不少珍贵的、从未公布过的史料，如：来公的家世背景、《自行录》未表的部分行迹，以及来果禅师的法嗣禅慧和尚不平凡的行履遭遇等。经过又一年的资料整理、考证和断续的写作，新版《年谱》终于脱稿。

恰在此时，又不禁想起陈道谨居士——老人早已仙逝，十分遗憾！记得此次再访高旻时，特地去普同塔祭拜老人遗骨。我们在文龙大和尚的指点下，从搁架上找到了陈老的骨灰盒：没有姓名，相片也已模糊不辨，盒上覆盖着积满灰尘的红黄相间的《心经》织锦缎。见此情景，不免伤感！记得陈老当年对我们说："我原来只能活到六十岁的，过不了这个坎儿。能活到现在（案：陈老时年八十），是观音菩萨给我的。因此，只要我不死，那就是菩萨还要我做事；事情做完了，菩萨不再要我做事了，我就可以走了。"现在他走了，事情做完了，相信一定不会有遗憾了。如果说还有心愿未了的话，或许就是没能亲见《年谱》的再版吧。所以，在新版《年谱》付梓之际，我们首先应向陈老的在天之灵报一喜讯，请老人家安心！

　　同时，我们谨向文龙大和尚、侯彪老居士、刘德国和涂国胜先生、李小春居士，以及在《年谱》的写作过程中帮助过我们的人表示衷心的感谢！

王建伟　金晖
2018 年 8 月 1 日于沪上阿含学苑